会计电算化

沈清文 主编
吕玉林 王 欢 副主编

清华大学出版社
北京

内 容 简 介

本书依据最新颁布的会计准则、增值税等税收法规,结合相关的理论和方法,并参照国家职业技能标准编写而成。主要内容包括会计电算化工作框架的搭建、初始化设置、日常业务处理、期末处理、UFO报表管理五个项目,以完成任务的形式学习总账、应收款管理、应付款管理、固定资产管理、薪资管理、计件工资管理、销售管理、采购管理、库存管理、存货核算功能模块的理论及操作方法。

本书既可作为高等职业院校财务会计专业及相关专业学生的教材,也可作为会计从业人员岗位培训用书。

本书封面贴有清华大学出版社防伪标签,无标签者不得销售。
版权所有,侵权必究。举报: 010-62782989, beiqinquan@tup.tsinghua.edu.cn。

图书在版编目(CIP)数据

会计电算化/沈清文主编. —北京:清华大学出版社,2019(2023.2重印)
ISBN 978-7-302-52727-5

Ⅰ. ①会… Ⅱ. ①沈… Ⅲ. ①会计电算化 Ⅳ. ①F232

中国版本图书馆 CIP 数据核字(2019)第 063192 号

责任编辑:刘士平
封面设计:傅瑞学
责任校对:赵琳爽
责任印制:丛怀宇

出版发行:清华大学出版社
网　　址: http://www.tup.com.cn, http://www.wqbook.com
地　　址: 北京清华大学学研大厦 A 座　　邮　编: 100084
社 总 机: 010-83470000　　邮　购: 010-62786544
投稿与读者服务: 010-62776969, c-service@tup.tsinghua.edu.cn
质量反馈: 010-62772015, zhiliang@tup.tsinghua.edu.cn
课件下载: http://www.tup.com.cn, 010-83470410

印 装 者:三河市龙大印装有限公司
经　　销:全国新华书店
开　　本: 185mm×260mm　　印　张: 16.5　　字　数: 399千字
版　　次: 2019年4月第1版　　印　次: 2023年2月第2次印刷
定　　价: 44.00元

产品编号: 075210-02

前　言

本书依据最新颁布的会计准则、增值税等税收法规,结合相关的理论和方法,并参照国家职业技能标准编写而成。学生通过本书的学习,可以掌握会计电算化相关知识与技能,能够运用财务软件进行会计业务处理,会在软件中进行报表格式设计、制作报表模板,能够运用报表模板生成报表数据。本书在编写过程中吸收企业技术人员参与教材编写,紧密结合工作岗位,与职业岗位要求对接;选取的业务是制造企业真实的典型经济业务,工作任务与岗位工作一致,教学过程与工作过程同步,学生完成了工作任务就完成了学习任务,适合"教学做一体化"教学;本书将创新理念贯穿于教材结构布局、内容选取和教材体例等方面。

本书在编写时最大限度地贯彻教学改革精神,努力体现以下特色。

1. 创新的项目——任务设计。本书中以财务软件处理会计业务的流程为序进行设计,按照"用户设置→账套建立→初始设置→日常业务处理→期末处理→报表编制"的逻辑思路安排项目顺序,在每个项目中再设置相关任务,解决了按照系统模块排序出现的"处理某项业务时用到的信息因所涉及模块尚未进行初始设置而无法进行"的问题。

2. 科学且符合逻辑的内容排序。目前很多教材都将应付与采购、应收与销售、库存与存货核算安排在 UFO 报表之后,将这些内容游离于报表之外,而本书则将会计报表放在最后,符合会计的全面性和完整性要求,更具科学性和逻辑合理性。

3. 鲜明的职业教育特色。本书突出了"做中学,做中教"的理念,学生可以通过完成任务来学习,遇到问题可通过"温馨提示"和"常见问题处理"来解决,对自己解决不了的问题再通过向教师求教来解决,提高了学生学习的积极性、主动性,也可通过完成任务摸索新的方法,有利于创新能力的培养,适合"教学做一体化"教学的实施。

4. 理论和实践有机结合。每个项目的安排,除了具体实践技能操作外,还通过相关知识、温馨提示、常见问题处理和工作指导等项目将理论与实践结合,可实现知识教育、技能传授与素质教育多个目标。

本书建议学时为 64 学时,具体学时分配见下表。

项　目	建 议 学 时
项目1　会计电算化工作框架的搭建	8
项目2　初始化设置	20
项目3　日常业务处理	20
项目4　期末处理	10
项目5　UFO 报表管理	6
总　　计	64

本书由黑龙江农业职业技术学院沈清文教授担任主编,负责本书的整体结构设计、拟定编写提纲、定稿工作;黑龙江农业职业技术学院吕玉林和王欢担任副主编;参加编写的还有黑龙江农业职业技术学院肖晓旭、刘莉莉、张翔一、朱晓铭,佳木斯京华会计师事务所副所长杨红霞。具体分工:项目1由沈清文、吕玉林编写;项目2由吕玉林、王欢编写;项目3由沈清文、朱晓铭编写;项目4由王欢、刘莉莉编写;项目5由沈清文、张翔一、杨红霞编写;同步训练由沈清文、吕玉林编写。江苏财经职业技术学院程淮中教授和黑龙江省农副产品加工机械化研究所高级会计师王秀华对书稿进行了审阅,提出了宝贵的意见和建议,在此深表谢意。

本书在编写过程中参考了大量的文献资料,在此向文献资料的作者致以诚挚的谢意。由于编者水平有限,书中难免有疏漏和不足之处,恳请广大读者批评指正。

编　者

2019年1月

目 录

项目 1　会计电算化工作框架的搭建 ……………………………………………………… 1

　　任务 1.1　账套建立与管理 …………………………………………………………… 1
　　任务 1.2　用户设置与分工 …………………………………………………………… 5
　　任务 1.3　系统启用 …………………………………………………………………… 9
　　任务 1.4　设置基础档案 ……………………………………………………………… 11
　　任务 1.5　设置单据 …………………………………………………………………… 39
　　相关知识 ………………………………………………………………………………… 40
　　巩固与思考 ……………………………………………………………………………… 43
　　同步训练 ………………………………………………………………………………… 43

项目 2　初始化设置 ……………………………………………………………………… 52

　　任务 2.1　总账管理系统初始化 ……………………………………………………… 52
　　任务 2.2　薪资管理系统初始化 ……………………………………………………… 58
　　任务 2.3　固定资产管理系统初始化 ………………………………………………… 69
　　任务 2.4　采购与应付款管理系统初始化 …………………………………………… 79
　　任务 2.5　销售与应收款管理系统初始化 …………………………………………… 86
　　任务 2.6　库存与存货管理系统初始化 ……………………………………………… 93
　　相关知识 ………………………………………………………………………………… 99
　　巩固与思考 ……………………………………………………………………………… 115
　　同步训练 ………………………………………………………………………………… 115

项目 3　日常业务处理 …………………………………………………………………… 127

　　任务 3.1　总账管理系统日常业务处理 ……………………………………………… 127
　　任务 3.2　薪资管理系统日常业务处理 ……………………………………………… 139
　　任务 3.3　固定资产管理系统日常业务处理 ………………………………………… 150
　　任务 3.4　采购与应付款管理系统日常业务处理 …………………………………… 156
　　任务 3.5　销售与应收款管理系统日常业务处理 …………………………………… 170
　　任务 3.6　库存与存货管理系统日常业务处理 ……………………………………… 182
　　相关知识 ………………………………………………………………………………… 190

巩固与思考 …………………………………………………………………… 200
　　同步训练 ……………………………………………………………………… 200

项目 4　期末处理 ……………………………………………………………… 206

　　任务 4.1　薪资管理系统期末处理 …………………………………………… 206
　　任务 4.2　固定资产管理系统期末处理 ……………………………………… 207
　　任务 4.3　采购与应付款管理系统期末处理 ………………………………… 208
　　任务 4.4　销售与应收款管理系统期末处理 ………………………………… 210
　　任务 4.5　库存与存货管理系统期末处理 …………………………………… 212
　　任务 4.6　总账管理系统期末处理 …………………………………………… 214
　　相关知识 ……………………………………………………………………… 227
　　巩固与思考 …………………………………………………………………… 232
　　同步训练 ……………………………………………………………………… 233

项目 5　UFO 报表管理 ………………………………………………………… 238

　　任务 5.1　报表格式设计 ……………………………………………………… 238
　　任务 5.2　报表数据生成 ……………………………………………………… 248
　　相关知识 ……………………………………………………………………… 251
　　巩固与思考 …………………………………………………………………… 255
　　同步训练 ……………………………………………………………………… 255

参考文献 ………………………………………………………………………… 257

项目 1 会计电算化工作框架的搭建

学习目标

(1) 明确已存账套、账套号、账套名称、账套路径、账套输出和账套引入的含义。
(2) 明确设置部门档案的作用、权限分配设置的途径和方法。
(3) 能够进行账套建立、用户设置与分工、系统启用。
(4) 掌握基础档案设置和数据权限设置的操作方法。

任务 1.1 账套建立与管理

背景资料

春天电子有限责任公司位于北京市丰台区丰北路 66 号,法人代表为杨阳。税务登记号为 230800100043319。开户行信息:中国工商银行丰北分行,账号 090402130924;中国建设银行丰北分行,账号为 081187720833。总经理办公室电话为 010-86516076,传真为 010-86516066。

该公司从 2018 年 6 月 1 日开始使用"用友 U8V10.1"财务管理软件,账套号为 001,每月月底结账,账套路径采用系统默认路径。

公司采用人民币作为记账本位币,执行的是 2007 年新会计制度,科目预置语言为中文(简体),该公司没有外币业务,客户、供应商和存货进行分类管理。科目编码级次为 42222,部门编码级次为 12,客户和供应商分类编码级次均为 12,存货分类编码级次为 12,结算方式编码级次为 12,数据精度定义均为两位小数。

任务要求

(1) 建立账套。
(2) 账套备份。
(3) 引入账套。

操作指导

1. 建立账套

建立账套可按以下操作步骤进行。

(1)单击"开始"—"程序"—"用友 U8V10.1"—"系统服务"—"系统管理"菜单项,进入"新道教育-用友 U8 系统[系统管理]"窗口。

(2)单击"系统"—"注册"菜单项,打开"登录"对话框,如图 1-1 所示。

图 1-1 "登录"对话框

(3)系统预设了系统管理员 admin,第一次运行时,系统默认管理员密码为空,输入操作员密码(自设即可),单击"登录"按钮,即以系统管理员身份注册进入系统管理窗口。

(4)单击"账套"—"建立"菜单项,选择"新建空白账套",单击"下一步"按钮,打开"创建账套"对话框。

(5)按照任务信息资料输入账套信息,依次输入账套号、账套名称,选择账套路径,确定启用会计期,如图 1-2 所示。

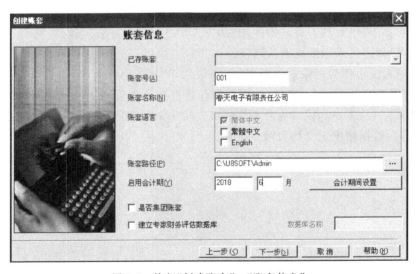

图 1-2 执行"创建账套"→"账套信息"

(6)按向导通过单击"下一步"按钮,依次输入单位信息、核算类型等基础信息,行业性质选择"2007 年新会计制度科目",勾选"按行业性质预置科目"复选框,勾选存货、客户、供应商是否分类。输入完毕,单击"完成"按钮,系统提示"可以创建账套了吗?"。

(7) 单击"是"按钮,系统打开"编码方案"对话框,如图1-3所示。

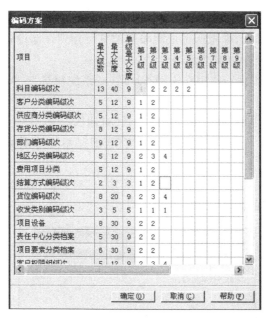

图1-3 "编码方案"对话框

(8) 按任务资料进行编码方案设置,设置完毕,单击"确定"按钮。

(9) 按任务资料进行数据精度定义,单击"确定"按钮,系统弹出"春天电子有限责任公司[001]建账成功,是否现在进行系统启用的设置?"信息提示对话框,单击"否"按钮,创建账套工作结束。系统弹出"请进入企业应用平台进行业务操作!"信息提示对话框,单击"确定"按钮。

(10) 单击"退出"按钮,返回"系统管理"窗口。

温馨提示

(1) 务必记住系统管理员密码,为了方便或避免忘记,学习时可不设密码。

(2) 建立账套由系统管理员来完成。

(3) 账套建立完成要进行输出备份,以便因各种原因导致账套无法使用问题时引用,后续每做完一部分内容都要备份。

常见问题处理

如何修改账套错误信息或补充账套信息?

修改账套可按以下步骤进行。

第1步,以账套主管的身份注册系统管理,选择要修改的账套,并输入会计年度等信息,登录系统管理。

第2步,在"系统管理"窗口,通过单击"账套"—"修改"菜单项,打开"账套修改-账套信息"对话框。

第 3 步,按向导操作,依次修改要修改或补充的账套信息,完成修改账套。

2. 账套备份

账套备份也叫账套输出,即把所形成的账套信息保存到存储设备上。

账套备份可按以下操作步骤进行。

(1)单击"开始"—"程序"—"用友 U8V10.1"—"系统服务"—"系统管理"菜单项,进入"新道教育-用友 U8 系统[系统管理]"窗口。

(2)单击"系统"—"注册"菜单项,打开"登录"对话框。

(3)输入系统管理员及密码,单击"登录"按钮,即以系统管理员的身份注册进入"系统管理"窗口。

(4)单击"账套"—"输出"菜单项,打开"账套输出"对话框,单击"账套号"右侧的下拉列表按钮,选择要输出数据的账套,如图 1-4 所示。

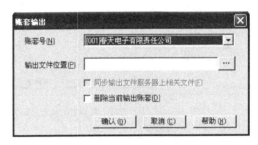

图 1-4　账套输出

(5)单击"输出文件位置"右侧的账套"备份路径"按钮…,选择输出文件位置后单击"确认"按钮,经过复制备份数据文件和压缩进程,系统提示"输出成功"。

(6)单击"确定"按钮,返回"系统管理"窗口,完成账套输出操作。

温馨提示

如果要删除当前输出账套,则在"账套输出"对话框中,勾选"删除当前输出账套"选项框即可。

3. 引入账套

引入账套可按以下操作步骤进行。

(1)单击"开始"—"程序"—"用友 U8V10.1"—"系统服务"—"系统管理"菜单项,进入"新道教育-用友 U8 系统[系统管理]"窗口。

(2)单击"系统"—"注册"菜单项,打开"登录"对话框。

(3)输入系统管理员及密码,单击"登录"按钮,即以系统管理员的身份注册进入"系统管理"窗口。

(4)单击"账套"—"引入"菜单项,选择账套数据后单击"确定"按钮,系统弹出"请选择账套引入目录,当前默认路径为 C:\"信息提示对话框,单击"确定"按钮。也可重新设置账套存放路径后再单击"确定"按钮。

（5）单击"确定"按钮，系统弹出"此项操作将覆盖[001]账套当前的所有信息,继续吗？"信息提示对话框，单击"是"按钮，系统经过一段恢复过程，最后系统弹出"账套[001]引入成功！"信息提示对话框，如图 1-5 所示。

图 1-5　账套引入成功

（6）单击"确定"按钮，返回"系统管理"窗口。

（7）关闭"新道教育-用友 U8 系统[系统管理]"窗口，完成账套引入。

温馨提示

只有系统管理员才有权进行账套输出、引入和删除的操作。

任务 1.2　用户设置与分工

背景资料

春天电子有限责任公司是一家高科技企业。该公司从 2018 年 6 月 1 日开始使用"用友 U8V10.1"财务管理软件，账套号为 001，每月月底结账，账套路径采用系统默认路径，核算类型采用系统默认，账套主管为江南。公司根据单位的业务情况和人员条件，拟安排 5 名操作员进行账务及存货处理工作，具体用户及分工情况如表 1-1 所示。

表 1-1　用户及分工一览表

编号	姓名	口令	确认口令	认证方式	所属部门	角色	权　　限
001	江南	1	1	用户＋口令（传统）	财务部	账套主管	所有角色权限
002	刘海	2	2	用户＋口令（传统）	财务部	普通员工	总账、应收款管理、应付款管理、固定资产、薪资管理、计件工资管理、存货核算
003	赵亮	3	3	用户＋口令（传统）	财务部	普通员工	出纳、出纳签字、查询凭证
004	周新	4	4	用户＋口令（传统）	供应部	普通员工	公共单据、公用目录、采购管理、库存管理
005	张扬	5	5	用户＋口令（传统）	销售部	普通员工	公共单据、公用目录、销售管理、库存管理

任务要求

（1）设置用户。

（2）用户分工。

操作指导

1. 设置用户

设置用户可按以下操作步骤进行。

(1) 单击"开始"—"程序"—"用友 U8V10.1"—"系统服务"—"系统管理"菜单项,进入"新道教育-用友 U8 系统[系统管理]"窗口。

(2) 单击"系统"—"注册"菜单项,打开"登录"对话框。

(3) 输入系统操作员及密码,单击"登录"按钮,以系统操作员的身份注册进入"系统管理"窗口。

(4) 单击"权限"—"用户"菜单项,进入"用户管理"窗口,单击"增加"图标,打开"操作员详细情况"对话框。

(5) 按任务资料依次输入操作员编号、姓名、口令、确认口令、所属部门、手机号等个人信息,也可同时在所属角色处选择操作员的相应角色。

(6) 单击"增加"按钮,保存新增用户信息,如图 1-6 所示。

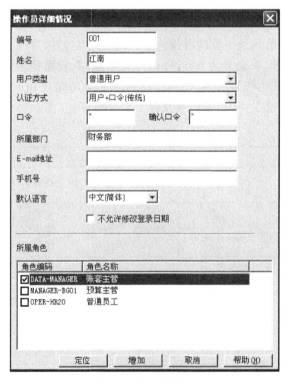

图 1-6　增加用户

(7) 继续输入其它用户信息,所有用户都增加完毕,单击"增加"按钮。

(8) 单击"取消"按钮,返回"用户管理"窗口。

(9) 单击"退出"图标,返回"系统管理"窗口。

(10) 关闭"系统管理"窗口。

温馨提示

(1) 只有系统管理员才有设置用户和角色的权限。

(2) 在软件系统中,用户编号是唯一的,无论是同一账套,还是不同账套,用户编号都不可以重复。

(3) 所设置的操作员一旦被引用,便不能被修改和删除。

(4) 用户编号不可以修改。

常见问题处理

(1) 想更换系统操作员密码怎么办?

在系统操作员"登录"对话框中,输入操作员密码后,单击"修改密码"选项框,单击"登录"按钮,打开"设置操作员密码"对话框,在"新密码"文本框中输入要设置的密码,在"确认新密码"文本框中再输入所设置的密码,单击"确定"按钮即可。

(2) 如何处理用户信息输入错误?

如果在输入用户信息时出现错误,可直接更正,若保存后发现用户信息有错误,应在"用户管理"窗口中,选中要修改的用户,单击"修改"图标,进入修改状态,进行相应的修改操作。修改完毕后单击"确定"按钮。

如果用户所有信息都错误,应该删除该用户,删除用户操作在"用户管理"窗口中进行,选中相应的用户,然后单击"删除"图标,实现用户删除,但已启用的用户不能删除。如果已经定义了用户角色,须先删除相关信息,再进行删除用户操作。

(3) 用户调离或暂停使用应如何处理?

如果某用户调离,可通过"修改"功能,注销该用户。暂停使用也可用同样的方法。如果想恢复已注销的用户,可继续启用该用户。

2. 用户分工

用户分工就是给用户(操作员)授权。在没有确定账套主管时,只有系统管理员有权给用户授权,在已经确定账套主管的情况下,账套主管有权对其它用户授权,但账套主管授权也要注册进入系统管理后才能进行授权。

(1) 在"系统管理"窗口,单击"权限"—"权限"菜单项,进入"操作员权限"窗口。

(2) 确定账套主管。如果在用户设置时没有为用户选择账套主管角色,则可按以下操作方法确定账套主管:在右上角"账套"下拉菜单中选择账套"[001]春天电子有限责任公司",在"会计年度"下拉菜单中选择 2018—2018。

(3) 从左侧操作员列表中选择操作员(001 江南),勾选"账套主管"选项框,系统弹出"是否设置用户为主管权限"信息提示对话框,单击"是"按钮,则该操作员拥有该年度所有子系统的操作权限,如图 1-7 所示。

(4) 确定非账套主管权限。例如,给用户(操作员)赵亮授权,其操作方法:从左侧的操作员列表框中选中操作员"赵亮",单击"修改"图标,在右侧列表中勾选授予赵亮的权限,如图 1-8 所示。

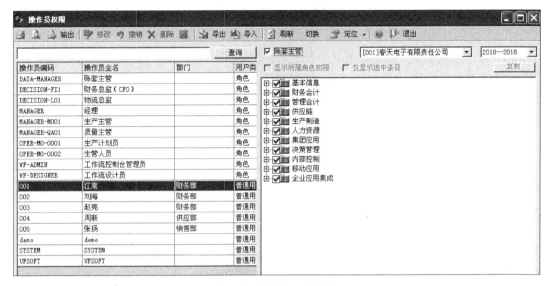

图 1-7 为账套主管授权

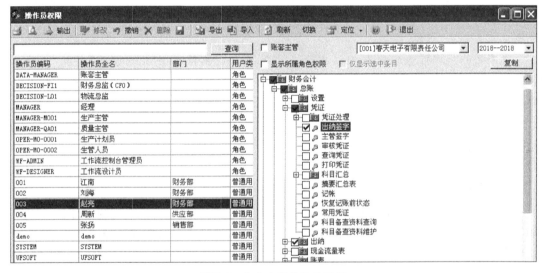

图 1-8 为非主管操作员授权

（5）单击"保存"图标，保存授权设置。

同样的思路和类似的方法，可以为其它用户授权。

（6）单击"退出"图标，返回"系统管理"窗口。

温馨提示

（1）如果设置用户时在角色处已选中账套主管，则不必在此设置，也不能在此处设置。

（2）一个账套可设多个主管，并且系统都自动分配给所设主管该账套的所有权限。

常见问题处理

（1）要增设某用户为账套主管，怎么办？

在"系统管理"窗口，单击"权限"—"权限"菜单项，进入"操作员权限"窗口，选中该用户，勾选"账套主管"选项框，即可增加用户的账套主管权限。

（2）要取消用户的账套主管权限，怎么办？

在"系统管理"窗口，单击"权限"—"权限"菜单项，进入"操作员权限"窗口，在选中账套主管后，单击"账套主管"选项框，取消勾选，则可取消用户的账套主管权限。

（3）操作员权限授予完全错误，怎么办？

需要取消该操作员的错误权限。取消操作员权限的方法：在"操作员权限"窗口，从左侧的操作员列表框中选中某操作员，通过单击工具栏上的"删除"图标，来实现删除所选用户的操作权限。

（4）想要重新授权或增加普通用户的权限，怎么办？

在"操作员权限"窗口，从左侧的操作员列表框中选中某操作员，单击工具栏上的"修改"图标，在右侧权限列表中选择所要授权的项目，单击工具栏上的"保存"图标保存。

任务1.3 系统启用

背景资料

春天电子有限责任公司的会计业务多，涉及面广，账务处理涉及总账、应收款管理、应付款管理、薪资管理、计件工资管理、固定资产、采购管理、销售管理、库存管理、存货核算、UFO报表等功能模块的内容，因此，需要将涉及的功能模块全部启用。

任务要求

启用总账、应收款管理、应付款管理、固定资产、薪资管理、计件工资管理、销售管理、采购管理、库存管理、存货核算功能模块，启用日期为2018年6月1日。

操作指导

启用系统功能有两种方法：一种方法是在企业应用平台时启用；另一种方法是在账套建立成功时启用。

1. 在企业应用平台时启用系统

在企业应用平台时启用系统可按以下操作步骤进行。

（1）单击"开始"—"程序"—"用友U8V10.1"—"企业应用平台"菜单项，打开"登录"对话框。输入账套主管的编码和密码，选择要启用系统的账套和会计年度，输入操作日期，单击"登录"按钮，进入企业应用平台，如图1-9所示。

（2）打开"基础设置"选项卡，双击"基本信息"—"系统启用"列表项，打开"系统启用"对话

会计电算化

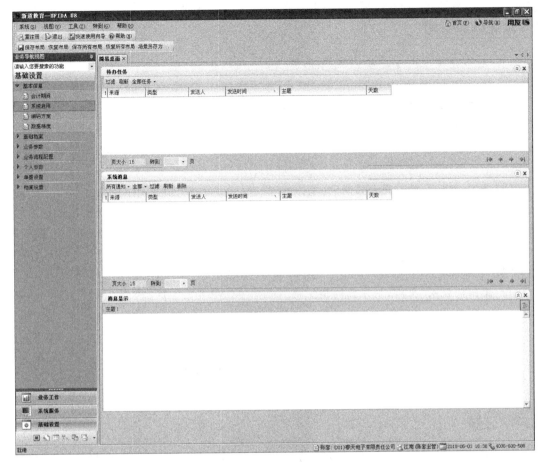

图 1-9 企业应用平台

框。勾选所要启用模块前的选项框,启用日期为 2018-06-01。单击"确定"按钮,系统弹出"确实要启用当前系统吗?"信息提示对话框,单击"是"按钮,完成系统启用,如图 1-10 所示。

图 1-10 系统启用

（3）用同样的方法启用其它模块，直至所有模块都启用完毕，单击工具栏上的"退出"图标，返回企业应用平台。

2. 在账套建立成功时启用系统

在账套建立成功时启用系统，就是在显示"春天电子有限责任公司[001]建立成功"，并提示是否"现在进行系统启用的设置？"时，单击"是"按钮，结束账套建立并进入系统启用设置，按照任务要求进行相应系统的启用。

编码方案和数据精度的设置也可通过类似的方法，在企业应用平台进行设置。

温馨提示

"计件工资管理"模块必须在"薪资管理"模块之后启用。

任务1.4 设置基础档案

任务1.4.1 设置机构人员

背景资料

春天电子有限责任公司的机构设置情况、正式工人员分类情况和正式工档案信息资料分别如表1-2～表1-4所示。

表1-2 部门档案

部门编码	部门名称
1	管理部
101	办公室
102	财务部
2	供销部
201	供应部
202	销售部
3	生产部
301	一车间
302	二车间

表1-3 正式工人员类别

分类编码	分类名称	分类编码	分类名称
1011	企业管理人员	1013	车间管理人员
1012	销售人员	1014	生产人员

表 1-4　正式工档案信息

人员编码	姓名	性别	所属部门	人员类别	是否业务员	是否操作员
101	杨阳	男	办公室	企业管理人员	是	否
102	张立	女	办公室	企业管理人员	是	否
103	江南	女	财务部	企业管理人员	是	否
104	刘海	女	财务部	企业管理人员	是	否
105	赵亮	女	财务部	企业管理人员	是	否
201	周新	女	供应部	企业管理人员	是	否
202	杨娇	女	供应部	企业管理人员	是	否
203	张扬	男	销售部	销售人员	是	否
204	韩燕	女	销售部	销售人员	是	否
205	王明	男	销售部	销售人员	是	否
206	洪天	男	销售部	销售人员	是	否
301	张招	男	一车间	车间管理人员	否	否
302	王力	男	一车间	生产人员	否	否
303	孙红	女	二车间	车间管理人员	否	否
304	周涛	女	二车间	生产人员	否	否

任务要求

（1）设置部门档案。
（2）设置人员类别。
（3）设置人员档案。

操作指导

1. 设置部门档案

设置部门档案可按以下操作步骤进行。

（1）在企业应用平台中，打开"基础设置"选项卡，双击"基础档案"—"机构人员"—"部门档案"列表项，进入"部门档案"窗口。
（2）单击"增加"图标。
（3）按照任务所给信息资料输入部门编码、部门名称、成立日期等信息，单击"保存"图标。
（4）重复步骤（2）～步骤（3）操作，依次输入子部门及其它部门的档案信息，系统将在部门列表栏显示已输入的部门档案，如图 1-11 所示。
（5）所有部门档案输入完毕，关闭"部门档案"窗口，完成部门档案设置工作。

常见问题处理

（1）已保存的部门档案错误如何修改？
修改已保存的部门档案，首先将光标定位到需要修改的部门上，然后单击工具栏上的

项目1 会计电算化工作框架的搭建

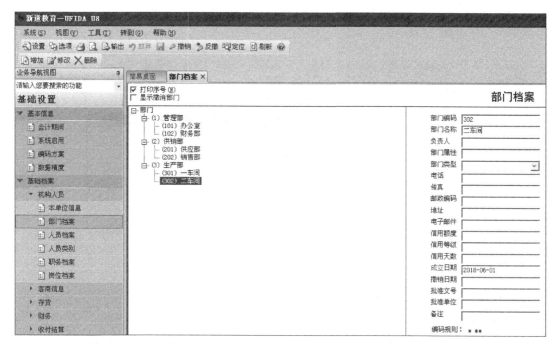

图1-11 部门档案

"修改"图标,进行相关内容的修改,但部门编码不能修改。修改完毕后,单击"保存"图标,完成部门档案修改。

(2) 怎样删除部门档案?

删除部门档案,首先将光标定位到要删除的部门上;其次单击工具栏上的"删除"图标,即可完成部门档案删除。但如果某部门已被其它对象引用,则不能删除。

温馨提示

(1) 部门编码应符合所设置的编码级次原则。

(2) 部门编码、部门名称、成立日期必须输入,且部门编码和部门名称不能重复。

2. 设置人员类别

设置人员类别可按以下操作步骤进行。

(1) 在企业应用平台中,打开"基础设置"选项卡,双击"基础档案"—"机构人员"—"人员类别"列表项,进入"人员类别"窗口。

(2) 在窗口左边"人员类别"列表中选择"正式工"列表项,单击"增加"图标,打开"增加档案项"对话框。

(3) 按照任务所给信息资料输入"档案编码""档案名称"信息,单击"确定"按钮保存。

(4) 用同样的方法继续输入其它"人员类别"档案,直到所有"人员类别"档案输入完毕为止,如图1-12所示。

(5) 关闭"增加档案项"对话框,返回"人员类别"窗口。

(6) 单击"退出"图标,完成人员类别设置。

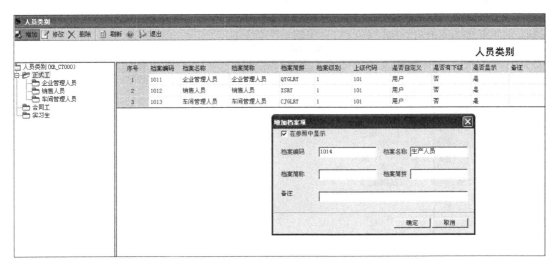

图 1-12　人员类别设置

3. 设置人员档案

设置人员档案可按以下操作步骤进行。

（1）在企业应用平台中，打开"基础设置"选项卡，双击"基础档案"—"机构人员"—"人员档案"列表项，进入"人员列表"窗口。

（2）选择"雇佣状态"为"在职"，选择"人员类别"为"正式工"，单击"增加"图标，打开"人员档案"对话框。

（3）按照任务所给信息资料输入人员编码、人员姓名、性别、所属部门等信息，单击"保存"图标，如图 1-13 所示。

（4）同样的方法输入其它正式工的档案信息，直至所有正式工档案输入完毕为止。

（5）单击"退出"图标，系统弹出"是否保存对当前单据的编辑？"信息提示对话框，单击"否"按钮，返回"人员列表"窗口。

（6）关闭"人员档案"对话框。

常见问题处理

（1）怎样修改输入人员档案的错误？

如果保存人员档案前发现职员档案错误，删除已输入的内容，再重新输入即可；如果职员档案保存后发现错误，应按照以下方法进行修改：在"人员档案"对话框的"人员列表"中，找到要修改档案的人员，将光标定位到要修改的人员所在行，单击"修改"图标，打开"人员档案"信息对话框，进行档案信息修改，修改完毕后，单击"保存"图标。

（2）怎样删除人员档案？

如果人员档案全部错误，就要删除该人员档案。删除人员档案的方法：在"人员档案"对话框的"人员列表"中，找到要删除档案的人员，选择要删除的人员，单击"删除"图标，即可删除该人员档案。

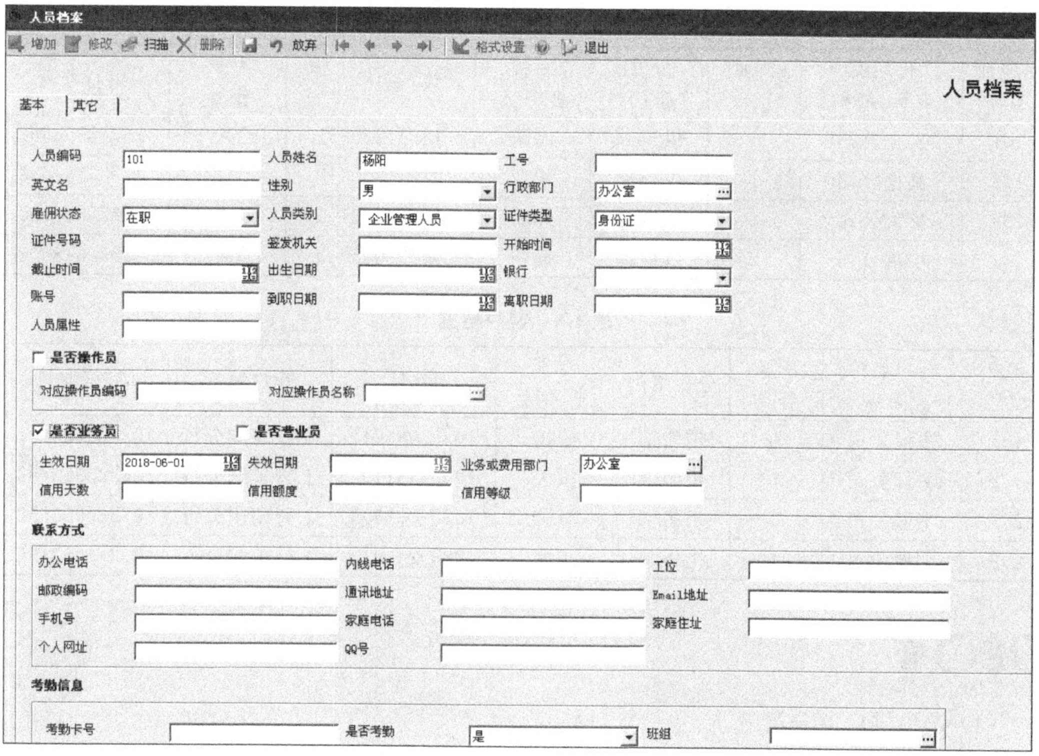

图 1-13 人员档案

温馨提示

（1）人员编号应符合编码原则。

（2）人员编号和姓名必须输入，人员编号不可重复。

（3）人员档案修改或删除都应该在人员档案资料未被使用前进行，一旦人员档案资料被使用，则不能被修改或删除。

任务 1.4.2 设置客商信息

背景资料

春天电子有限责任公司有充足的供应商，有原材料供应商，也有成品供应商；公司更拥有大量优质的客源，且客户分布较广，供应商和客户的分类情况如表1-5和表1-6所示，供应商档案和客户档案如表1-7和表1-8所示。

表 1-5 供应商分类

分类编码	分类名称
1	原材料供应商
2	成品供应商

表 1-6 客户分类

分类编码	分类名称
1	批发
2	零售

表 1-7 供应商档案

供应商编号	供应商名称/简称	所属分类	分管部门	专管业务员	税号	开户银行	银行账号
101	宏大公司	1	供应部	周新	18541220851	工行	23748596862
102	高德公司	1	供应部	周新	21311220842	工行	47536184013
103	盛大公司	1	供应部	周新	89765432100	工行	69325814789
201	中瑞公司	2	供应部	杨娇	97621005843	工行	75632548068

表 1-8 客户档案

客户编号	客户名称/简称	所属分类	分管部门	专管业务员	税号	开户银行	银行账号
101	永恒公司	1	销售部	张扬	10335983241	工行海淀分行	25375324961
102	新都公司	1	销售部	洪天	10965432102	工行丰北分行	36328973483
201	丰盛公司	2	销售部	韩燕	18324033591	工行朝阳分行	37249615532
202	天地公司	2	销售部	王明	13835240913	工行丰北分行	39274653125

任务要求

(1) 设置供应商分类。

(2) 设置客户分类。

(3) 设置供应商档案。

(4) 设置客户档案。

操作指导

1. 设置供应商分类

设置供应商分类可按以下操作步骤进行。

(1) 在企业应用平台中,打开"基础设置"选项卡,双击"基础档案"—"客商信息"—"供应商分类"列表项,进入"供应商分类"窗口。

(2) 单击"增加"图标,打开"供应商分类"对话框,依次输入"分类编码"和"分类名称",如图 1-14 所示。

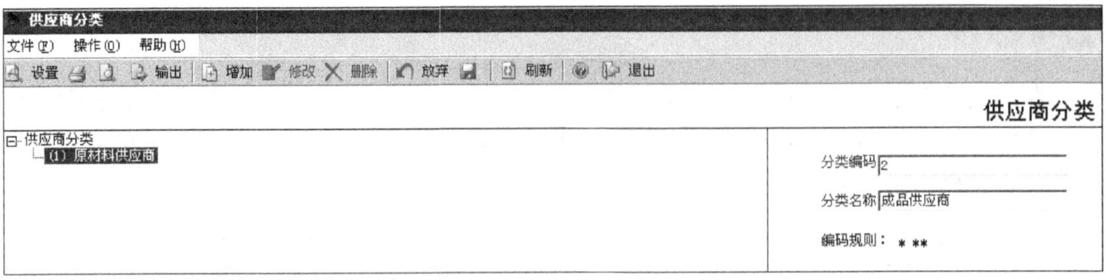

图 1-14 供应商分类

(3) 单击"保存"图标。

(4)继续输入其它分类,所有供应商类型均输入完毕后,单击"退出"图标。

2. 设置客户分类

设置客户分类的操作方法与设置供应商分类的操作方法类似,这里不再重述。

温馨提示

(1)供应商、客户分类编号应符合编码原则。

(2)供应商、客户分类编号和类型名称必须输入,且编号不可重复。

(3)如果在建账时选择了供应商及客户分类,就必须建立供应商及客户分类;若没有指定对供应商及客户进行分类管理,则在建账时不能设置供应商及客户分类,可直接建立供应商及客户档案。

(4)供应商、客户分类修改或删除都应该在供应商、客户分类资料未被引用前进行,一旦供应商、客户分类资料被使用,将不能被修改或删除。

常见问题处理

(1)怎样修改供应商或客户分类输入错误?

如果保存供应商或客户分类前发现错误,可直接删除已输入的内容,再重新输入;如果供应商或客户分类保存后发现错误,应按照以下方法进行修改:在"供应商分类"或"客户分类"窗口中,将光标定位到要修改的供应商或客户类别上,单击"修改"图标即可进入修改状态,修改完毕后,单击"保存"图标即可。

(2)怎样删除供应商或客户分类?

如果供应商或客户分类全部错误,就要删除相应的分类。删除分类的方法:在"供应商分类"或"客户分类"窗口中,将光标定位到要删除的供应商或客户类别上,单击"删除"图标即可删除所选供应商或客户类别。

工作指导

企业可根据自身需要对供应商和客户进行分类。例如,要了解不同地区供应商和客户的相关情况,则需要对供应商和客户进行地区分类,以便于对业务数据的统计、分析。

3. 设置供应商档案

设置供应商档案可按以下操作步骤进行。

(1)在企业应用平台中,打开"基础设置"选项卡,双击"基础档案"—"客商信息"—"供应商档案"列表项,进入"供应商档案"窗口。

(2)单击"增加"图标,打开"增加供应商档案"对话框。

(3)单击"基本"选项卡,输入供应商编码、供应商简称等基本信息。

(4)单击"联系"选项卡,输入分管部门、专管业务员等信息。

(5)单击"信用"选项卡,选择价格级别,输入信用等级、额度等信息。

(6)单击"其它"选项卡,输入发展日期、建档人、变更人、建档日期等信息。

(7)输入完各项内容后,单击"保存并新增"图标。

(8) 同样的方法,继续输入其它供应商档案,直到所有供应商档案输入完毕为止。

(9) 单击"保存"图标,如图 1-15 所示。

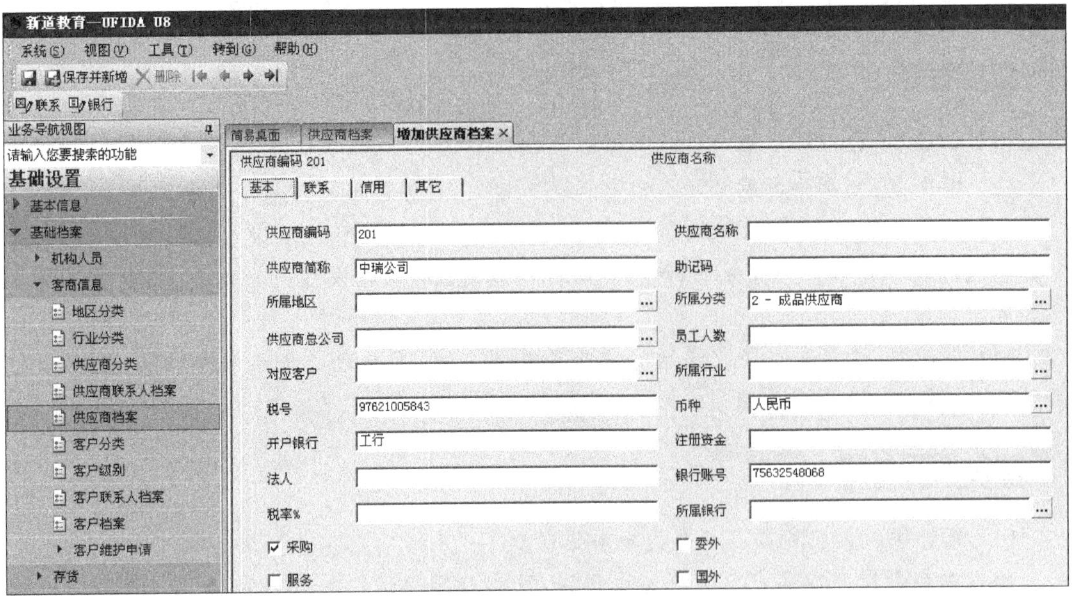

图 1-15　供应商档案

(10) 关闭"增加供应商档案"对话框,再关闭"供应商档案"窗口。

4. 设置客户档案

设置客户档案可按以下操作步骤进行。

(1) 在企业应用平台中,打开"基础设置"选项卡,双击"基础档案"—"客商信息"—"客户档案"列表项,进入"客户档案"窗口。

(2) 单击"增加"图标,打开"增加客户档案"对话框。

(3) 单击"基本"选项卡,输入或选入客户基本信息。

(4) 单击"联系"选项卡,输入分管部门、专管业务员等信息。

(5) 单击"信用"选项卡,选择价格级别、输入信用等级、额度等信息。

(6) 单击"其它"选项卡,输入发展日期、建档人、变更人、建档日期等信息。

(7) 单击"银行"图标,进入"客户银行档案"窗口,单击"增加"图标,输入开户银行和银行账号,单击"保存"图标,单击"退出"图标,如图 1-16 所示。

(8) 单击"保存并新增"图标,继续输入其它客户档案,直到所有客户档案输入完毕为止。

(9) 单击"保存"图标。

(10) 关闭"增加客户档案"对话框,关闭"客户档案"窗口。

温馨提示

(1) 供应商、客户编号应符合编码原则。

(2) 供应商、客户编号和相应名称必须输入,且编号不可重复。

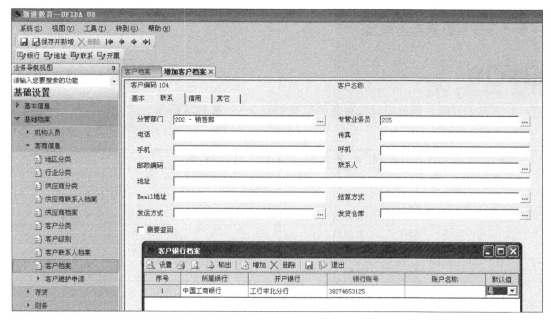

图 1-16 客户档案

（3）供应商、客户的发展日期不可修改，输入时一定要特别注意。如果期初就有应付账款或应收账款余额，则应付款供应商和应收款客户的发展日期不应该在账套建立时间之后。

（4）供应商、客户档案修改或删除都应该在供应商、客户档案资料未被引用前进行，供应商、客户档案资料一旦被使用将不能被修改或删除。

常见问题处理

（1）怎样修改供应商或客户档案的输入错误？

如果保存供应商或客户档案前发现错误，可直接删除已输入的内容，再重新输入；如果供应商或客户档案保存后发现错误，应按照以下方法进行修改：在"供应商档案"或"客户档案"窗口中，将光标定位到要修改的供应商或客户档案上，单击"修改"图标即可进入修改状态，修改完毕后，单击"保存"图标即可。

（2）怎样删除供应商或客户档案？

如果供应商或客户档案全部错误，就要删除相应档案内容。删除档案内容的方法：在"供应商档案"或"客户档案"窗口中，选择要删除的"供应商档案"或"客户档案"，单击"删除"图标即可删除该供应商或客户档案。

工作指导

（1）建立供应商档案直接关系到对供应商数据的统计、汇总和查询等分类处理，如果管理需要，则应建立此信息。

（2）客户档案主要反映往来客户的信息，可用于对客户及业务数据的统计分析，是否设置应该视情况而定。

任务 1.4.3 设置存货档案

背景资料

春天电子有限责任公司有关存货的信息如表 1-9～表 1-12 所示。

表 1-9 存货分类

分类编码	分类名称	分类编码	分类名称
1	原材料	2	产成品
101	芯片	201	计算机
102	硬盘	9	应税劳务
103	显示器		
104	键盘		
105	鼠标		

表 1-10 计量单位组

计量单位组编码	计量单位组名称	计量单位组类别
01	无换算	无换算率

表 1-11 计量单位

计量单位编码	计量单位名称	所属计量单位组名称
01	台	无换算
02	盒	无换算
03	只	无换算
04	千米	无换算

表 1-12 存货档案

存货编码	存货名称	所属类别	主计量单位	税率/%	存货属性	参考成本/元	参考售价/元
101	PⅢ芯片	芯片	盒	16	外购、生产耗用	1 000	
102	160GB 硬盘	硬盘	盒	16	外购、生产耗用	800	
103	21英寸显示器	显示器	台	16	外购、生产耗用	1 500	
104	键盘	键盘	只	16	外购、生产耗用	100	
105	鼠标	鼠标	只	16	外购、生产耗用	40	
201	CHT 计算机	计算机	台	16	内销、外销、自制	4 500	6 000
901	运输费	应税劳务	千米	10	内销、外销、外购、应税劳务		

任务要求

(1) 设置存货分类。

(2) 设置计量单位组。

（3）设置计量单位。
（4）设置存货档案。

操作指导

1. 设置存货分类

设置存货分类可按以下操作步骤进行。

（1）在企业应用平台中，打开"基础设置"选项卡，双击"基础档案"—"存货"—"存货分类"列表项，进入"存货分类"窗口。

（2）单击"增加"图标，打开"存货分类"对话框，依次输入"分类编码"和"分类名称"，如图 1-17 所示。

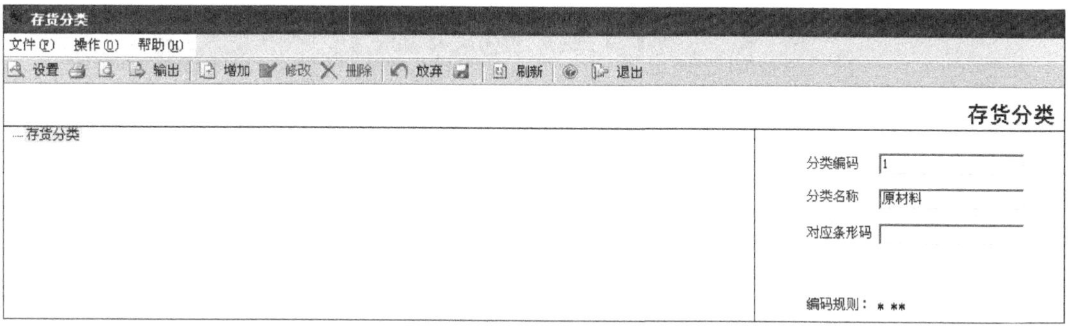

图 1-17　存货分类

（3）单击"保存"图标。
（4）继续输入其它分类，所有存货类型均输入完毕后，单击"保存"图标，保存设置。
（5）单击"退出"图标。

2. 设置计量单位组

设置计量单位组可按以下操作步骤进行。

（1）在企业应用平台中，打开"基础设置"选项卡，双击"基础档案"—"存货"—"计量单位"列表项，进入"计量单位-计量单位组"窗口。

（2）单击"分组"图标，打开"计量单位组"对话框。

（3）单击"增加"图标，输入"计量单位组编码"和"计量单位组名称"，选择"计量单位组类别"为"无换算率"，如图 1-18 所示。

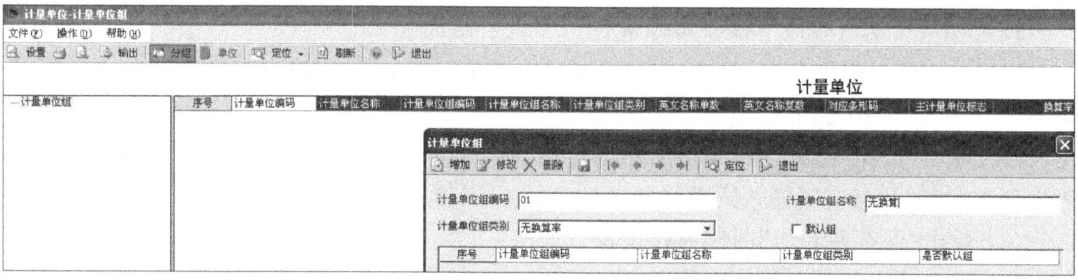

图 1-18　计量单位组

（4）单击"保存"图标保存设置。

（5）用同样的方法，可继续输入其它计量单位组信息，直到所有计量单位组信息全部输入完毕后，单击"退出"图标，返回"计量单位-计量单位组"窗口。

（6）单击"退出"图标或"关闭"图标，完成计量单位组设置。

3．设置计量单位

设置计量单位可按以下操作步骤进行。

（1）在企业应用平台中，打开"基础设置"选项卡，双击"基础档案"—"存货"—"计量单位"列表项，进入"计量单位-计量单位组"窗口。

（2）选择"计量单位组"为"无换算＜无换算率＞"，单击"单位"图标，打开"计量单位"对话框。

（3）单击"增加"图标，输入"计量单位编码"为"01"，输入"计量单位名称"为"台"，如图1-19所示。

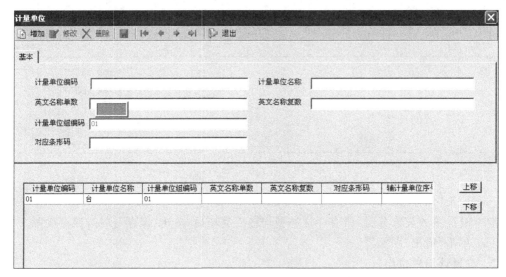

图1-19　计量单位

（4）单击"保存"图标。

（5）用同样的方法，可继续输入其它计量单位信息，直到所有计量单位信息全部输入完毕后，单击"退出"图标，返回"计量单位-无换算关系"窗口。

（6）单击"退出"图标或"关闭"图标，完成计量单位设置。

4．设置存货档案

设置存货档案可按以下操作步骤进行。

（1）在企业应用平台中，打开"基础设置"选项卡，双击"基础档案"—"存货"—"存货档案"列表项，进入"存货档案"窗口。

（2）单击"增加"图标，打开"增加存货档案"窗口，分别打开"基本""成本""控制""其它"等选项卡，按照背景资料输入或选择相关信息，如图1-20所示。

（3）单击"保存并新增"图标保存设置。

（4）继续输入其它存货档案信息，直到所有存货档案信息全部输入完毕后，单击"保存"图标。

图 1-20 增加存货档案

（5）关闭"增加存货档案"窗口，返回"存货档案"窗口。
（6）关闭"存货档案"窗口，完成存货档案设置。

温馨提示

（1）存货分类编码、存货编码均应符合编码原则。
（2）存货分类编码、存货编码、存货分类名称、存货名称、计量单位组、主计量单位项目必须输入，且编码不可重复。
（3）如果在建账时选择了存货分类，就必须建立存货分类。
（4）存货分类后，必须将存货设置在最末级的存货分类之下。
（5）存货分类修改或删除都应该在存货分类资料未被引用前进行，一旦存货分类资料被引用将不能被修改或删除。

常见问题处理

（1）怎样修改存货分类的输入错误？
如果存货分类保存前发现错误，直接删除已输入的内容，再重新输入即可；如果存货分类保存后发现错误，应按照以下方法进行修改：在"存货分类"窗口，将光标定位到要修改的存货类别上，单击"修改"图标进入修改状态，修改完毕后保存即可。

（2）怎样删除存货分类？
如果存货分类全部错误，就要删除相应的分类。删除存货分类的方法：在"存货分类"窗口，将光标定位到要删除的存货类别上，单击"删除"图标，在系统弹出的"确认信息"信息提示对话框中确认即可删除该存货分类。

工作指导

企业该不该建立存货档案？

小规模企业存货量小，核算简单，为了简化会计工作，可不单独设置存货档案。但大中型企业存货量大，核算复杂，容易出现存货损失、仓库积压存货等现象。存货档案主要反映存货的信息，可用于对存货的科学管理，有利于减少原料、材料、库存商品等的库存量，适时进行某种原料、材料的采购，合理确定采购数量，降低存货成本；及时实施促销，减少库存商品的积压，加快资金周转，减少资金占用。

建立存货档案直接关系到对存货的统计、汇总和查询等分类管理，每一个单位都应建立此信息。

任务 1.4.4 设置财务档案

背景资料

春天电子有限责任公司为了满足会计核算的需要，增设了相应的会计科目，同时，对系统中与新会计准则名称不一致的会计科目进行更新，公司采用通用记账凭证格式进行业务记录。公司设置了包括项目大类和项目目录等信息资料的项目档案，具体信息如表 1-13 和表 1-14 所示。

表 1-13 会计科目、辅助项及计量单位信息表

科目编码	科目名称	计量单位	辅助账类型	账页格式	方向
1001	库存现金		日记账	金额式	借
1002	银行存款		日记账、银行账	金额式	借
100201	工行存款		日记账、银行账	金额式	借
100202	建行存款		日记账、银行账	金额式	借
1121	应收票据		客户往来	金额式	借
1122	应收账款		客户往来	金额式	借
1123	预付账款		供应商往来	金额式	借
1221	其它应收款		个人往来	金额式	借
1403	原材料			金额式	借
140301	PⅢ芯片	盒	数量核算	数量金额式	借
140302	160GB硬盘	盒	数量核算	数量金额式	借
140303	21英寸显示器	台	数量核算	数量金额式	借
140304	键盘	只	数量核算	数量金额式	借
140305	鼠标	只	数量核算	数量金额式	借
1405	库存商品			金额式	借

续表

科目编码	科 目 名 称	计量单位	辅助账类型	账页格式	方向
140501	CHT计算机	台	数量核算	数量金额式	借
1901	待处理财产损溢			金额式	贷
190101	待处理流动资产损溢			金额式	贷
190102	待处理固定资产损溢			金额式	贷
2001	短期借款			金额式	贷
200101	建行贷款			金额式	贷
2201	应付票据		供应商往来	金额式	贷
2202	应付账款		供应商往来	金额式	贷
2203	预收账款		客户往来	金额式	贷
2211	应付职工薪酬			金额式	贷
221101	应付工资			金额式	贷
221102	养老保险			金额式	贷
221109	其它			金额式	贷
2221	应交税费			金额式	借
222101	应交增值税			金额式	贷
22210101	进项税额			金额式	贷
22210105	销项税额			金额式	贷
22210106	进项税额转出			金额式	贷
222109	应交个人所得税			金额式	贷
4104	利润分配			金额式	贷
410401	未分配利润			金额式	贷
5001	生产成本		项目核算	金额式	借
500101	直接材料		项目核算	金额式	借
500102	直接人工		项目核算	金额式	借
500103	制造费用		项目核算	金额式	借
5101	制造费用			金额式	借
510101	工资			金额式	借
510102	折旧费			金额式	借
510109	其它			金额式	借
6403	税金及附加			金额式	借
6602	管理费用			金额式	借
660201	工资		部门核算	金额式	借
660202	养老保险		部门核算	金额式	借
660203	折旧费		部门核算	金额式	借
660204	办公费		部门核算	金额式	借
660205	差旅费		部门核算	金额式	借
660206	招待费		部门核算	金额式	借
660209	其它		部门核算	金额式	借

续表

科目编码	科目名称	计量单位	辅助账类型	账页格式	方向
6603	财务费用			金额式	借
660301	利息支出			金额式	借
660302	手续费			金额式	借
660309	其它			金额式	借

表 1-14 项目信息

项目设置步骤	设置内容
项目大类名称	产品核算
核算科目	生产成本 直接材料 直接人工 制造费用
项目分类定义	1. 自行生产 2. 委托加工
项目名称	01 CHT 计算机　所属分类 1

任务要求

（1）设置会计科目（包括计量单位和辅助项）。

（2）指定"库存现金"科目为"现金总账"科目；指定"银行存款"科目为"银行总账"科目；指定"库存现金""工行存款""建行存款"科目均为"现金流量"科目。

（3）设置凭证类别。

（4）设置项目目录。

操作指导

1. 设置会计科目

设置会计科目（包括计量单位和辅助项）可按以下操作步骤进行。

在企业应用平台中，打开"基础设置"选项卡，双击"基础档案"—"财务"—"会计科目"列表项，进入"会计科目"窗口。

（1）设置会计科目——增加会计科目（包括总账科目和明细科目）

① 单击"增加"图标，打开"新增会计科目"对话框。

② 输入新增会计科目的相关信息（包括辅助项），例如，增加"工行存款"，在"科目编码"处输入 100201，在"科目名称"处输入"工行存款"，"账页格式"选择"金额式"，并勾选右下方的"日记账"和"银行账"选项框，如图 1-21 所示。

③ 单击"确定"按钮。

④ 单击"新增会计科目"对话框中的"增加"按钮，输入下一个要增加科目的信息，该科目信息输入完毕，单击"确定"按钮。

⑤ 用同样的方法，继续增加其它会计科目，所有需要增加会计科目的信息均输入完毕

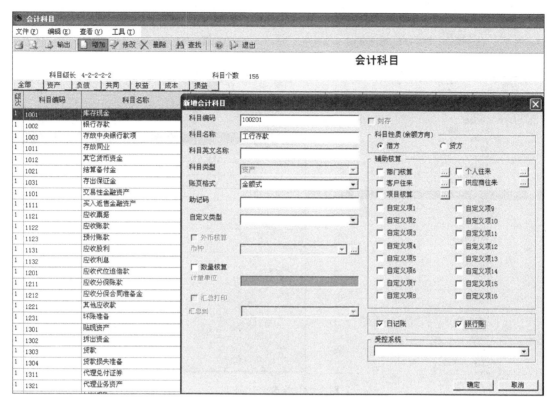

图 1-21 增加会计科目

后,关闭"新增会计科目"对话框,返回"会计科目"窗口。

⑥ 单击"退出"图标。

(2) 设置会计科目——修改会计科目(包括总账科目和辅助项修改)

如果预置的会计科目只是名称与现行会计科目不一致,但含义相同,只需在"会计科目"窗口中,对会计科目进行修改即可。对于需要设置辅助项的已有会计科目,也需要修改。

修改会计科目及辅助项可按以下操作步骤进行。

① 在"会计科目"窗口中,双击要修改的会计科目或选中要修改的会计科目后单击"修改"图标,打开"会计科目_修改"对话框,进行相应项目的修改,如图 1-22 所示。

② 单击"确定"按钮,完成修改任务,返回"会计科目"窗口。

③ 用同样的方法,继续修改其它需要修改的会计科目,直到所有需要修改的会计科目都修改完毕后,返回"会计科目"窗口。

④ 单击"退出"图标。

2. 指定会计科目

指定会计科目可按以下操作步骤进行。

(1) 在"会计科目"窗口中,单击屏幕左上角的"编辑"—"指定科目"菜单项,打开"指定科目"对话框。

(2) 选中"现金科目"单选项,在"待选科目"列表中,选中"1001 库存现金"科目,单击 > 按钮,将"1001 库存现金"从"待选科目"栏选入"已选科目"栏,如图 1-23 所示。

图 1-22 修改会计科目

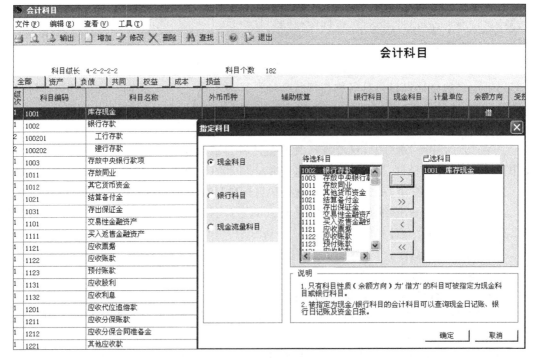

图 1-23 指定会计科目

（3）选中"银行科目"单选项，用同样的方法，将"1002 银行存款"从"待选科目"栏选入"已选科目"栏。

（4）选中"现金流量科目"单选项，用同样的方法，将"1001 库存现金""100201 工行存款""100202 建行存款""1012 其它货币资金"从"待选科目"栏选入"已选科目"栏。

（5）单击"确定"按钮，返回"会计科目"窗口。

（6）单击"退出"图标，完成指定会计科目操作，返回企业应用平台。

3. 设置凭证类别

（1）设置通用记账凭证类别

设置通用记账凭证类别可按以下操作步骤进行。

① 在企业应用平台中，打开"基础设置"选项卡，双击"基础档案"—"财务"—"凭证类别"列表项，打开"凭证类别预置"对话框，如图1-24所示。

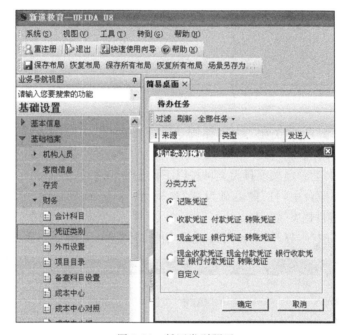

图1-24 凭证类别预置

② 选中"记账凭证"单选项，单击"确定"按钮。

③ 单击"退出"图标，完成通用记账凭证类别设置。

（2）设置专用记账凭证类别（本任务没有涉及此类别）

以采用"收款凭证 付款凭证 转账凭证"凭证类别为例，设置专用记账凭证类别可按以下操作步骤进行。

① 在企业应用平台中，打开"基础设置"选项卡，双击"基础档案"—"财务"—"凭证类别"列表项，打开"凭证类别预置"对话框。

② 选中"收款凭证 付款凭证 转账凭证"单选项，单击"确定"按钮，打开"凭证类别"对话框。

③ 在"凭证类别"对话框中，进行凭证限制类型设置。单击"修改"图标，双击"收款凭

证"行的"限制类型"所在单元格,单击 按钮,在"限制类型"下拉菜单中选择"借方必有";双击"收款凭证"行的"限制科目"所在单元格,输入或在参照中连续选入1001、100201、100202限制科目编码;用类似的方法,依次对"付款凭证"和"转账凭证"进行设置,设置结果如图1-25所示。

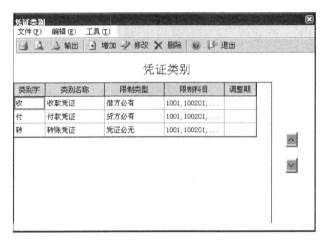

图1-25　设置限制科目

④ 单击"退出"图标或"关闭"图标,完成专用记账凭证类别设置。

4. 设置项目目录

(1)定义项目大类。定义项目大类可按以下操作步骤进行。

① 在企业应用平台中,打开"基础设置"选项卡,双击"基础档案"—"财务"—"项目目录"列表项,进入"项目档案"窗口。

② 单击"增加"图标,打开"项目大类定义_增加"对话框,如图1-26所示。

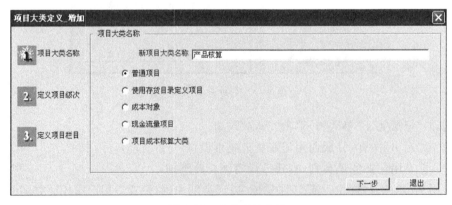

图1-26　定义项目大类

③ 输入"新项目大类名称"为"产品核算",单击"下一步"按钮。

④ 定义项目级次,本任务采用系统默认值。

⑤ 定义项目栏目,本任务采用系统默认值。

⑥ 单击"完成"按钮,返回"项目档案"窗口。

(2) 指定核算科目。指定核算科目可按以下操作步骤进行。

① 在"项目档案"窗口,选择"项目大类"为"产品核算"。

② 打开"核算科目"选项卡,单击 > 按钮,将"核算科目"依次从"待选科目"栏选入"已选科目"栏,也可以通过单击 >> 按钮,将"项目大类"对应的"核算科目"一次性从"待选科目"栏选入"已选科目"栏,如图 1-27 所示。

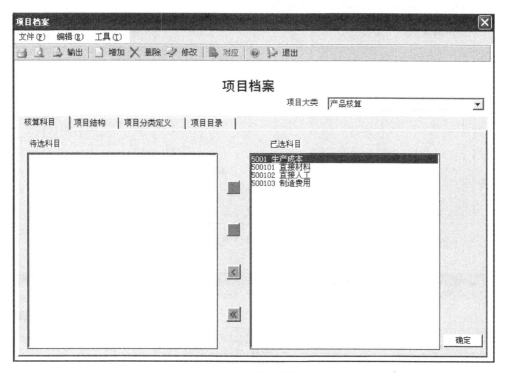

图 1-27 选择核算科目

③ 单击"确定"按钮。

(3) 定义项目分类。定义项目分类可按以下操作步骤进行。

① 在"项目档案"窗口,确认"项目大类"为"产品核算"。

② 打开"项目分类定义"选项卡,输入"分类编码"为 1,"分类名称"为"自行生产"。

③ 单击"确定"按钮。

④ 继续输入"分类编码"为 2,"分类名称"为"委托加工"。

⑤ 单击"确定"按钮,完成项目分类定义,如图 1-28 所示。

(4) 定义项目目录。定义项目目录可按以下操作步骤进行。

① 在"项目档案"窗口,确认"项目大类"为"产品核算"。

② 打开"项目目录"选项卡,单击"维护"按钮,进入"项目目录维护"窗口。

③ 单击"增加"图标,输入项目编号、项目名称,双击对应的"所属分类码"单元格,选择所属分类码,如图 1-29 所示。

④ 单击"退出"图标,返回"项目档案"窗口,完成项目目录定义设置。

⑤ 单击"退出"或"关闭"图标。

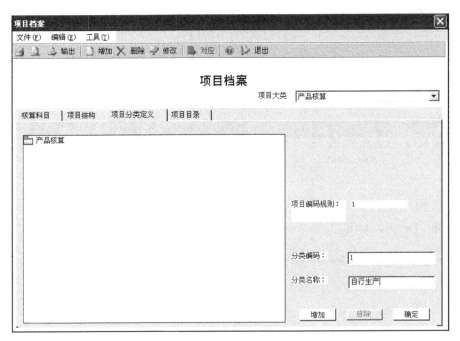

图 1-28 项目分类定义

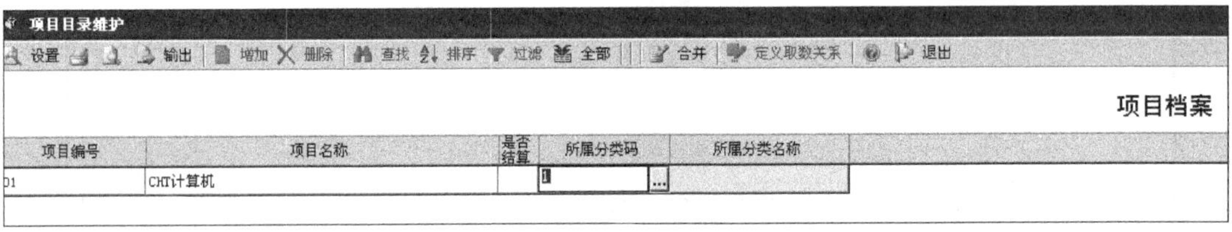

图 1-29 项目档案

温馨提示

（1）增加的会计科目，其编码要符合编码规则，且编码不能重复；会计科目一经使用，就不能增设下级科目，只能增加同级科目。

（2）明细科目可直接增设，也可通过对总账科目设置辅助项的方式进行，后者能够输入更多信息。

（3）删除会计科目应遵循"自下而上"的原则，即先删除下一级会计科目，再删除本级科目。已经输入余额的会计科目，必须先删除本级及其下级科目的期初余额，否则，无法删除科目。

（4）凭证类别定义被使用后，不可修改。

常见问题处理

怎样删除会计科目？

要删除系统中已有的会计科目，可以在"会计科目"窗口，选择要删除的会计科目，单击"删除"图标，即可完成删除任务。

任务1.4.5　设置收付结算档案

背景资料

春天电子有限责任公司为了方便客户和供应商结算款项,灵活地办理各种业务款项的结算,采用了多种结算方式,结算方式如表1-15所示,公司在中国建设银行和中国工商银行开立账户,中国工商银行丰北分行为职工代发工资银行,分派给职工个人的账号是固定长度11位,用户设置自动带出长度为9位;企业账号定长为12位。春天电子有限责任公司开户银行情况如表1-16所示。客户编号为0134,机构号为89675,联行号为135798642036。

表1-15　结算方式

结算方式编码	结算方式名称	票据管理
1	现金结算	否
2	支票结算	否
201	现金支票	是
202	转账支票	是
3	商业汇票	否
301	银行承兑汇票	否
302	商业承兑汇票	否
4	电汇	否
9	其它	否

表1-16　开户银行情况

编码	银行账号	币种	是否暂封	开户银行	所属银行编号	所属银行名称
001	090402130924	人民币	否	工商银行丰北分行	01	中国工商银行
002	081187720833	人民币	否	建设银行丰北分行	03	中国建设银行

任务要求

(1) 设置结算方式。
(2) 设置银行档案。
(3) 设置本单位开户银行。

操作指导

1. 设置结算方式

设置结算方式按以下操作步骤进行。

(1) 在企业应用平台中,打开"基础设置"选项卡,双击"基础档案"—"收付结算"—"结算方式"列表项,进入"结算方式"窗口。

(2) 单击"增加"图标,打开"结算方式"对话框,输入结算方式编码和结算方式名称,有票据管理要求的结算方式,勾选"是否票据管理"选项框,单击"保存"图标保存设置,该结算方式即在左侧列表显示,如图1-30所示。

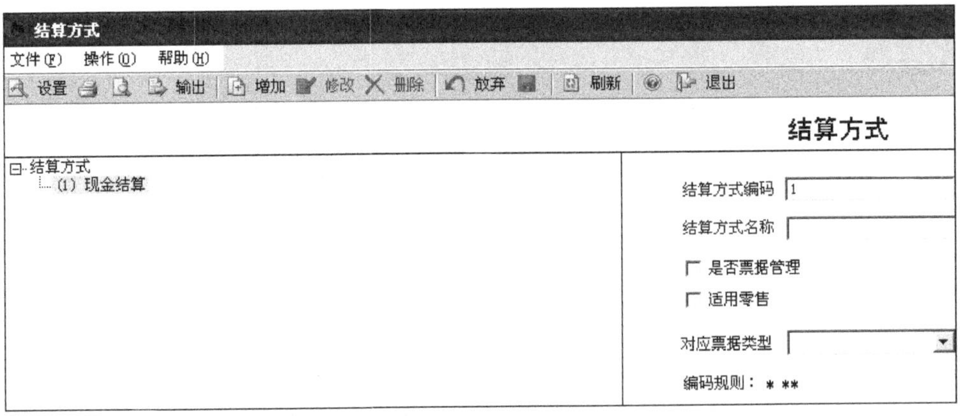

图1-30 结算方式

（3）用同样的方法,输入其它结算方式,直到全部输入完毕为止。
（4）单击"退出"图标,完成结算方式设置。

2. 设置银行档案

设置银行档案有以下两种情况。

第一种情况：在系统预置银行档案的情况下,如果只需设置账号长度和自动带出账号长度数据,需通过修改银行档案来进行,具体操作步骤如下。

（1）在企业应用平台中,打开"基础设置"选项卡,双击"基础档案"—"收付结算"—"银行档案"列表项,进入"银行档案"窗口。

（2）选中需要修改的银行档案,单击"修改"图标,打开"修改银行档案"对话框,进行除"银行编码"和"银行名称"以外其它信息的修改或设置,如图1-31所示。

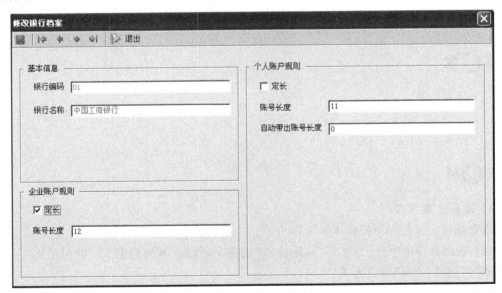

图1-31 修改银行档案

(3) 单击"保存"图标。

(4) 单击"退出"图标,在系统弹出的"确认信息"信息提示对话框中,单击"否"按钮,返回"银行档案"窗口。

(5) 单击"退出"图标返回企业应用平台,完成银行档案修改任务。

第二种情况:在系统没有预置银行档案的情况下,设置银行档案,可按以下操作步骤进行。

(1) 在企业应用平台中,打开"基础设置"选项卡,双击"基础档案"—"收付结算"—"银行档案"列表项,进入"银行档案"窗口。

(2) 单击"增加"图标,打开"增加银行档案"对话框,按任务资料输入银行编码和银行名称,企业账户规则与个人账户规则均勾选"定长"选项框,输入账号长度和自动带出账号长度等信息。

(3) 单击"保存"图标。

(4) 继续输入其它银行档案信息,直到所有银行档案信息全部输入完毕为止。

(5) 单击"退出"图标,返回"银行档案"窗口。

(6) 单击"退出"图标,完成银行档案设置任务。

3. 设置本单位开户银行

设置本单位开户银行可按以下操作步骤进行。

(1) 在企业应用平台中,打开"基础设置"选项卡,双击"基础档案"—"收付结算"—"本单位开户银行"列表项,进入"本单位开户银行"窗口。

(2) 单击"增加"图标,打开"增加本单位开户银行"对话框,输入编码、银行账号、币种、开户银行名称、所属银行编码等信息,如果本开户银行暂封,需勾选"暂封"选项框,如图1-32所示。

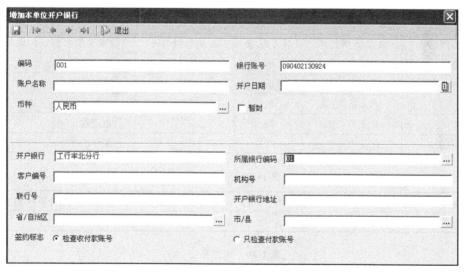

图1-32 增加本单位开户银行

(3) 单击"保存"图标。

(4) 继续输入其它开户银行的相关信息,直到所有开户银行信息全部输入完毕为止。

(5)单击"退出"图标,在系统弹出的"确认信息"信息提示对话框中,单击"否"按钮,返回"本单位开户银行"窗口。

(6)单击"退出"图标,完成本单位开户银行设置。

温馨提示

(1)结算方式一旦被引用,不能修改和删除。

(2)为了节省输入时间,在银行账号设置时,操作员一般都确定设置自动带出账号长度。

任务1.4.6 设置业务档案

背景资料

春天电子有限责任公司为了加强对存货收发和费用的管理做了大量有益的工作:建立了仓库档案并对收发物资进行了分类,建立了收发类别档案;为了分析采购来源和销售去向,建立了采购类型档案和销售类型档案;仓库档案信息、收发类别档案信息、采购类型档案和销售类型档案信息,如表1-17~表1-20所示。

表1-17 仓库档案

仓 库 编 码	仓 库 名 称	计 价 方 式
1	原料库	先进先出法
2	成品库	先进先出法

表1-18 收发类别

收发类别编码	收发类别名称	收发标志	收发类别编码	收发类别名称	收发标志
1	正常入库	收	3	正常出库	发
11	采购入库	收	31	销售出库	发
12	产成品入库	收	32	领料出库	发
2	非正常入库	收	4	非正常出库	发
21	盘盈入库	收	41	盘亏出库	发

表1-19 采购类型

采购类型编码	采购类型名称	入库类别	是否默认值
1	普通采购	采购入库	是

表1-20 销售类型

销售类型编码	销售类型名称	出库类别	是否默认值
1	经销	销售出库	是
2	代销	销售出库	否

任务要求

(1) 设置仓库档案。
(2) 设置收发类别。
(3) 设置采购类型。
(4) 设置销售类型。

操作指导

1. 设置仓库档案

设置仓库档案可按以下操作步骤进行。

(1) 在企业应用平台中,打开"基础设置"选项卡,双击"基础档案"—"业务"—"仓库档案"列表项,进入"仓库档案"窗口。

(2) 单击"增加"图标,打开"增加仓库档案"对话框,输入仓库编码和仓库名称,并选择计价方式等需要设置的信息,如图 1-33 所示。

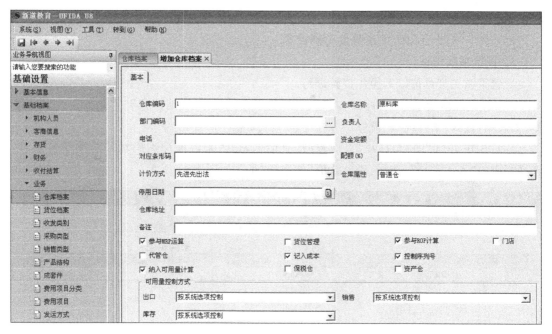

图 1-33 增加仓库档案

(3) 单击"保存"图标。
(4) 继续输入其它仓库档案信息,直到所有仓库档案信息全部输入完毕为止。
(5) 关闭"增加仓库档案"对话框。
(6) 关闭"仓库档案"窗口。

2. 设置收发类别

设置收发类别可按以下操作步骤进行。

(1) 在企业应用平台中,打开"基础设置"选项卡,双击"基础档案"—"业务"—"收发类别"列表项,进入"收发类别"窗口。

(2) 单击"增加"图标,打开"收发类别"对话框,输入收发类别编码和收发类别名称,并选择"收发标志"选项,如图 1-34 所示。

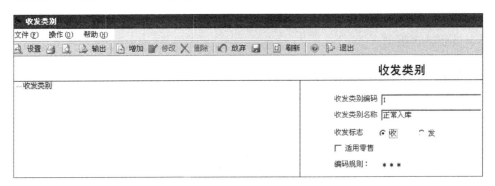

图 1-34　收发类别

(3) 单击"保存"图标。

(4) 继续输入其它收发类别的相关信息,直到所有收发类别信息全部输入完毕为止。

(5) 单击"退出"图标,完成收发类别设置。

3. 设置采购类型

设置采购类型可按以下操作步骤进行。

(1) 在企业应用平台中,打开"基础设置"选项卡,双击"基础档案"—"业务"—"采购类型"列表项,进入"采购类型"窗口。

(2) 单击"增加"图标,打开"采购类型"对话框,输入采购类型编码和采购类型名称,并选择相应的"入库类别",在"是否默认值"处选择"是",如图 1-35 所示。

序号	采购类型编码	采购类型名称	入库类别	是否默认值	是否委外默认值	是否列入MPS/MRP计划
	1	普通采购	采购入库	是		是

图 1-35　采购类型

(3) 单击"保存"图标。

(4) 继续输入其它采购类型的相关信息,直到所有采购类型信息全部输入完毕为止。

(5) 单击"退出"图标,完成采购类型设置。

4. 设置销售类型

设置销售类型与设置采购类型的操作方法类似,这里不再阐述。

任务 1.5 设置单据

背景资料

春天电子有限责任公司认为财务软件系统中的单据格式较为适用,因此,决定采用系统默认单据格式,但发票类单据编号设置采用完全手工编号。

任务要求

设置单据编号方式。

操作指导

设置单据编号方式可按以下操作步骤进行。

(1)在企业应用平台中,打开"基础设置"选项卡,双击"单据设置"—"单据编号设置"列表项,进入"单据编号设置"窗口。

(2)单击"编号设置"选项卡,打开某一单据类型,选择要设置单据编号的单据类型,单击"修改"图标,进行相关信息的设置,如图 1-36 所示。

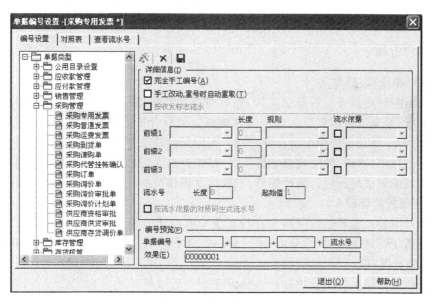

图 1-36　单据编号设置

(3)单击"保存"图标。
(4)用类似的方法设置其它单据编号信息,直到所有单据编号信息全部设置完毕为止。
(5)单击"退出"按钮或单击"关闭"图标。

相 关 知 识

一、账套建立

(1) 建账。是指在使用财务系统前,在系统中建立包括核算单位名称、所属行业、启用时间、会计期间、编码规则等单位基本信息的过程。建账后才能启用系统各个子功能模块进行日常业务处理。

(2) 已存账套。是指系统中已经存在的账套。已存账套用户只能参照,不能输入或修改,显示已存账套的作用是让用户知道已经建过的账套,避免账套重复。

(3) 账套号。如果将账套用数字代码表示,则该数字代码称为"账套号"。账套号不能重复,账套编号为 3 位,系统最多能容纳 999 个账套,所以,账套号取值在 001～999。按照统计分组原则,上组线不在内,即不包括第 999 个账套。第 999 个账套是系统内置的演示账套,只可参照。

(4) 账套名称。是指所建账套的名称,不能为空,用户必须输入,且不得超过 40 个字符。

(5) 账套路径。是指所建账套要被保存的磁盘位置,系统默认路径为"C：\U8soft\Admin",用户可以直接修改,也可以通过单击后面的"…"按钮选择路径。

(6) 启用会计期。用来输入所建账套将被启用的时间,系统默认为计算机系统日期,可以直接输入,也可以通过单击"会计期间设置"按钮选择设置账套的启用年度和月度。该项目用户必须输入,启用会计期可以在系统日期之前,但不能在系统日期之后。

二、用户管理

1. 用户(操作员)的含义

用户(操作员)是指有权限登录系统,可以对应用系统进行操作的人员,也称为操作员。每次登录系统,都要进行用户身份的合法性检查。只有合法的用户,才能进行相应的操作。操作员需要指定,即在系统中进行设置,并且,要按照会计工作岗位职责进行分工,并在系统中授予相应的权限,否则,即使设置了操作员,操作员也无法进行相应的业务处理。当然,也可以对操作员的职责权限进行随时调整,或取消某操作员的权限,或删除某操作员。

2. 功能级权限管理

功能级权限管理主要是控制用户进行系统中哪些功能模块相关业务的操作,该功能权限的分配在系统管理中的"权限分配"中设置。如赋予用户王朝001账套主管的全部权限。

3. "权限分配"权

系统操作员和该账套主管都有权进行除账套主管以外操作员权限的设置,但二者的权限有不同,系统管理员可以指定任何账套的主管,还可以对各个账套的操作员进行权限设置。而账套主管只能对所辖账套的操作员进行权限设置。

三、机构人员

1. 基础档案的含义及内容

一个账套因企业经营业务的不同而采用不同子系统,但这些子系统要共享公用的基础信息,按要求输入软件系统的基础信息被称为基础档案。基础档案包括机构人员、客商信息、存货、账务、收付结算、业务等,基础档案信息是系统运行的基础,在进行账套相关业务操作之前,应根据单位的实际情况做好基础数据的设置工作。

2. 设置部门档案的目的

部门档案的设置是出于统计汇总工作的需要和单位管理工作的需要。例如,在会计核算中,往往需要按部门进行分类和汇总,下一级自动向业务上有隶属关系的上一级报送数据。另外,也方便其它方面的工作。例如,工资和奖金、津贴等的涨落往往是同一部门有共同的基础,按类增减有利于提高工资管理工作效率等。如果不进行部门分类就无法达到这些目的。

3. 职员的含义

职员是指企业内各个职能部门中参与企业的业务活动,并对其进行核算和业务管理的人员。

4. 设置人员档案的目的

人员档案主要记录职员的个人信息,设置职员档案的目的主要是为了方便个人往来核算和管理。

四、会计科目

1. 会计科目设置的含义和功能

设置会计科目就是将企业所需的会计科目按软件要求输入计算机,如果选择了分行业预置会计科目,则只需将系统中没有而企业需要的会计科目输入计算机系统。如果系统中的会计科目与新准则不一致,需要以新准则为标准进行修改。

设置会计科目后,用户可以根据业务需要增加、修改、查询、打印会计科目。

2. 会计科目设置的原则

会计科目设置是企业基础设置的重要组成部分,是会计工作的基础环节,主要是为填制会计凭证、登记会计账簿、编制财务会计报表奠定基础。为了保证会计核算工作的顺利进行,满足企业管理与财务会计报表编制的需要,在设置会计科目时应遵循以下原则。

(1) 会计科目设置,应以满足会计核算和企业管理的需要为前提。在会计核算中所有可能用到的各级各类明细科目都要设置。

(2) 会计科目设置,必须满足财务报表的编制需要,凡是报表项目需要从总账系统中取数的,必须设立相应的科目。

(3) 进行会计科目设置,必须保持会计科目间的协调一致,总账科目与明细科目相对应,用来提供总括和详细的会计核算资料。

(4) 设置的会计科目要保持相对稳定,年度中间不能随意变动。

3. 会计科目设置的操作项目

在财务软件中设置会计科目,其操作项目包括会计科目编码、科目名称、科目类型、账页格式、辅助核算设置等项目。

(1) 科目编码。设置会计科目编码,首先从一级科目开始,逐级向下设置明细科目。一级科目编码按照财政部规定;明细科目编码按照参数设置中对科目编码级次和级长的规定进行设置。具体做法是同级科目按顺序排列,以序号作为本级科目编码,加上上级科目编码,组成本级科目全部编码。输入编码时要考虑科目的级长,如果设定为两位,十位为空时,以0表示。

(2) 科目名称。设置会计科目名称时,必须严格按照最新会计准则和会计制度规定的科目名称输入,做到规范化、标准化。

(3) 科目类型。选择会计科目类型,要按照科目的所属分类准确选择。如资产、负债、共同、所有者权益、成本、损益等。

(4) 账页格式。要正确选择每个科目的会计账页格式。用友软件系统中的账页格式设有金额式、外币金额式、数量金额式和数量外币式四种。

(5) 辅助核算设置。辅助核算标识一般设在末级科目上,但为了查询或出账方便,其上级也可以设辅助核算标识。

五、凭证类别

1. 凭证分类

用友总账系统提供了凭证分类功能,并将凭证分为以下几类:记账凭证;收款凭证、付款凭证、转账凭证;现金凭证、银行凭证、转账凭证;现金收款凭证、现金付款凭证、银行收款凭证、银行付款凭证、转账凭证。

2. 自定义凭证类别

选择哪种凭证类别,对记账结果没有影响。一般来说,大中型企业选择收款凭证、付款凭证和转账凭证,业务量较少的企事业单位选用记账凭证。

设置凭证类别的操作,包括凭证类别代码、凭证类别名称和相应的限制科目设置。

3. 凭证分类对科目的限制

采用专有凭证类别的单位,在制单时对科目有一定限制,用友软件系统设置了七种限制类型。

(1) 借方必有。制单时,凭证中借方一定有一个或一个以上限制科目出现。

(2) 贷方必有。制单时,凭证中贷方一定有一个或一个以上限制科目出现。

(3) 凭证必有。制单时,凭证中借方或贷方一定有一个或一个以上限制科目出现。

(4) 凭证必无。制单时,凭证中无论借方还是贷方,不可以有限制科目出现。

(5) 借方必无。制单时,凭证中借方一定没有限制科目出现。

(6) 贷方必无。制单时,凭证中贷方一定没有限制科目出现。

(7) 无限制。制单时,凭证中可以出现任意合法科目,科目由用户输入,可以是任意级次的科目,科目之间用逗号分隔,数量不限,也可参照输入,但不能重复输入。

4. 凭证分类的监督作用

财务软件在定义凭证类别时,对凭证中"必有"或"必无"科目进行了设定,以控制凭证操作,保证其正确性。如果是收款凭证,则借方必须有"库存现金"或"银行存款"科目,系统才允许保存;如果是付款凭证,则贷方必须有"库存现金"或"银行存款"科目,系统才允许保存;如果是转账凭证,则借方和贷方均不涉及"库存现金"和"银行存款"科目,系统才允许保存。这种控制起到了监督作用,能及时发现一些错误。

六、结算方式

1. 结算方式的种类

结算方式的种类与手工会计所讲的结算方式类型和具体结算方式一样,分为现金结算和银行结算两大类,这里不作阐述。

2. 结算方式设置的主要内容

结算方式设置的主要内容包括结算方式编码、结算方式名称、票据管理标志等。结算方式编码用于标识某结算方式,用户必须按照结算方式编码级次的先后顺序进行输入,结算方式编码不可重复。支票管理是账务系统为辅助银行出纳对银行结算票据的管理而设置的功能,类似于手工系统中的支票登记簿的管理方式。

结算方式最多可以分为 2 级。结算方式编码级次在"编码方案设置"中设定。

七、业务基础知识

1. 采购类型及划分

采购类型是企业根据需要进行的采购来源的划分。可以按其来源划分,分为外地采购、本地采购、厂家购进或批发商购进等;也可以按其用途划分,分为生产采购、工程采购等。在采购管理系统填制采购入库单据时,需要填写"采购类型"栏目。另外,如果企业想按采购类型进行统计,也要建立采购类型档案。

2. 销售类型及划分

销售类型是企业根据需要进行的销售去向的划分。一般按客户的类型划分,分为重点客户销售、一般客户销售等。在销售管理系统填制销售出库单据时,需要填写"销售类型"栏目。另外,如果企业想按销售类型进行统计,也要建立销售类型档案。

巩 固 与 思 考

1. 怎样修改账套信息?
2. 设置部门档案有哪些作用?
3. 设置基础档案的操作方法有什么规律?

同 步 训 练

训练一 账套建立与用户管理

一、实训目的

1. 熟悉建立账套的相关内容和注意事项。
2. 掌握用户管理的步骤和操作方法。

3. 掌握建立账套的步骤和操作方法。

二、实训资料

1. 账套信息

账套号：111

账套名称：华丰机械设备有限责任公司

账套路径：采用系统默认路径

账套启用日期：2018年6月1日

2. 单位信息

单位名称：华丰机械设备有限责任公司

单位简称：华丰机械

单位地址：北京市丰台区丰北路138号

法人代表：张良

纳税人税务登记号：103269116167382

邮政编码：154005

联系电话：010-88507616

3. 核算类型

记账本位币：人民币

单位类型：工业企业，主要从事机械设备加工制造业务，增值税一般纳税人

行业性质：新会计制度科目

按行业性质预置科目

4. 基本信息

公司业务不涉及外币核算，对存货、客户、供应商进行分类核算管理。

5. 启用操作系统

启用总账、应收款管理、应付款管理、薪资管理、计件工资管理、固定资产、采购管理、销售管理、库存管理、存货核算操作系统，启用日期为2018年6月1日。

6. 用户及其分工

用户及其分工情况见表1-21。

表1-21　用户及其分工情况

编码	用户	岗位	职责范围
001	王立	账套主管	拥有软件操作和管理的所有权限，负责软件运行环境的建立、基础信息设置、软件日常管理、系统安全和效率的监督与保障、总账系统的凭证审核、记账、结账、账簿查询、报表管理、客户和供应商往来管理、部门和项目管理等工作
002	赵大海	会计	拥有总账、应收款管理、应付款管理、固定资产管理和薪资管理等权限，负责总账系统的凭证填制、转账设置、转账生成、凭证查询、明细账查询、打印凭证、科目汇总、常用凭证、摘要汇总表、凭证复制、账表、应收应付系统、薪资管理系统、固定资产系统和存货核算的全部工作

续表

编码	用户	岗位	职责范围
003	王宝富	出纳	拥有出纳的所有权限,负责库存现金、银行存款等货币资金的管理,具有出纳签字和包括支票登记、银行对账、查询现金日记账、银行存款日记账、资金日报表等在内的出纳所有权限
004	宋生	采购	负责采购和库存管理业务,拥有公共单据、公用目录设置、采购管理和库存管理系统的全部权限
005	张绍刚	销售	负责销售和库存管理业务,拥有公共单据、公用目录设置、销售管理和库存管理系统的全部权限

三、实训任务

1. 按照资料建立单位账套。
2. 按照资料启用系统。
3. 按照资料设置用户并按资料进行授权。

四、实训要求

1. 严格遵守实训时间和实训室管理规定。
2. 在2学时内完成任务。
3. 将任务成果备份到"111账套备份\训练一"的文件夹中。

训练二 基础信息设置

一、实训目的

1. 熟悉基础信息设置的内容。
2. 掌握基础信息设置的操作方法和技巧。

二、实训资料

华丰机械设备有限责任公司凭证采用收款凭证、付款凭证、转账凭证,公司认为财务软件系统中的单据格式较为适用,决定采用系统默认单据格式,但发票类单据编号设置采用完全手工编号。其它相关基础信息见表1-22~表1-39。

表1-22 编码方案

编码项目	编码方案	编码项目	编码方案
会计科目	4-2-2-2-2	部门	1-2
存货分类	1-2	结算方式	1-2
客户分类	1-2	地区分类	1-2
供应商分类	1-2	其它	默认值

表 1-23　部门档案

部门编码	部门名称	部门属性	部门编码	部门名称	部门属性
1	总经理办公室	管理部门	502	机械加工车间	生产部门
2	财务部	管理部门	503	组装车间	生产部门
3	购销部	购销管理	504	机修车间	辅助生产部门
4	开发部	技术开发	505	配电车间	辅助生产部门
5	生产部	生产部门	506	供暖车间	辅助生产部门
501	铸造车间	生产部门			

表 1-24　人员档案

职员编号	职员姓名	所属部门	职员属性	职员编号	职员姓名	所属部门	职员属性
101	肖元帅	总经理办公室	总经理	503	李立伟	机械加工车间	主任
102	王义	总经理办公室	主任	504	周大庆	机械加工车间	工人
103	尹杰	总经理办公室	干事	505	赵大辉	机械加工车间	工人
201	王艳新	财务部	财务科科长	506	李双	机械加工车间	工人
202	刘大海	财务部	会计	507	赵爱国	组装车间	主任
203	赵宝亮	财务部	出纳	508	张吉力	组装车间	工人
204	周立新	财务部	购销会计	509	宋健	组装车间	工人
205	孙凤刚	财务部	存货会计	510	高大志	组装车间	工人
301	吕明	购销部	主任	511	高元	机修车间	主任
302	吴强	购销部	业务员	512	闫笑笑	机修车间	工人
401	李丽	开发部	部长	513	李大吉	配电车间	主任
402	朱燕	开发部	技术员	514	侯勇	配电车间	工人
501	张昆	铸造车间	主任	515	周方	供暖车间	主任
502	王明海	铸造车间	工人	516	安国庆	供暖车间	工人

表 1-25　客户分类

分类编码	分类名称
01	批发
02	零售

表 1-26　供应商分类

分类编码	分类名称
01	原料供应商
02	成品供应商

表 1-27　客户档案

客户编号	客户名称	客户简称	客户分类码	所属分类	税号	开户银行	银行账号	电话
01	光大制药股份公司	光大公司	01	批发	1236219622523	工行	1263657438	8668866
02	建科电子公司	建科公司	02	零售	3516662233815	工行	3526763296	87483361

表 1-28　供应商档案

供应商编号	供应商名称	供应产简称	所属分类码	所属分类	税号	开户银行	银行账号	电话
01	天天机械公司	天天机械	01	原料供应商	1931622085431	工行	3748596286	73470988
02	红达经销公司	红达公司	02	原料供应商	2677622084154	工行	4753618401	49697595

表 1-29 存货分类

分类编码	分类名称	分类编码	分类名称
1	材料	3	应税劳务
2	成品		

表 1-30 计量单位

分组编码	分组名称	计量单位编码	计量单位	换算类型	是否主计量单位	换算率
01	无换算组	01	件	无换算		
		02	套			
		03	台			
		04	元			
02	重量组	05	千克	固定换算	是	
		06	吨	固定换算	否	1 000

表 1-31 存货档案

存货编码	存货名称	计量单位	所属分类	税率/%	存货属性	参考售价/元	参考成本/元
101	中碳钢	吨	1	16	外购、耗用	2 000	1 500
102	铸铁	吨	1	16	外购、耗用	2 500	2 000
103	润滑油	千克	1	16	外购、耗用	30	25
104	轴承	套	1	16	外购、耗用	1 200	1 100
201	线式车床	台	2	16	自制销售	52 000	
202	立式车床	台	2	16	自制销售	60 000	
301	运费	元	3	10	销售、应税劳务		

表 1-32 会计科目及辅助核算项目资料

科目名称	计量单位	辅助核算	账页格式	方向
库存现金		现金日记	金额式	借
银行存款		银行日记	金额式	借
工行存款		银行日记	金额式	借
建行存款		银行日记	金额式	借
其它货币资金			金额式	借
银行汇票			金额式	借
应收账款		客户往来	金额式	借
应收票据		客户往来	金额式	借
其它应收款		个人往来	金额式	借
应收个人款		个人往来	金额式	借
在途物资			金额式	借
原材料			数量金额式	借
原料及主要材料			数量金额式	借
中碳钢	吨	数量核算	数量金额式	借

续表

科目名称	计量单位	辅助核算	账页格式	方向
铸铁	吨	数量核算	数量金额式	借
辅助材料			数量金额式	借
润滑油	千克	数量核算	数量金额式	借
轴承	套	数量核算	数量金额式	借
库存商品			金额式	借
线式车床	台	项目核算/数量核算	数量金额式	借
立式车床	台	项目核算/数量核算	数量金额式	借
固定资产			金额式	借
累计折旧			金额式	贷
在建工程			金额式	借
短期借款			金额式	贷
应付票据			金额式	贷
银行承兑汇票		供应商往来	金额式	贷
应付账款		供应商往来	金额式	贷
应付职工薪酬			金额式	贷
工资			金额式	贷
福利费			金额式	贷
社会保险			金额式	贷
应交税费			金额式	贷
应交增值税			金额式	贷
进项税额			金额式	贷
销项税额			金额式	贷
转出未交增值税			金额式	贷
未交增值税			金额式	贷
应交城市维护建设税			金额式	贷
应交教育费附加			金额式	贷
应交企业所得税			金额式	贷
其它应付款			金额式	贷
实收资本			金额式	贷
资本公积			金额式	贷
利润分配			金额式	贷
未分配利润			金额式	贷
生产成本		项目核算	金额式	借
直接材料		项目核算	金额式	借
直接人工		项目核算	金额式	借
制造费用		项目核算	金额式	借
制造费用			金额式	借
工资		部门核算	金额式	借

续表

科目名称	计量单位	辅助核算	账页格式	方向
福利费		部门核算	金额式	借
办公费		部门核算	金额式	借
差旅费		部门核算	金额式	借
折旧费		部门核算	金额式	借
其它		部门核算	金额式	借
主营业务收入			金额式	贷
其它业务收入			金额式	贷
主营业务成本			金额式	借
税金及附加			金额式	借
其它业务成本			金额式	借
销售费用			金额式	借
管理费用			金额式	借
工资		部门核算	金额式	借
福利费		部门核算	金额式	借
办公费		部门核算	金额式	借
差旅费		部门核算	金额式	借
招待费		部门核算	金额式	借
折旧费		部门核算	金额式	借
其它		部门核算	金额式	借
财务费用			金额式	借
利息支出			金额式	借
资产减值损失			金额式	借
营业外支出			金额式	借
所得税费用			金额式	借

另外,将"库存现金"科目指定为"现金总账"科目,将"银行存款"科目指定为"银行总账"科目。

公司项目档案资料如下。

"项目大类"名称:产品核算,"项目级次"为"1级"

"产品核算"科目:生产成本
　　　　　　　　 直接材料
　　　　　　　　 直接人工
　　　　　　　　 制造费用

项目分类定义:"分类编码"为1,"分类名称"为"产成品"

表1-33 项目目录信息

项目编号	项目名称	所属分类码
101	线式车床	1
102	立式车床	1

表1-34 结算方式

结算方式编码	结算方式名称	票据管理标志
1	现金结算	
2	支票结算	
201	现金支票	是
202	转账支票	是
3	商业汇票	
301	商业承兑汇票	
302	银行承兑汇票	
4	汇兑	
5	银行汇票	

表1-35 开户银行

编码	开户银行	银行账号	暂付标志
01	中国工商银行丰北分行	56-12745	否
02	中国建设银行丰北分行	36-668912	否

表1-36 仓库档案

仓库编码	仓库名称	仓库编码	仓库名称
1	材料库	2	成品库

表1-37 收发类别

收发类别编码	收发类别名称	收发标志	收发类别编码	收发类别名称	收发标志
1	正常入库	收	3	正常出库	发
11	采购入库	收	31	销售出库	发
12	产成品入库	收	32	领料出库	发
2	非正常入库	收	4	非正常出库	发
21	盘盈入库	收	41	盘亏出库	发

表1-38 采购类型

采购类型编码	采购类型名称	入库类别	是否默认值
1	普通采购	采购入库	是

表1-39 销售类型

销售类型编码	销售类型名称	出库类别	是否默认值
1	经销	销售出库	是
2	代销	销售出库	否

三、实训任务

根据资料完成以上基础设置。

四、实训要求

1. 严格遵守实训时间和实训室管理规定。
2. 在4学时内完成任务。
3. 将任务成果备份到"111账套备份\训练二"的文件夹中。

项目 2　初始化设置

学习目标

(1) 掌握薪资、固定资产、采购、应付、销售、应收、库存与存货系统的主要功能。
(2) 掌握薪资、固定资产、采购、应付、销售、应收、库存与存货系统初始化知识。
(3) 熟悉薪资、固定资产、采购、应付、销售、应收、库存与存货系统的初始化操作。
(4) 培养认真细致、实事求是的做事态度。
(5) 锻炼沟通及思考能力。

任务 2.1　总账管理系统初始化

背景资料

春天电子有限责任公司为了加强财务管理,规范会计工作,在总账管理系统设置了有关的控制参数,如表 2-1 所示,其它参数项目采用系统默认值。同时,将所有操作员设为可用状态,并对操作员进行了数据权限分配,使各操作员都有权使用相应会计科目。2018 年 6 月 1 日公司有关账户的期初余额信息如表 2-2～表 2-10 所示。

表 2-1　总账管理系统选项设置

选项卡	选项设置
凭证	制单不进行序时控制 支票控制 赤字控制：资金及往来科目　赤字控制：提示 可以使用应收、应付、存货受控科目 现金流量科目不输入现金流量项目 凭证编号方式采用系统编号 自动填补凭证断号
账簿	明细账打印按年排页
预算控制	超出预算允许保存
权限	出纳凭证必须经由出纳签字 凭证必须经由会计主管签字 允许修改、作废他人填制的凭证 可查询他人凭证
其它	部门、个人和项目均按编码方式排序

表 2-2　总账期初余额　　　　　　　　　　　　　　　单位：元

账户名称	方向	期初余额	账户名称	方向	期初余额
库存现金(1001)	借	102 835.00	建行贷款(200101)	贷	500 000.00
银行存款(1002)	借	3 911 058.00	应付票据(2201)	贷	87 000.00
工行存款(100201)	借	2 911 058.00	应付账款(2202)	贷	312 040.00
建行存款(100202)	借	1 000 000.00	应付职工薪酬(2211)	贷	110 000.00
应收票据(1121)	借	34 800.00	应付工资(221101)	贷	110 000.00
应收账款(1122)	借	229 680.00	应交税费(2221)	贷	30 000.00
其它应收款(1221)	借	30 000.00	未交增值税(222102)	贷	30 000.00
坏账准备(1231)	贷	3 510.00	其它应付款(2241)	贷	1 200.00
原材料(1403)	借	6 880 000.00	实收资本(4001)	贷	33 000 000.00
库存商品(1405)	借	9 000 000.00	盈余公积(4101)	贷	100 000.00
固定资产(1601)	借	23 266 400.00	利润分配(4104)	贷	3 887 439.00
累计折旧(1602)	贷	5 500 584.00	未分配利润(410415)	贷	3 887 439.00
短期借款(2001)	贷	500 000.00	生产成本(5001)	借	77 000.00

表 2-3　应收票据期初余额

日期	凭证号	客户	业务员	摘要	方向	金额/元	票号	票据日期
2018-05-19	记-95	永恒公司	张扬	销售商品	借	34 800.00	081555	2018-05-19

表 2-4　应收账款期初余额

日期	凭证号	客户	业务员	摘要	方向	金额/元	票号	票据日期
2018-05-07	记-130	永恒公司	张扬	销售商品	借	13 920.00	1105	2018-05-07
2018-05-18	记-132	新都公司	洪天	销售商品	借	69 600.00	1237	2018-05-18
2018-05-25	记-150	丰盛公司	韩燕	销售商品	借	41 760.00	1305	2018-05-25
2018-05-29	记-192	天地公司	王明	销售商品	借	104 400.00	1320	2018-05-29

表 2-5　其它应收款期初余额

日期	凭证号	部门	个人	摘要	方向	金额/元
2018-05-30	记-116	销售部	王明	出差借款	借	20 000.00
2018-05-31	记-149	销售部	张扬	出差借款	借	10 000.00

表 2-6　原材料期初余额

存货名称	计量单位	数量	单价/元	金额/元
PⅢ芯片	盒	2 000	1 000.00	2 000 000.00
160GB 硬盘	盒	2 000	800.00	1 600 000.00
21 英寸显示器	台	2 000	1 500.00	3 000 000.00
键盘	只	2 000	100.00	200 000.00
鼠标	只	2 000	40.00	80 000.00

表 2-7 库存商品期初余额

商品名称	计量单位	数　量	单位成本/元	金额/元
CHT 计算机	台	2 000	4 500.00	9 000 000.00

表 2-8 应付票据期初余额

日　期	凭证号	供应商	业务员	摘要	方向	金额/元	票　号	票据日期
2018-05-11	记-125	宏大公司	周新	购货	贷	87 000.00	041025	2018-05-11

表 2-9 应付账款期初余额

日　期	凭证号	供应商	业务员	摘要	方向	金额/元	票号	票据日期
2018-05-15	记-86	宏大公司	周新	购货	贷	87 000.00	1210	2018-05-15
2018-05-18	记-135	高德公司	周新	购货	贷	116 000.00	1832	2018-05-18
2018-05-21	记-168	盛大公司	周新	购货	贷	16 240.00	2453	2018-05-21
2018-05-28	记-196	中瑞公司	杨娇	购货	贷	92 800.00	2856	2018-05-28

表 2-10 生产成本期初余额

产品：CHT 计算机　　　　　　　　　　　　　　　　　　　　　　　　　　单位：元

科 目 名 称	金　　额
直接材料	68 800.00
直接人工	6 000.00
制造费用	2 200.00
合　计	77 000.00

任务要求

(1) 设置总账管理系统参数。

(2) 设置数据权限。

(3) 输入期初余额。

(4) 试算平衡及对账。

操作指导

1. 设置总账管理系统参数

设置总账管理系统参数可按以下操作步骤进行。

(1) 在企业应用平台中,打开"业务工作"选项卡,双击"财务会计"—"总账"—"设置"—"选项"列表项,打开"选项"对话框。

(2) 单击"编辑"按钮,使"选项"设置处于可操作状态。

(3) 单击"凭证"选项卡,在"凭证"选项卡中选择相关选项,系统将弹出"受控科目被其它系统使用时,会造成应收(付)系统与总账对账不平!"信息提示对话框,单击"确定"按钮,如图 2-1 所示。

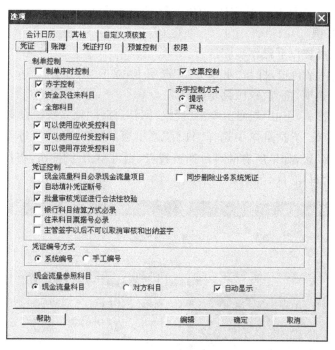

图 2-1　凭证参数设置

（4）在"选项"对话框中，单击"权限"选项卡，在"权限"选项卡中进行权限参数设置，如图 2-2 所示。

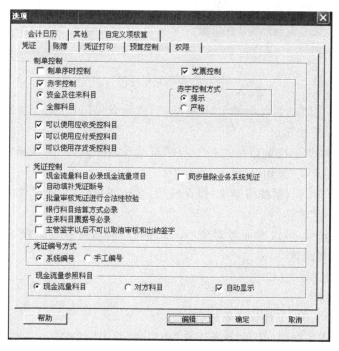

图 2-2　权限参数设置

(5) 用同样的方法,可进行其它选项的设置,这里不再重述。

2．设置数据权限

设置数据权限可按以下操作步骤进行。

(1) 在企业应用平台中,打开"业务工作"选项卡,双击"财务会计"—"总账"—"设置"—"数据权限分配"列表项,进入"权限浏览"窗口。

(2) 在用户列表中,选中"刘海",单击"授权"图标,打开"记录权限设置"对话框。

(3) 在"业务对象"下拉菜单中选择"科目"菜单项,单击 > 按钮,将需要授权的科目从"禁用"区选入"可用"区,如果所有的科目都被授权,则可单击 >> 按钮,将授权的会计科目全部从"禁用"区选入"可用"区,如图 2-3 所示。

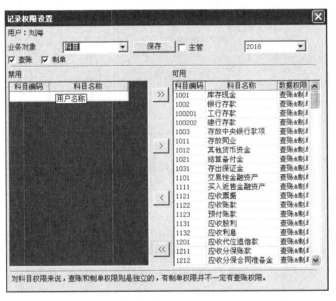

图 2-3　数据权限分配

(4) 单击"保存"按钮,系统将弹出"保存成功,重新登录门户,此配置才能生效!"信息提示对话框,单击"确定"按钮。

(5) 在"业务对象"下拉菜单中选择"用户"菜单项,在"禁用"区选择"用户",单击 > 按钮,将需要授权的用户从"禁用"区选入"可用"区。

(6) 单击"保存"按钮,系统将弹出"保存成功,重新登录门户,此配置才能生效!"信息提示对话框,单击"确定"按钮。

(7) 用类似的方法,可以对业务对象"仓库"进行授权,所有权限设置完毕后,单击"关闭"按钮后返回"权限浏览"窗口。

(8) 关闭"权限浏览"窗口。

3．输入期初余额

输入期初余额可按以下操作步骤进行。

(1) 在企业应用平台中,打开"业务工作"选项卡,双击"财务会计"—"总账"—"设置"—"期初余额"列表项,打开"期初余额输入"对话框。

(2) 输入账户期初余额。账户期初余额的输入有三种情况,每种情况的输入方法如下。

第一种情况：白色的单元格对应的科目是末级科目，可直接输入期初余额。

第二种情况：灰色的单元格属于非末级科目，即其下设有明细科目，只需输入末级科目余额，输入完毕后自动汇总生成上级科目余额。

第三种情况：黄色的单元格对应的科目是设置了辅助核算的科目，不允许直接输入期初余额，具体操作步骤如下。

① 双击"应收票据"科目的"期初余额"栏，进入"辅助期初余额"窗口。

② 单击"往来明细"图标，进入"期初往来明细"窗口。

③ 单击"增行"图标，按照背景资料所给的信息数据，输入期初余额和相关信息，输入完毕后，单击"汇总"图标。

④ 单击"退出"图标如图 2-4 所示，返回"辅助期初余额"窗口。

日期	凭证号	客户	业务员	摘要	方向	金额	票号	票据日期	年度
2018-05-19	记-95	永恒公司	张扬	销售商品	借	34,800.00	081555	2018-05-19	2018

图 2-4　期初余额输入

⑤ 单击"退出"图标返回"期初余额"窗口，完成带有辅助项科目期初余额的输入。

用同样的方法，可进行"应收账款"等其它设有辅助项科目期初余额的输入。

（3）调整余额方向。

一般情况下，系统默认资产类账户的余额为借方，负债及所有者权益类账户的余额为贷方，"坏账准备""累计折旧"等调整账户，其余额方向为贷方，系统已设置。但"坏账准备"账户有时余额在借方，这就需要在输入期初余额前将系统中"坏账准备"科目对应的方向栏中的"贷"调整为"借"。再如"固定资产清理"账户余额可能在借方，也可能在贷方，系统中设定的余额方向为"借"，这就需要在输入期初余额前将系统中"固定资产清理"科目对应的方向栏中的"借"调整为"贷"。

余额方向调整方法如下。

① 将光标移至要调整方向科目的期初余额栏。

② 单击"方向"图标，系统将弹出是否调整余额方向信息提示对话框。

③ 单击"是"按钮。

4. 试算平衡及对账

试算平衡及对账可按以下操作步骤进行。

（1）在"期初余额录入"窗口中，单击"试算"图标，打开"期初试算平衡表"对话框，显示"期初试算平衡表"，如果试算平衡，则单击"确定"按钮。

（2）若期初余额不平衡，要进行检查改正后，再次试算平衡，直到平衡为止。

（3）在"期初余额录入"窗口中，单击"对账"图标，显示"期初对账"对话框，单击"开始"按钮，系统自动对账后显示对账结果，如图 2-5 所示。

（4）如果对账正确，关闭"期初对账"对话框，返回"期初余额录入"窗口。

（5）单击"退出"图标。

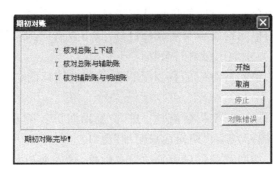

图 2-5 期初对账

(6) 如果对账发现有错误,可单击"对账错误"按钮,查看对账中发现的问题。

温馨提示

(1) 输入余额时,必须注意有关账户余额的方向,修改余额方向只能在未输入期初余额的情况下进行。

(2) 总账科目与其下级科目的方向必须一致,如果明细账的余额方向与总账相反,则输入时需输入负值,即在金额前加"—",红字的余额也要输入负值。

(3) 记账后期初余额不可修改。

(4) 如果期初余额不平衡,不允许记账。

任务 2.2　薪资管理系统初始化

背景资料

春天电子有限责任公司的薪资管理系统已经启用,准备进行薪资管理系统的初始化设置,包括人员附加信息、工资项目、人员档案、计算公式、个人工资、个人所得税及工资类别的设置等,需要做好前期的基础准备工作。该公司设置"正式工"和"临时工"两个工资类别,其中,正式工所属部门为所有部门,不核算计件工资;临时工所属部门为生产部,核算计件工资。核算币种为人民币,要求自动代扣个人所得税,工资均在工商银行发放,发放工资不扣零,人员编码长度为 6 位,其它基础信息资料如下。

(1) 人员的附加信息。

人员的附加信息只设置"性别"。

(2) 工资项目信息,如表 2-11 所示。

表 2-11　工资项目信息

工资项目名称	类　　型	长　度	小　数	增减项
基本工资	数字	8	2	增项
奖励工资	数字	8	2	增项

续表

工资项目名称	类型	长度	小数	增减项
交补	数字	8	2	增项
养老保险	数字	8	2	减项
病假天数	数字	8	0	其它
事假天数	数字	8	0	其它
缺勤扣款	数字	8	2	减项

（3）人员档案资料如表 2-12 和表 2-13 所示。

表 2-12　正式工档案资料

人员编号	人员姓名	性别	人员类别	所属部门	银行账号	中方人员	是否计税	计件工资
101	杨阳	男	企业管理人员	办公室	20180623450	是	是	否
102	张立	女	企业管理人员	办公室	20180623451	是	是	否
103	江南	女	企业管理人员	财务部	20180623452	是	是	否
104	刘海	女	企业管理人员	财务部	20180623453	是	是	否
105	赵亮	女	企业管理人员	财务部	20180623454	是	是	否
201	周新	女	企业管理人员	供应部	20180623455	是	是	否
202	杨娇	女	企业管理人员	供应部	20180623456	是	是	否
203	张扬	男	销售人员	销售部	20180623457	是	是	否
204	韩燕	女	销售人员	销售部	20180623458	是	是	否
205	王明	男	销售人员	销售部	20180623459	是	是	否
206	洪天	男	销售人员	销售部	20180623460	是	是	否
301	张招	男	车间管理人员	一车间	20180623461	是	是	否
302	王力	男	生产人员	一车间	20180623462	是	是	否
303	孙红	女	车间管理人员	二车间	20180623463	是	是	否
304	周涛	女	生产人员	二车间	20180623464	是	是	否

表 2-13　临时工档案资料

人员编码	人员姓名	性别	人员类别	所属部门	银行账号	是否业务员	是否操作员	计件工资
305	沈力	男	生产人员	一车间	20180623465	是	否	是
306	赵双	男	生产人员	一车间	20180623466	是	否	是
307	吕红	女	生产人员	二车间	20180623467	是	否	是
308	徐缓	女	生产人员	二车间	20180623468	是	否	是

（4）正式工的工资项目包括所设置的全部项目，临时工的工资项目为计件工资。公司规定，正式工按基本工资和奖励工资总额的 8% 提取养老保险金；交通补贴的发放办法是企业管理人员和车间管理人员每月 500 元，其它人员 300 元。正式工病假每天扣款 50 元，事假每天扣款 80 元。

（5）临时工的计件工资标准是工时。标准工资：01 组装；02 装箱。组装计件单价 200 元/台；装箱计件单价 10 元/台。

(6) 所得税纳税基数为 3 500 元。

任务要求

(1) 建立薪资管理账套。
(2) 设置工资类别。
(3) 设置人员附加信息。
(4) 设置工资项目。
(5) 设置人员档案。
(6) 设置缺勤扣款和养老保险的计算公式。
(7) 设置计件工资标准和方案。
(8) 设置所得税纳税基数。

操作指导

1. 建立薪资管理账套

建立薪资管理账套可按以下操作步骤进行。

(1) 在企业应用平台中,打开"业务工作"选项卡,双击"人力资源"—"薪资管理"列表项,打开"建立工资套"对话框,选择"请选择本账套所需处理的工资类别个数"为"多个",选择"币别"为"人民币 RMB";本公司实行计件工资,所以,勾选"是否核算计件工资"选项框,如图 2-6 所示。

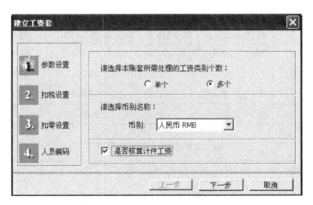

图 2-6 建立工资套

(2) 单击"下一步"按钮,打开"建立工资套-扣税设置"对话框,勾选"是否从工资中代扣个人所得税"选项框。

(3) 单击"下一步"按钮,打开"建立工资套-扣零设置"对话框,本公司对工资不扣零,不勾选"扣零"选项框。

(4) 单击"下一步"按钮,进入"建立工资套-人员编码"对话框。系统提示"本系统要求您对员工进行统一编号,人员编码同公共平台的人员编码保持一致"。

(5) 单击"完成"按钮,完成薪资管理账套的建立任务。

2. 设置工资类别

设置工资类别可按以下操作步骤进行。

（1）在薪资管理系统中，双击"工资类别"—"新建工资类别"列表项，打开"新建工资类别"对话框。

（2）输入"请输入工资类别名称"为"正式工"，如图2-7所示。

（3）单击"下一步"按钮，打开"部门选择"窗口。

（4）单击"选定全部部门"按钮，在部门前显示选中标志，如图2-8所示。

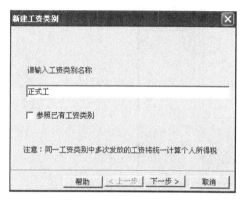

图2-7　新建工资类别

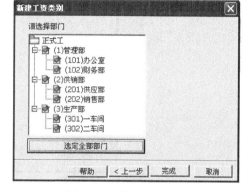

图2-8　正式工所属部门

（5）双击"工资类别"—"关闭工资类别"列表项，单击"确定"按钮，关闭"正式工"工资类别。

（6）双击"工资类别"—"新建工资类别"列表项，打开"新建工资类别"对话框。

（7）输入"请输入工资类别名称"为"临时工"。

（8）单击"下一步"按钮，打开"部门选择"窗口。

（9）打开"生产部"，勾选"生产部"及其子部门"一车间"和"二车间"，在相应部门前显示选中标志。

（10）单击"完成"按钮，系统弹出"是否以2018-06-01为当前工资类别的启用日期？"信息提示对话框，单击"是"按钮。

（11）双击"工资类别"—"关闭工资类别"列表项，单击"确定"按钮，关闭"临时工"工资类别。

常见问题处理

工资类别错误怎样删除？

如果所建工资类别错误，需要进行删除处理时，可按以下操作方法进行：进入薪资管理系统后，双击"工资类别"—"删除工资类别"列表项，打开"删除工资类别"对话框，选择要删除的工资类别后确定，即可实现工资类别删除。

3. 设置人员附加信息

设置人员附加信息可按以下操作步骤进行。

（1）在薪资管理系统中，双击"设置"—"人员附加信息设置"列表项，打开"人员附加信息设置"对话框。

(2) 单击"增加"按钮,在"信息名称"文本框中输入"性别"或单击栏目参照下拉列表框选择附加信息名称"性别"。

(3) 单击"增加"按钮,使所设置的附加信息显示在信息框中,如图 2-9 所示。

图 2-9　人员附加信息设置

如果输入其它附加信息,可依此方法,直到附加信息全部设置完毕为止。

(4) 单击"确定"按钮,返回薪资管理系统。

温馨提示

(1) 在基础档案已输入的人员中附加信息,薪资套中仍须设置附加信息项目并输入对应信息。

(2) 已引用的人员附加信息不可删除。

常见问题处理

怎样删除已设置的附加信息?

如果要删除已设置的附加信息,在"人员附加信息设置"对话框中,选择要删除的信息名称,单击"删除"按钮即可实现附加信息的删除。

4. 设置工资项目

设置工资项目时会出现以下两种情况。

第一种情况:在没有打开任何工资类别的情况下,设置工资项目可按以下操作步骤进行。

(1) 在薪资管理系统中,双击"设置"—"工资项目设置"列表项,打开"工资项目设置"对话框。

(2) 单击"增加"按钮,单击"名称参照"栏的下拉列表按钮,选入"基本工资"列表项,对于系统未提供的工资项目,可以在"工资项目"框内直接输入。

（3）设置工资项目的类型、长度、小数位数和工资增减项。其方法是双击各栏，通过单击"三角"按钮▼，按背景资料要求调整各项数值，如图2-10所示。

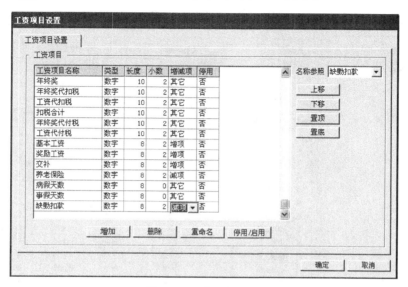

图2-10　工资项目设置

（4）用同样的方法，设置其它工资项目，直到设置完毕为止。

（5）单击"确定"按钮，系统将弹出"工资项目已经改变，请确认各工资类别的公式是否正确。否则计算结果可能不正确"信息提示对话框。

（6）单击"确定"按钮，完成工资项目设置。

第二种情况：打开某工资类别后，设置工资项目可按以下操作步骤进行。

（1）在薪资管理系统中，双击"设置"—"工资项目设置"列表项，打开"工资项目设置"对话框。

（2）单击"增加"按钮，单击"名称参照"栏的下拉列表按钮，选入"基本工资"列表项。

（3）单击"增加"按钮，单击"名称参照"栏的下拉列表按钮，选入"奖励工资"列表项。

（4）用类似的方法，直到将"名称参照"下拉列表中所有的工资项目都选入工资项目列表为止。

（5）单击"确定"按钮。

温馨提示

设置工资项目，需在没有打开任何工资类别的情况下进行，设置后可根据需要，分别添加到每一个工资类别中去。

5．设置人员档案

（1）设置正式工人员档案。设置正式工人员档案可按以下操作步骤进行。

① 在薪资管理系统中，打开"正式工"工资类别，双击"设置"—"人员档案"列表项，进入"人员档案"窗口。

② 单击"批增"图标，打开"人员批量增加"对话框。

③ 单击"查询"按钮,系统显示在企业应用平台中已经增加的人员档案,且默认是选中状态,如图 2-11 所示。

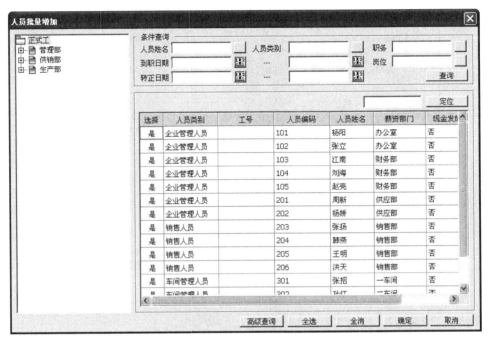

图 2-11　人员批量增加

④ 单击"确定"按钮返回"人员档案"窗口,系统已将在"基础档案"中设置的人员档案传入薪资管理系统的人员档案中。

⑤ 单击"修改"图标,打开"人员档案明细"对话框,确定是否需要对该人员核算计件工资,补充输入银行账号信息、附加信息等,如图 2-12 所示。

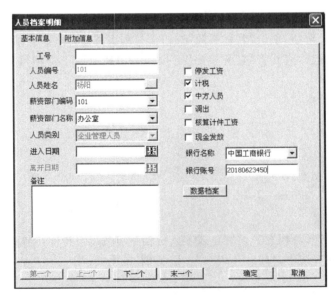

图 2-12　人员档案明细

⑥ 单击"确定"按钮,系统将弹出"写入该人员档案信息吗?"信息提示对话框,单击"确定"按钮。

⑦ 用同样的方法,继续修改其它人员档案信息,直到所有人员档案信息均修改完毕为止。

⑧ 关闭"人员档案明细"对话框,关闭"人员档案"窗口,完成正式工"人员档案"设置。

(2) 设置临时工人员档案。设置临时工人员档案分以下两步进行。

第一步,在企业应用平台中,打开"基础设置"选项卡,单击"基础档案"—"机构人员"—"人员档案"列表项,单击"增加"图标,打开"人员档案"对话框,输入临时工人员档案信息。

第二步,在薪资管理系统的"临时工"工资类别中,用与正式工人员档案设置相似的方法,设置发放工资人员的相关信息。

温馨提示

(1) 设置人员档案前,一定要给操作员进行工资权限的授权。

(2) 授权时,一定要对部门和工资项目分别进行。

6. 设置缺勤扣款和养老保险的计算公式

(1) 设置缺勤扣款计算公式。设置缺勤扣款计算公式可按以下操作步骤进行。

① 在薪资管理系统中,打开"正式工"工资类别,双击"设置"—"工资项目设置"列表项,打开"工资项目设置"对话框。

② 单击"公式设置"选项卡,单击"增加"按钮,在"工资项目"下拉列表中,选入"缺勤扣款",在右侧的"缺勤扣款公式定义"栏中输入相应的计算公式:病假天数＊50＋事假天数＊80。也可以用函数来定义公式,如图 2-13 所示。

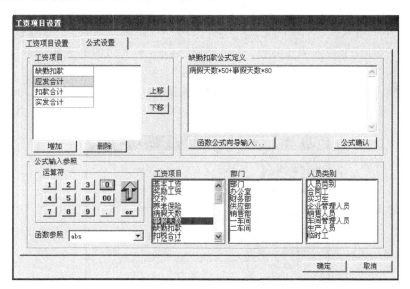

图 2-13　缺勤扣款公式设置

③ 公式设置完毕后,单击"公式确认"按钮,保存所设置的缺勤扣款计算公式。

(2) 设置养老保险计算公式。设置养老保险计算公式可按以下操作步骤进行。

① 在"工资项目设置"对话框中,单击"增加"按钮,在"工资项目"下拉列表中,选入要设

置计算公式的项目"养老保险",在右侧的"养老保险公式定义"栏中输入相应的计算公式:(基本工资+奖励工资)*0.08。

② 公式设置完毕后,单击"公式确认"按钮,保存所设置的养老保险计算公式。

(3) 设置交通补贴计算公式。设置交通补贴计算公式可按以下操作步骤进行。

① 在"工资项目"下拉列表中,选入"交通补贴"。

② 单击"函数公式向导输入"按钮,打开"函数向导——步骤之1"对话框,从"函数名"下拉列表中选择 iff,如图2-14所示。

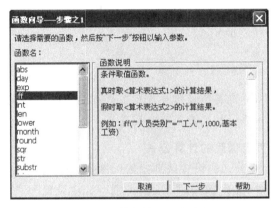

图2-14 函数向导——步骤之1

③ 单击"下一步"按钮,打开"函数向导——步骤之2"对话框。

④ 单击"逻辑表达式"参照按钮,打开"参照"对话框,从"参照"下拉列表中选择"人员类别"选项,从下面的列表中选择"企业管理人员",单击"确定"按钮。

⑤ 在"逻辑表达式"文本框中的公式后输入or,单击"逻辑表达式"参照按钮,打开"参照"对话框,从"参照"下拉列表中选择"人员类别"选项,从下面的列表中选择"车间管理人员",单击"确定"按钮,返回"函数向导——步骤之2"对话框。

⑥ 在"算术表达式1"文本框中输入500,在"算术表达式2"文本框中输入300,如图2-15所示。

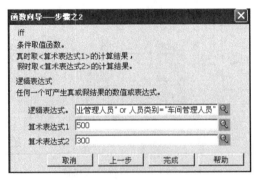

图2-15 函数向导——步骤之2

⑦ 单击"完成"按钮,返回"公式设置"选项卡,如图2-16所示。

⑧ 单击"公式确认"按钮。

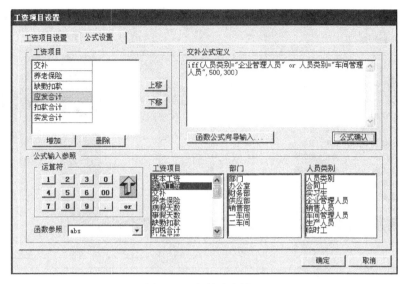

图 2-16 交补公式设置

⑨ 用同样的方法设置其它公式,直到所有公式设置完毕,单击"确定"按钮,退出公式设置。

温馨提示

(1) 设置公式时须将百分数换算为小数,公式中不可出现"%"。
(2) 每一个公式设置完毕后都要进行公式确认。
(3) 设置逻辑公式时,在 or 前后一定要输入空格,否则,公式非法。

7. 设置计件工资标准和方案

(1) 设置选项。设置选项可按以下操作步骤进行。

① 在企业应用平台中,打开"业务工作"选项卡,双击"人力资源"—"计件工资"—"选项"列表项,打开"选项"对话框。

② 单击"启用控制"选项卡,单击"编辑"按钮,勾选"个人计件"选项框,取消勾选"班组计件"选项框,如图 2-17 所示。

③ 单击"确定"按钮。

(2) 设置计件要素。设置计件要素可按以下操作步骤进行。

① 在计件工资管理系统中,双击"设置"—"计件要素设置"列表项,进入"计件要素设置"窗口。

② 查看是否包括"工序"计件要素并为"启用"状态。

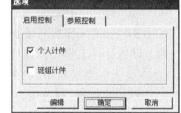

图 2-17 选项设置

③ 如果有且为"启用"状态,则单击"取消"按钮;如果没有,则单击"编辑"按钮,单击"增加"按钮。

④ 设置所需的计件要素,单击"确定"按钮返回计件要素设置,如图 2-18 所示。

(3) 设置工序。设置工序可按以下操作步骤进行。

① 在企业应用平台中,打开"基础设置"选项卡,双击"基础档案"—"生产制造"—"标准

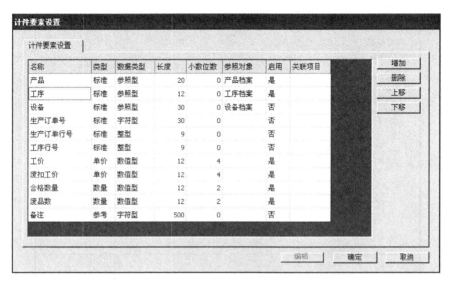

图 2-18 计件要素设置

工序资料维护"列表项,打开"标准工序资料维护"对话框。

② 单击"增加"图标,输入工序代号 01 和工序说明"组装",如图 2-19 所示。

图 2-19 工序设置

③ 单击"保存"图标。

④ 单击"增加"图标,输入工序代号 02 和工序说明"装箱"。

⑤ 单击"保存"图标。

⑥ 关闭"标准工序资料维护"对话框。

(4) 设置计件工价。设置计件工价可按以下操作步骤进行。

① 在企业应用平台中,打开"业务工作"选项卡,双击"人力资源"—"计件工资"—"设置"—"计件工价设置"列表项,进入"计件工价设置"窗口。

② 单击"增加"图标,双击所在行的"工序"单元格,单击"参照"按钮,选入"组装",输入"工价"为"200.0000"。

③ 单击"增加"图标,双击所在行的"工序"单元格,单击"参照"按钮,选入"装箱",输入"工价"为"10.0000",如图 2-20 所示。

④ 单击"保存"图标。完成计件工价设置。

⑤ 关闭"计件工价设置"窗口。

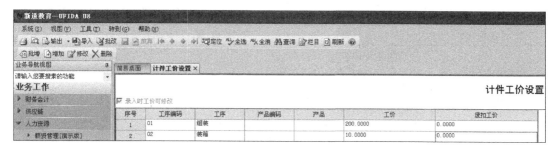

图 2-20　计件工价设置

8. 设置所得税纳税基数

设置所得税纳税基数可按以下操作步骤进行。

（1）在薪资管理系统中，双击"设置"—"选项"列表项，进入"选项"窗口。

（2）打开"扣税设置"选项卡，单击"编辑"按钮。

（3）单击"税率设置"按钮，打开"个人所得税申报表—税率表"对话框，查看系统预置的个人所得税纳税基数和附加费用是否与国家现行税法规定相一致，如果不一致，需按国家规定修改。

（4）单击"确定"按钮，返回"选项"窗口。

（5）单击"确定"按钮。

任务 2.3　固定资产管理系统初始化

背景资料

春天电子有限责任公司关于固定资产账套的信息资料及要求如下：固定资产账套的启用月份为 2018 年 6 月，要求固定资产管理系统与总账进行对账，账套控制参数如表 2-14 所示，选项设置补充参数如表 2-15 所示，公司的固定资产类别及相关信息情况如表 2-16 所示，固定资产的增减方式及对应入账科目如表 2-17 所示，部门及对应折旧科目如表 2-18 所示，2018 年 6 月初，公司拥有固定资产的信息资料如表 2-19 所示。

表 2-14　账套控制参数

控制参数名称	参　数　设　置
约定与说明	我同意
启用月份	2018-6
折旧信息	本账套计提折旧 折旧方法：平均年限法（一） 折旧汇总分配周期为 1 个月 当（月初已计提月份＝可使用月份－1）时将剩余折旧全部提足（工作量法除外）

控制参数名称	参数设置
编码方式	资产类别编码长度：2112 固定资产编码方式：按"类别编号＋部门编码＋序号"自动编码 序号长度为3位
财务接口	与账务系统进行对账 对账科目为：固定资产（1601）；累计折旧（1602） 允许在对账不平衡的情况下固定资产月末结账

表 2-15　选项设置补充参数

控制参数名称	参数设置
与账务系统接口补充参数	业务发生后立即制单 月末结账前一定要完成制单登账业务 固定资产默认入账科目：1601 累计折旧默认入账科目：1602 减值准备默认入账科目：1603 增值税进项税额默认入账科目：22210101 固定资产清理默认入账科目：1606
其它	已发生资产减少卡片可删除时限为5年 自动填补卡片断号 不允许转回减值准备 自动连续增加卡片

表 2-16　固定资产类别及相关信息

类别编码	类别名称	净残值率	计提属性	折旧方法	卡片样式
01	房屋及建筑物		正常计提		含税卡片样式
0101	生产用		正常计提		含税卡片样式
0102	非生产用		正常计提		含税卡片样式
02	专用设备		正常计提		含税卡片样式
0201	生产用	3%	正常计提	平均年限法（一）	含税卡片样式
0202	非生产用		正常计提		含税卡片样式
03	办公设备		正常计提		含税卡片样式
0301	生产用		正常计提		含税卡片样式
0302	非生产用		正常计提		含税卡片样式
04	交通运输设备		正常计提		含税卡片样式
0401	生产用		正常计提		含税卡片样式
0402	非生产用		正常计提		含税卡片样式

表 2-17　增减方式及对应入账科目

增加方式	对应入账科目	减少方式	对应入账科目
直接购入	银行存款——工行存款（100201）	报废	固定资产清理（1606）
在建工程转入	在建工程（1604）	毁损	固定资产清理（1606）

表 2-18 部门及对应折旧科目

部门	对应折旧科目(科目编码)
办公室/财务部	管理费用——折旧费(660203)
供应部	管理费用——折旧费(660203)
销售部	销售费用(6601)
生产部	制造费用——折旧费(510102)

表 2-19 期初固定资产信息

序号	固定资产编码	固定资产名称	类别编码	使用部门	可使用年限/月	开始使用日期	原值/元	累计折旧/元
01	012101001	办公楼	012	办公室/财务部/供应部/销售部	600	2016-06-01	6 000 000	1 440 000
02	032101002	电脑 1	032	办公室	60	2016-06-01	5 000	2 000
03	032101003	电脑 2	032	财务部	60	2016-06-01	5 000	2 000
04	032101004	电脑 3	032	供应部	60	2016-06-01	5 000	2 000
05	032101005	电脑 4	032	销售部	60	2016-06-01	5 000	2 000
06	032101006	打印机	032	财务部	60	2016-06-01	800	320
07	021301007	美的空调	021	一车间	120	2016-06-01	4 000	800
08	021301008	组装设备 1	021	一车间	120	2016-06-01	120 000	24 000
09	021301009	组装设备 2	021	二车间	120	2016-06-01	120 000	24 000
10	011301010	生产用房 1	011	一车间	240	2016-06-01	140 000	14 000
11	011301011	生产用房 2	011	二车间	240	2016-06-01	140 000	14 000
12	011301012	生产用设备	011	二车间	120	2016-06-01	16 261 600	3 893 464
13	012201013	材料库	012	供应部	240	2016-06-01	50 000	5 000
14	012202014	成品库	012	销售部	240	2016-06-01	50 000	5 000
15	041202015	陕西重卡	041	销售部	120	2016-06-01	120 000	24 000
16	042202016	丰田轿车	042	办公室	120	2016-06-01	240 000	48 000

注：所有固定资产的增加方式均为直接购入,使用状况均为在用,折旧方法均为平均年限法(一)。办公楼的使用比例：办公室/财务部/供应部/销售部各为 25%。

任务要求

（1）建立固定资产账套。

（2）设置选项。

（3）设置部门对应折旧科目。

（4）设置资产类别。

（5）设置增减方式及对应入账科目。

（6）设置使用状况设置和折旧方法。

（7）输入固定资产原始卡片。

操作指导

1. 建立固定资产账套

建立固定资产账套可按以下操作步骤进行。

(1) 在企业应用平台中,打开"业务工作"选项卡,双击"财务会计"—"固定资产"列表项,系统将弹出"这是第一次打开此账套,还未进行过初始化,是否进行初始化?"信息提示对话框。

(2) 单击"是"按钮,打开"固定资产初始化向导——约定及说明"对话框,选择"我同意"选项。

(3) 单击"下一步"按钮,显示"账套启用月份"为 2018.06。

(4) 单击"下一步"按钮,打开"初始化账套向导——折旧信息"对话框,勾选"本账套计提折旧"选项框;选择"折旧方法"为"平均年限法(一)";选择"折旧汇总分配周期"为 1 个月;勾选"当(月初已计提月份＝可使用月份－1)时将剩余折旧全部提足(工作量法除外)"选项框。

(5) 单击"下一步"按钮,打开"初始化账套向导——编码方式"对话框,确定"编码长度"为 2112;选择"自动编码"单选项,选择"固定资产编码方式"为"类别编号＋部门编号＋序号",选择"序号长度"为 3 位,如图 2-21 所示。

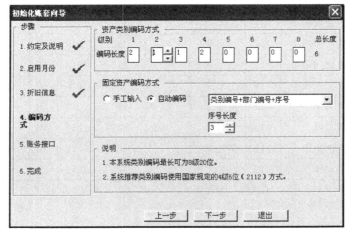

图 2-21　初始化账套向导——编码方式

(6) 单击"下一步"按钮,打开"初始化账套向导——账务接口"对话框,勾选"与账务系统进行对账"选项框,选择"固定资产对账科目"为固定资产(1601)、选择"累计折旧对账科目"为累计折旧(1602);勾选"在对账不平情况下允许固定资产月末结账"选项框,如图 2-22 所示。

(7) 单击"下一步"按钮,打开"初始化账套向导——完成"对话框,检查账套信息的基本设置是否正确,如果不正确,通过单击"上一步"按钮,进行相应修改;如果正确,单击"完成"按钮。

(8) 系统将弹出"已经完成了新账套的所有设置工作,是否确定所设置的信息完全正确

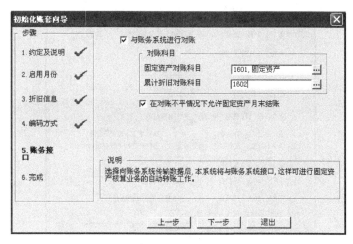

图 2-22　初始化账套向导——财务接口

并保存对新账套的所有设置?"信息提示对话框,单击"是"按钮,系统将弹出"已成功初始化本固定资产账套!"信息提示对话框,单击"确定"按钮,完成固定资产建账工作。

温馨提示

(1) 资产类别编码方式设定以后,如果某一级资产设置了类别,则该级的长度不能修改,没有使用过的各级的长度可修改。

(2) 每一个账套资产的自动编码方式只能有一种,一经设定,该自动编码方式不得修改。

(3) 系统初始化中,参数设置完成后已退出初始化向导,要修改所设置的参数,可通过"重新初始化"功能实现。有些参数也可在"选项"中修改。

2. 设置选项

设置选项可按以下操作步骤进行。

(1) 在固定资产管理系统中,双击"设置"—"选项"列表项,打开"选项"对话框。

(2) 单击"编辑"按钮,使"选项"对话框变为可操作状态。

(3) 打开"基本信息"选项卡,"基本信息"选项卡的参数按系统默认。

(4) 打开"折旧信息"选项卡,主要"折旧方法"选择"平均年限法(一)","折旧汇总分配周期"选择 1 个月。

(5) 打开"与财务系统接口"选项卡,勾选"与财务系统进行对账"选项框,选择"固定资产对账科目"为固定资产(1601),选择"累计折旧对账科目"为累计折旧(1602);勾选"业务发生后立即制单"选项框和"月末结账前一定要完成制单登账业务"选项框,选择"默认入账科目"为固定资产(1601)、累计折旧(1602)、固定资产减值准备(1603)、增值税进项税额(22210101)、固定资产清理(1606),如图 2-23 所示。

(6) 单击"其它"选项卡,选择"已发生资产减少卡片可删除时限"为 5 年,勾选"自动填补卡片断号""不允许转回减值准备""自动连续增加卡片"选项框,单击"确定"按钮。

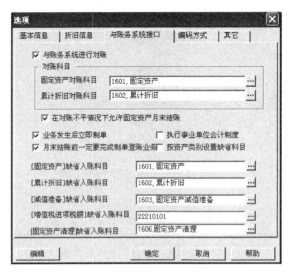

图 2-23 选项设置——与账务系统接口

3. 设置部门对应折旧科目

设置部门对应折旧科目可按以下操作步骤进行。

（1）在固定资产管理系统中，双击"设置"—"部门对应折旧科目"列表项，进入"部门对应折旧科目"窗口。

（2）在固定资产部门编码目录中，选择部门为"管理部"，单击"修改"图标，打开"部门对应折旧科目"窗口，在"折旧科目"栏中通过参照选入或直接输入对应折旧科目"管理费用——折旧费（660203）"，单击"保存"图标。

（3）系统将弹出"是否将管理部的所有下级部门的折旧科目替换为[折旧费]？"信息提示对话框，单击"是"按钮。

（4）单击"刷新"图标，系统显示管理部下的办公室和财务部所对应的折旧科目均为"管理费用——折旧费（660203）"，如图 2-24 所示。

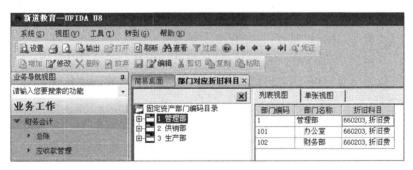

图 2-24 部门对应折旧科目

（5）用类似的方法，对供应部、销售部和生产部折旧对应科目设置，直到所有部门折旧对应科目都设置完毕为止。

（6）关闭"部门对应折旧科目"窗口。

😊 **温馨提示**

(1) 设置部门对应折旧科目时,必须选择末级会计科目。
(2) 设置上级部门的折旧科目,下级部门可以自动生成,但需要刷新才能看到相应信息。

4. 设置资产类别

设置资产类别可按以下操作步骤进行。

(1) 在固定资产管理系统中,双击"设置"—"资产类别"列表项,进入"资产类别"窗口。
(2) 单击"增加"图标,打开"资产类别"窗口。
(3) 输入"类别名称"为"房屋及建筑物","净残值率"为3%,选择"计提属性"为"正常计提","折旧方法"为"平均年限法(一)","卡片样式"为"含税卡片样式"等信息,如图2-25所示。

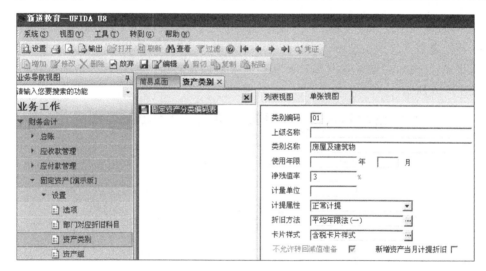

图 2-25 资产类别

(4) 单击"保存"图标。单击"放弃"图标,系统将弹出"是否取消本次操作?"信息提示对话框,单击"是"按钮。
(5) 在资产分类编码表中,选中"房屋及建筑物"资产类别,单击"增加"图标,打开"资产类别"窗口。
(6) 输入"类别名称"为"生产用"。
(7) 单击"保存"图标,再输入"类别名称"为"非生产用",单击"保存"图标。至此,完成第一大类及其子类别的设置。单击"放弃"图标,系统将弹出"是否取消本次操作?"信息提示对话框,单击"是"按钮,返回"资产类别"窗口。
(8) 用类似的方法,进行其它资产类别的设置。
(9) 所有资产类别设置完毕后,关闭"资产类别"窗口。

😊 **温馨提示**

选中资产分类编码表,单击"增加"图标,则可进行一级资产类别的设置。选中某一级的具体类别,单击"增加"图标,方可进行该类别的下级类别设置。

5. 设置增减方式及对应入账科目

(1) 设置增减方式。设置增减方式可按以下操作步骤进行。

① 在固定资产管理系统中,双击"设置"—"增减方式"列表项,进入"增减方式"窗口。

② 增减方式目录表显示系统预设的固定资产增减方式,用户可根据企业的情况进行增减方式的增加、修改或删除。如果要添加某一种增加(减少)方式,选中"增加(减少)方式"列表项。

③ 单击"增加"图标,输入所添加的增加(减少)方式名称,单击"保存"图标。

④ 继续输入其它要添加的增加(减少)方式名称,直至所要增加的增加(减少)方式全部增加完毕,单击"放弃"图标,系统将弹出"是否取消本次操作?"信息提示对话框,单击"是"按钮。

⑤ 关闭"增减方式"窗口。

(2) 设置增减方式对应入账科目。设置增减方式对应入账科目可按以下操作步骤进行。

① 在固定资产管理系统中,双击"设置"—"增减方式"列表项,进入"增减方式"窗口。

② 将光标定位在"增减方式目录表"项,选中要设置对应入账科目的增加方式"直接购入",如图2-26所示。

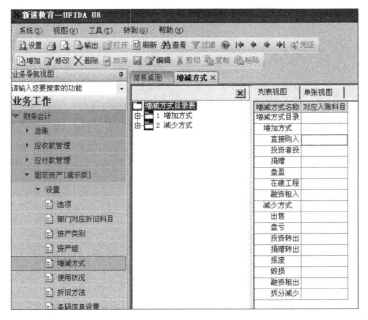

图2-26 增减方式对应入账科目

③ 单击"修改"图标,打开"增减方式——单张视图"对话框。

④ 在"对应入账科目"栏选入或输入相应的科目,如图2-27所示。

⑤ 单击"保存"图标,保存设置。

⑥ 用类似的方法,完成其它增(减)方式对应入账科目的设置,直到所有增减方式对应入账科目都设置完毕为止。

⑦ 关闭"增减方式"窗口。

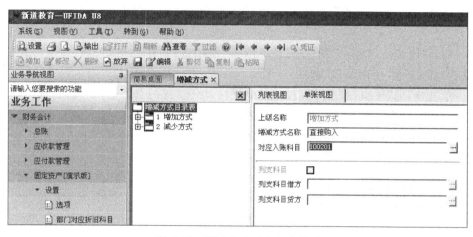

图 2-27 增减方式对应入账科目

温馨提示

（1）系统预置的增减方式及已使用的增减方式不能删除。

（2）当固定资产发生增减变动生成凭证时，系统默认所设置的对应入账科目，如果生成凭证时入账科目发生了变化，要及时进行修改。

6. 设置使用状况和折旧方法

使用状况设置和折旧方法设置方法简单，这里不做介绍，可作为学生自己练习的内容。

7. 输入固定资产原始卡片

输入固定资产原始卡片可按以下操作步骤进行。

（1）在固定资产管理系统中，双击"卡片"—"输入原始卡片"列表项，进入"固定资产类别档案"窗口，如图 2-28 所示。

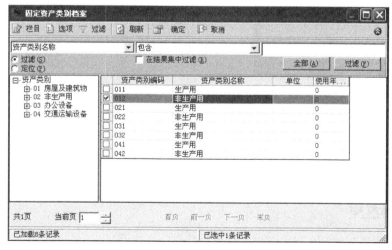

图 2-28 选择固定资产类别

(2) 选择"资产类别名称"为"非生产用(012)",单击"确定"图标,进入"固定资产卡片"输入窗口。

(3) 输入"固定资产名称"为"办公楼",双击"使用部门"单元格,选择"多部门使用",单击"确定"按钮,进入"使用部门"窗口。

(4) 单击"增加"按钮,双击"使用部门"单元格,单击"部门基本参照"按钮,选择部门"办公室",在"使用比例"栏输入 25,将光标移出"使用比例"栏。

(5) 单击"增加"按钮,用同样的方法,完成财务部、供应部、销售部的"使用比例"的输入,单击"确定"按钮返回"固定资产卡片"输入窗口。

(6) 双击"增加方式",选择"直接购入",双击"使用状况",选择"在用";输入"使用年限(月)"为 600;输入"开始使用日期"为 2016-06-01;输入"原值"为 6000000.00;"累计折旧"为 1440000.00;其它信息自动生成,如图 2-29 所示。

```
                    固定资产卡片
卡片编号        00001                    日期        2018-06-01
固定资产编号    012101001   固定资产名称              办公楼
类别编号        012         类别名称       非生产用   资产组名称
规格型号                    使用部门       办公室/财务部/供应部/销售部
增加方式        直接购入    存放地点
使用状况        在用        使用年限(月)    600   折旧方法  平均年限法(一)
开始使用日期    2016-06-01  已计提月份       23    币种      人民币
原值            6000000.00  净残值率          3%   净残值    180000.00
累计折旧        1440000.00  月折旧率       0.0016  本月计提折旧额  9600.00
净值            4560000.00  对应折旧科目  (6601,销售费用)  项目
增值税          0.00        价税合计       6000000.00
录入人          刘海                      录入日期   2018-06-01
```

图 2-29 固定资产卡片

(7) 单击"保存"图标,系统将弹出"数据成功保存!"信息提示对话框,单击"确定"按钮。

(8) 用类似的方法继续输入其它固定资产原始卡片,直到所有固定资产原始卡片都输入完成为止。

(9) 关闭"固定资产卡片"输入窗口,系统提示"是否保存数据?"。

(10) 单击"否"按钮。

温馨提示

(1) "输入日期"为当前登录日期,登录时直接以期初时间登录可不必调整时间。

(2) 不是本月输入的卡片,不能删除。

(3) 要删除已制作过凭证、变动单或评估单的卡片,必须先删除相应的凭证、变动单或评估单。卡片进行过一次月末结账后不能删除。

常见问题处理

卡片输入错误怎么办?

卡片输入过程中,发现某项目内容输入错误可当即进行修改;卡片输入当月发现卡片输入有错误,如果没有生成凭证,可通过"卡片管理"调出要修改的卡片后修改;如果已经生成

凭证，则要删除该凭证后再修改。

任务 2.4　采购与应付款管理系统初始化

任务 2.4.1　应付款管理系统初始化

背景资料

2018年6月，春天电子有限责任公司对应付款管理系统进行初始化，要求及相关资料如下。

（1）选项设置。"单据审核日期依据"为"单据日期"，"受控科目制单方式"为"明细到供应商"，"非受控科目制单方式"为"汇总方式"，"应付款核算模型"为"详细核算"，月末结账前全部生成凭证，方向相反的分录合并，应付款核销方式为"按单据"，其它均采用默认值。

（2）初始设置资料和要求。基本科目、控制科目和结算方式科目设置，如表2-20～表2-22所示。

表 2-20　基本科目

基础科目种类	科目编码	基础科目种类	科目编码
应付科目	2202	预付科目	1123
采购科目	1402	税金科目	22210101

表 2-21　控制科目

供应商编码	供应商名称	应付科目	预付科目
001	宏大公司	2202	1123
002	高德公司	2202	1123
003	盛大公司	2202	1123
004	中瑞公司	2202	1123

表 2-22　结算方式科目

结算方式	币种	科目编码
现金结算	人民币	1001
现金支票	人民币	100201
转账支票	人民币	100201
电汇	人民币	100201
银行承兑汇票	人民币	100201
商业承兑汇票	人民币	100201

（3）期初余额。期初余额如表2-23和表2-24所示。

表 2-23 应付账款期初余额

单据名称	开票日期	供应商名称	业务员	货物名称	数量	单位	无税单价/元
增值税专用发票（票号 1210）	2018-05-15	宏大公司	周新	21 英寸显示器	50	台	1 500.00
增值税专用发票（票号 1832）	2018-05-18	高德公司	周新	PⅢ芯片	100	盒	1 000.00
增值税专用发票（票号 2453）	2018-05-21	盛大公司	周新	键盘/鼠标	100/100	只	100.00/40.00
增值税专用发票（票号 2856）	2018-05-28	中瑞公司	杨娇	160GB 硬盘	100	只	800.00

表 2-24 应付票据期初余额

票据编号	供应商名称	承兑银行	票据面值/元	签发日期	到期日	业务员	摘要	结算方式
041025	宏大公司	中国工商银行	87 000.00	2018-05-11	2018-08-11	周新	购货	银行承兑汇票

任务要求

(1) 设置系统选项。

(2) 进行初始设置。

(3) 输入期初余额。

操作指导

1. 设置系统选项

设置系统选项可按以下操作步骤进行。

(1) 在企业应用平台中,打开"业务工作"选项卡,双击"财务会计"—"应付款管理"—"设置"—"选项"列表项,进入"账套参数设置"窗口。

(2) 单击"编辑"按钮,系统将弹出"选项修改需要重新登录才能生效"信息提示对话框,单击"确定"按钮。

(3) 单击"常规"选项卡,"单据审核日期依据"选为"业务日期","应付账款核算模型"选择"详细核算"单选项,如图 2-30 所示。

(4) 单击"凭证"选项卡,"受控科目制单方式"选为"明细到供应商","非受控科目制单方式"选为"汇总方式",勾选"月末结账前全部生成凭证"和"方向相反的分录合并"选项框。

(5) 单击"核销设置"选项卡,"应付款核销方式"选为"按单据"。

(6) 所有选项全部设置完毕后,单击"确定"按钮。

2. 进行初始设置

进行初始设置可按以下操作步骤进行。

(1) 基本科目设置

① 在应付款管理系统中,双击"设置"—"初始设置"列表项,进入"初始设置"窗口。

② 选中"设置科目"—"基本科目设置"列表项,单击"增加"图标,双击"基础科目种类"

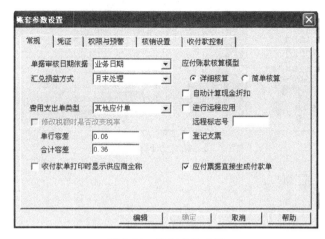

图 2-30 账套参数设置

单元格,单击▼按钮,在下拉菜单中选择"应付科目"选项。

③ 双击"科目"单元格,输入或单击"科目"单元格后的"科目参照"按钮,参照选入对应的科目"应付科目(2202)",如图 2-31 所示。

图 2-31 基本科目设置

用类似的方法进行其它科目设置,直到将所有科目设置完毕为止。

控制科目设置的操作方法与基本科目设置的操作方法类似,这里不再介绍。

(2) 结算方式科目设置

结算方式科目设置可按以下操作步骤进行。

① 在"初始设置"窗口。

② 选中"结算方式科目设置"列表项,单击"增加"图标,单击"结算方式"单元格后的▼按钮,在下拉菜单中选择"结算方式"为"现金结算"。

③ 双击"币种"单元格,选择"币种"为"人民币"。

④ 双击"本单位账号"单元格,单击单元格后的"科目参照"按钮,选择"本单位账号"为 090402130924。

⑤ 双击"科目"单元格,输入"科目编码"或单击单元格后的"科目参照"按钮,从参照中选入"科目编码(1001)",如图 2-32 所示。

用类似的方法进行其它结算方式科目设置,直到将所有结算方式科目设置完毕为止。

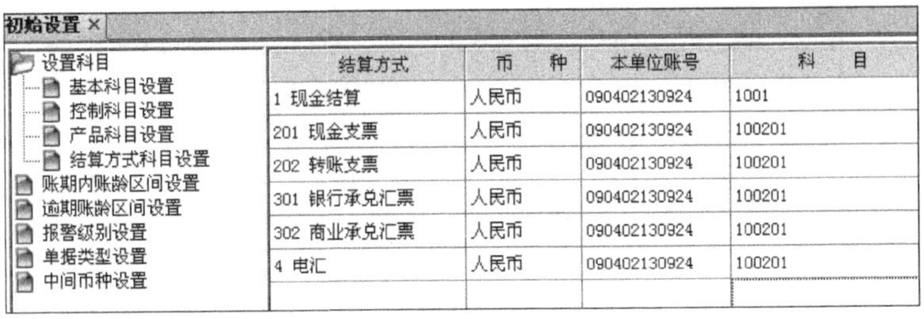

图 2-32　结算方式科目设置

⑥ 关闭"初始设置"窗口。

> **温馨提示**

（1）科目设置所填入的科目都是最常用的科目，如应付科目填"应付账款"，预付科目填"预付账款"等。

（2）应付科目和预付科目（包括应付票据科目）必须是设置了"供应商往来"核算且受控于应付系统的科目。

3．输入期初余额

应付款管理系统输入期初余额包括采购发票、应付单、预付款、应付票据四种情况，这里以采购发票和应付票据期初余额输入为例进行阐述。

第一种情况，采购发票期初余额输入。

采购发票期初余额输入可按以下操作步骤进行。

① 在企业应用平台中，打开"业务工作"选项卡，双击"财务会计"—"应付款管理"—"设置"—"期初余额"列表项，进入"期初余额-查询"窗口。

② 单击"确定"按钮，进入"期初余额明细表"窗口。

③ 单击"增加"图标，打开"单据类别"对话框。

④ 选择"单据名称"为"采购发票"，选择"单据类型"为"采购专用发票"，"方向"选择"正向"，单击"确定"按钮，进入"采购专用发票"窗口。

⑤ 单击"增加"图标，输入"开票日期"为 2018-05-15，选择"供应商"为"宏大公司"，选择"业务员"为"周新"。

⑥ 双击"存货编码"单元格，输入 103，选择"存货名称"为"21 英寸显示器"，输入"数量"为 50.00，"原币单价"为 1500.000。

⑦ 单击"保存"图标，完成一张采购发票的期初输入，如图 2-33 所示。

重复步骤③～步骤⑦，继续输入其它采购发票的期初数据，直到所有采购发票的期初数据输入完毕为止。

⑧ 关闭"采购发票"窗口，返回"期初余额明细表"窗口。

⑨ 关闭"期初余额明细表"窗口。

第二种情况，应付票据期初余额输入。

应付票据期初余额输入可按以下操作步骤进行。

① 在企业应用平台中，打开"业务工作"选项卡，双击"财务会计"—"应付款管理"—"设

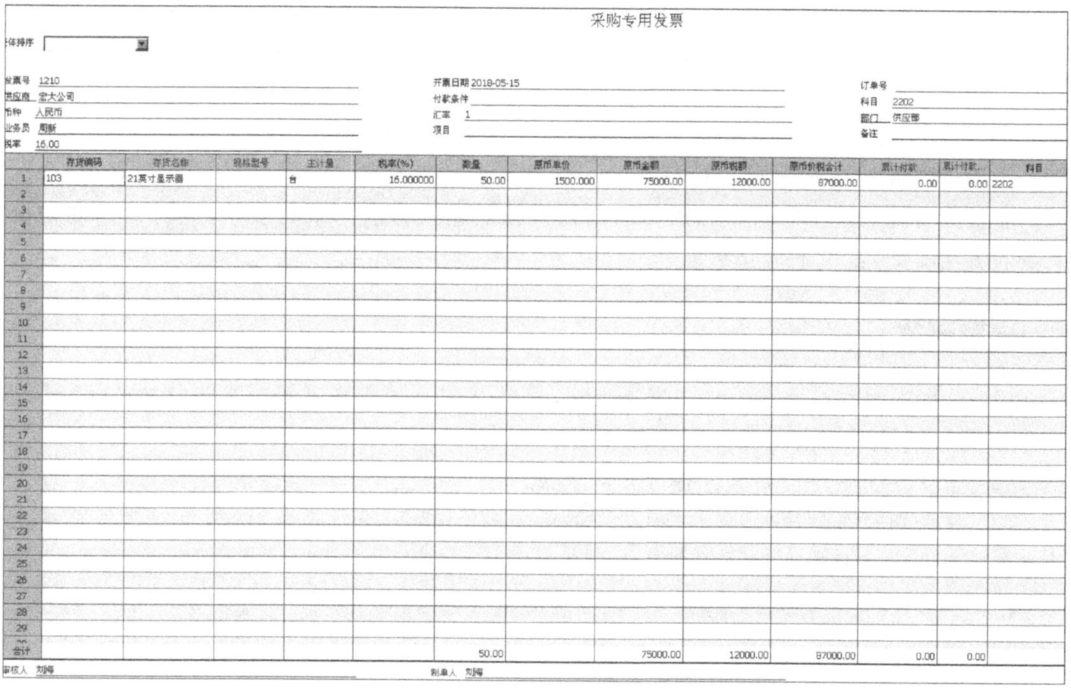

图 2-33 采购专用发票

置"—"期初余额"列表项,进入"期初余额-查询"窗口。

② 单击"确定"按钮,进入"期初余额明细表"窗口。

③ 单击"增加"图标,打开"单据类别"对话框。

④ 选择"单据名称"为"应付票据",选择"单据类型"为"银行承兑汇票",单击"确定"按钮,进入"期初单据输入"窗口。

⑤ 单击"增加"图标,输入"票据编号"为 041025,"收票单位"选择"宏大公司","承兑银行"选择"中国工商银行","科目"输入或选入 2201,"票据面值"输入 87000,票据余额自动生成,"签发日期"输入 2018-05-11,"到期日"输入 2018-08-11,"业务员"选择"周新","摘要"输入"购货"等内容,如图 2-34 所示。

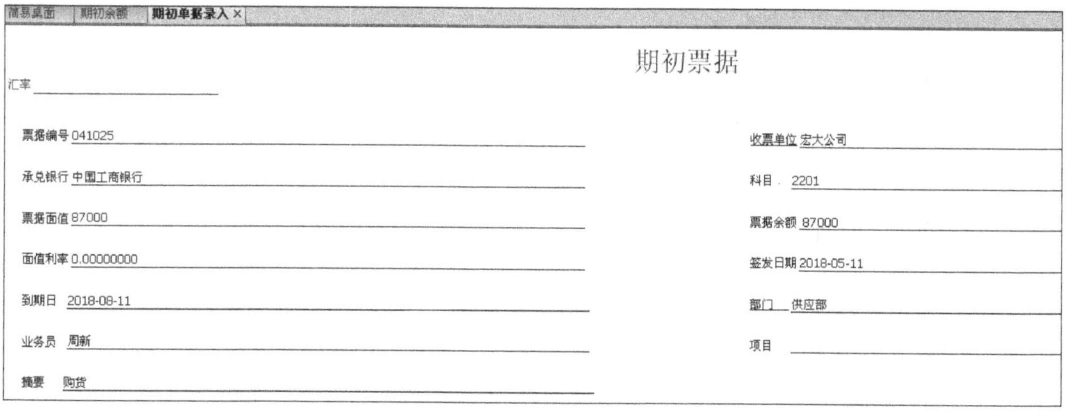

期初票据

汇率 _____

票据编号 041025   收票单位 宏大公司

承兑银行 中国工商银行   科目   2201

票据面值 87000   票据余额 87000

面值利率 0.00000000   签发日期 2018-05-11

到期日 2018-08-11   部门   供应部

业务员 周新   项目

摘要 购货

图 2-34 期初票据

⑥ 单击"保存"图标。

重复步骤③～步骤⑥，可继续输入其它应付票据期初余额，直到所有应付票据期初数据输入完毕为止。

⑦ 关闭"期初单据输入"窗口，返回"期初余额明细表"窗口。

⑧ 关闭"期初余额明细表"窗口。

应付款管理系统中应付单和预付款期初余额的输入方法与采购发票、应付票据期初余额输入方法类似，这里不再介绍。

温馨提示

(1) 采购发票和应付单的方向需要选择，预付款和应付票据则不需要选择方向，系统默认预付款方向为借，应付票据方向为贷。

(2) 输入期初余额的票据保存后自动审核。

(3) 完成期初余额输入，要在"期初余额明细表"主界面进行期初对账，但对账的前提是总账管理系统与应付款管理系统都已经启用。

(4) 输入应付票据期初余额时，科目一定要输入，否则，对账时"应付期初"栏没有数据。

任务2.4.2　采购管理系统初始化

背景资料

2018年6月，春天电子有限责任公司对采购管理系统进行初始化，要求如下。

(1) 采购管理系统选项设置，按默认值。

(2) 采购无期初余额。

(3) 采购期初记账。

任务要求

(1) 进行采购选项设置。

(2) 进行采购期初记账。

操作指导

1. 进行采购选项设置

进行采购选项设置可按以下操作步骤进行。

(1) 在企业应用平台中，打开"业务工作"选项卡，双击"供应链"—"采购管理"—"设置"—"采购选项"列表项，打开"采购系统选项设置"对话框，如图2-35所示。

(2) 按照公司业务要求，分别对"业务及权限控制""公共及参照控制""其它业务控制"和"预算控制"四个选项卡的内容进行设置，本公司各选项均按系统默认。

(3) 单击"确定"按钮。

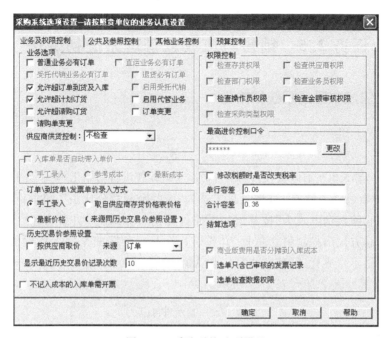

图 2-35　采购系统选项设置

2．进行采购期初记账

进行采购期初记账可按以下操作步骤进行。

（1）在采购管理系统中，双击"设置"—"采购期初记账"列表项，进入"期初记账"窗口，如图 2-36 所示。

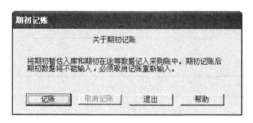

图 2-36　采购期初记账

（2）单击"记账"按钮，系统将提示"期初记账完毕"，单击"确定"按钮。

温馨提示

（1）没有期初余额，也要进行期初记账。

（2）采购管理系统不执行期初记账，库存管理系统和存货核算管理系统的期初记账就无法进行。

（3）在未进行日常业务处理之前发现初始化资料有误，可以通过取消记账，进行错误内容修改。

任务 2.5 销售与应收款管理系统初始化

任务 2.5.1 应收款管理系统初始化

背景资料

2018年6月,春天电子有限责任公司对应收款管理系统进行初始化,要求及相关资料如下。

(1) 账套参数设置。要求:坏账处理方式为"应收余额百分比法",单据审核日期依据为"单据日期",应收款核销方式为"按单据",受控科目制单方式为"明细到客户",非受控科目制单方式为"汇总方式",控制科目依据为"按客户",月末结账前全部生成凭证,方向相反的分录不合并,核销不生成凭证,其它均采用默认值。

(2) 初始设置如表2-25～表2-27所示。

表2-25 基本科目

基础科目种类	科目编码	基础科目种类	科目编码
应收科目	1122	银行承兑科目	1121
预收科目	2203	税金科目	22210105
坏账入账科目	1231	销售收入科目	6001

表2-26 产品科目

存货名称	销售收入科目编码	应交增值税科目编码
CHT计算机	6001	22210105

表2-27 结算方式科目

结算方式	币种	科目编码
现金结算	人民币	1001
现金支票	人民币	100201
转账支票	人民币	100201
银行承兑汇票	人民币	100201
商业承兑汇票	人民币	100201
电汇	人民币	100201

(3) 坏账准备设置。坏账提取比率1%;期初余额3 510元。

(4) 期初余额。如表2-28和表2-29所示。

表2-28 应收账款期初余额

开票日期	客户	业务员	货物名称	数量/台	无税单价/元	金额/元	单据名称
2018-05-07	永恒公司	张扬	CHT计算机	2	6 000.00	13 920.00	增值税专用发票 (票号1105)

续表

开票日期	客户	业务员	货物名称	数量/台	无税单价/元	金额/元	单据名称
2018-05-18	新都公司	洪天	CHT 计算机	10	6 000.00	69 600.00	增值税专用发票（票号 1237）
2018-05-25	丰盛公司	韩燕	CHT 计算机	6	6 000.00	41 760.00	增值税专用发票（票号 1305）
2018-05-29	天地公司	王明	CHT 计算机	15	6 000.00	104 400.00	增值税专用发票（票号 1320）

表 2-29　应收票据期初余额

票据编号	开票单位	承兑银行	票据面值/元	票据余额/元	签发日期	收到日期	到期日	业务员	摘要
081555	永恒公司	工行丰北分行	34 800.00	34 800.00	2018-05-19	2018-05-19	2018-11-19	张扬	销售商品

任务要求

（1）设置账套参数。
（2）进行初始设置。
（3）输入期初余额。

操作指导

1. 设置账套参数

设置账套参数可按以下操作步骤进行。

（1）在企业应用平台中，打开"业务工作"选项卡，双击"财务会计"—"应收款管理"—"设置"—"选项"列表项，进入"账套参数设置"窗口，如图 2-37 所示。

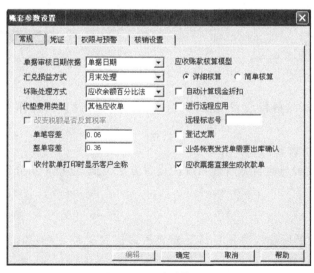

图 2-37　账套参数设置

（2）单击"编辑"按钮，系统将弹出"选项修改需要重新登录才能生效"信息提示对话框，单击"确定"按钮。

（3）单击"常规"选项卡，选择"单据审核日期依据"为"单据日期"，选择"坏账处理方式"为"应收余额百分比法"，选择"应收账款核算模型"为"详细核算"。

（4）单击"凭证"选项卡，选择"受控科目制单方式"为"明细到客户"，选择"非受控科目制单方式"为"汇总方式"，选择"控制科目依据"为"按客户"，勾选"月末结账前全部生成凭证"选项框，不勾选"核销生成凭证"选项框。

（5）单击"核销设置"选项卡，选择"应收款核销方式"为"按单据"。

（6）所有选项全部设置完毕后，单击"确定"按钮。

2. 进行初始设置

进行初始设置内容较多，包括设置科目、坏账准备设置、账期内账龄区间设置、报警级别设置和单据类型设置五个方面，操作方法有所不同。

（1）设置科目。包括基本科目设置、控制科目设置、产品科目设置和结算方式科目设置，操作方法基本相似，下面以基本科目设置为例说明操作步骤。

① 基本科目设置可按以下操作步骤进行。

a. 在应收款管理系统中，双击"设置"—"初始设置"列表项，打开"初始设置"列表。

b. 单击"设置科目"—"基本科目设置"列表项，单击"增加"图标，双击"基础科目种类"单元格，单击单元格后的选项按钮，从"科目"下拉菜单中选入"应收科目"，双击"科目"单元格，输入或单击"科目"单元格后的"科目参照"按钮选入"应收账款"的科目编码1122。

用类似的方法进行其它科目设置，直到将所有科目设置完毕为止，如图2-38所示。

图2-38 基本科目设置

控制科目设置、产品科目设置的操作方法与基本科目设置的操作方法类似，这里不再介绍。

② 结算方式科目设置。

结算方式科目设置与应付款管理系统的设置方法类似，这里不再介绍。

温馨提示

（1）基本科目设置所填入的科目都是最常用的应收款科目，例如，应收科目填"应收账款"，预收科目填"预收账款"等。

（2）应收科目（包括应收票据科目）和预收科目必须是设置了"客户往来"核算且受控于

应收款管理系统的科目。

(3) 结算方式科目设置就是按照不同结算方式对应的科目进行设置。例如,银行本票结算要用银行存款进行,所以,对应的科目就是银行存款。

(2) 坏账准备设置。坏账准备设置可按以下操作步骤进行。

① 在应收款管理系统的"初始设置"窗口中,单击"坏账准备设置"列表项,打开"坏账准备设置"对话框。

② "提取比率"输入 1.000,"坏账准备期初余额"输入 3 510.00,"坏账准备科目"输入或选入 1231,"对方科目"输入或选入 6701,单击"确定"按钮,如图 2-39 所示。

图 2-39　坏账准备设置

③ 系统将弹出"储存完毕"信息提示对话框,单击"确定"按钮。

④ 关闭"初始设置"窗口。

(3) 账期内账龄区间设置。账期内账龄区间设置可按以下操作步骤进行。

① 在应收款管理系统的"初始设置"窗口中,单击"账期内账龄区间设置"列表项,打开"账期内账龄区间设置"对话框。

② 双击"总天数"单元格,输入该区间的总天数为 30,按 Enter 键,再继续输入下一个区间的总天数为 60,按 Enter 键,直到账期内账龄区间设置完毕为止,如图 2-40 所示。

图 2-40　账期内账龄区间设置

③ 关闭"初始设置"窗口。

逾期账龄区间设置、报警级别设置与账期内账龄区间设置方法类似,这里不再介绍。

温馨提示

(1) 账期内账龄区间设置时,序号由系统自动生成,不能修改和删除。

（2）最后一个区间是开口区间，不能输入总天数，且不能修改和删除。

（4）单据类型设置。单据类型设置可按以下操作步骤进行。

① 在应收款管理系统的"初始设置"窗口中，单击"单据类型设置"列表项，进入"单据类型设置"窗口。

② 单击"增加"图标，在"单据名称"栏相应的位置输入要增加的单据名称，如应收代垫费。按 Enter 键，再继续输入同一单据类型下的另一种单据名称；按 Enter 键，直到全部应收单据类型设置完毕为止，如图 2-41 所示。

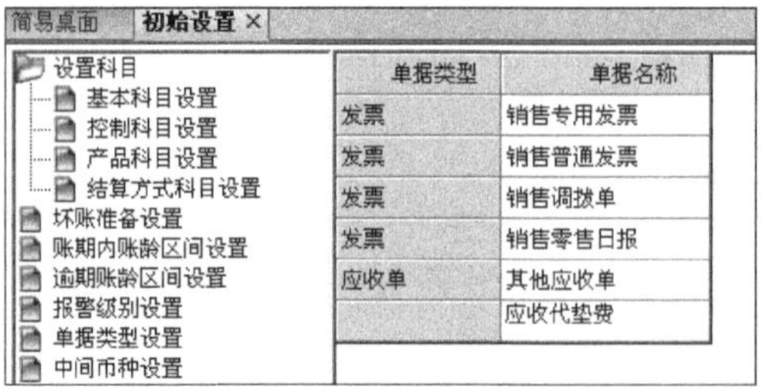

图 2-41　单据类型设置

③ 关闭"初始设置"窗口。

温馨提示

（1）应收单主要是记录销售业务之外的应收款情况，如应收代垫费用款、应收罚款和其它应收款等。

（2）系统不允许增加发票类型，也不允许修改和删除系统中的发票类型；不允许修改和删除"其它应收单"，只能增加应收单的类型，如应收代垫费用款、其它应收款等。

3. 输入期初余额

（1）销售发票期初余额输入

销售发票期初余额输入可按以下操作步骤进行。

① 在企业应用平台中，打开"业务工作"选项卡，双击"财务会计"—"应收款管理"—"设置"—"期初余额"列表项，进入"期初余额-查询"窗口。

② 单击"确定"按钮，进入"期初余额明细表"窗口。

③ 单击"增加"图标，打开"单据类别"对话框，如图 2-42 所示。

④ 选择"单据名称"为"销售发票"，选择"单据类型"为"销售专用发票"，"方向"选择"正向"，单击"确定"按钮，进入"销售专用发票"窗口。

⑤ 单击"增加"图标，输入"开票日期"为 2018-05-07，输入"客户名称"为"永恒公司"。

⑥ 双击"货物编号"单元格，输入 201，单击"货物名称"的"存货基本参照"按钮，从参照列表中选择"CHT 计算机"，输入

图 2-42　单据类别设置

"数量"为 2.00,"无税单价"为 6000.00。

⑦ 单击"保存"图标,完成一张销售发票的期初输入,如图 2-43 所示。

图 2-43　销售专用发票

重复步骤③~步骤⑦,继续输入其它销售发票的期初数据,直到所有销售发票的期初数据全部输入完毕为止。

⑧ 关闭"期初销售发票"窗口,再关闭"期初余额明细表"窗口。

(2) 应收票据期初余额输入

应收票据期初余额输入可按以下操作步骤进行。

① 在企业应用平台中,打开"业务工作"选项卡,双击"财务会计"—"应收款管理"—"设置"—"期初余额"列表项,进入"期初余额-查询"窗口。

② 单击"确定"按钮,进入"期初余额明细表"窗口。

③ 单击"增加"图标,打开"单据类别"对话框。

④ 选择"单据名称"为"应收票据",选择"单据类型"为"银行承兑汇票",单击"确定"按钮,进入"期初单据输入"窗口。

⑤ 单击"增加"图标,输入"票据编号"为 081555,"开票单位"选择"永恒公司","承兑银行"选择"中国工商银行","票据面值"输入 34800.00,"票据余额"自动生成,"科目"输入或选入 1121,"签发日期"输入 2018-05-19,"收到日期"输入 2018-05-19,"到期日"输入 2018-11-19,"摘要"输入"销售商品",单击"保存"图标。

重复步骤③~步骤⑤,继续输入其它应收票据期初余额,直到所有应收票据的期初数据全部输入完毕为止。

⑥ 关闭"期初单据输入"窗口,返回"期初余额明细表"窗口。

⑦ 关闭"期初余额明细表"窗口,返回企业应用平台,完成应收票据期初余额输入。

温馨提示

（1）发票和应收单的方向需要选择，预收款和应收票据则不需要选择方向，系统默认预收款方向为贷，应收票据方向为借。

（2）单据中的科目可以先不输入，以后生成凭证时再输入。

（3）完成期初余额输入，要在"期初余额明细表"主界面进行期初对账。

（4）输入应收票据期初余额时，科目一定要输入，否则，对账时"应收期初"栏没有数据。

任务 2.5.2　销售管理系统初始化

背景资料

2018年6月，春天电子有限责任公司对销售管理系统初始化提出了要求，其中，销售选项设置中的业务控制：销售生成出库单；其它控制：新增发货单不参照单据；新增退货单和新增发票均参照发货。其它按系统默认。销售管理系统没有期初余额。

任务要求

销售管理系统选项设置。

操作指导

销售管理系统选项设置。销售管理系统选项设置可按以下操作步骤进行。

（1）在企业应用平台中，打开"业务工作"选项卡，双击"供应链"—"销售管理"—"设置"—"销售选项"列表项，打开"销售选项"对话框。

（2）打开"业务控制"选项卡，勾选"销售生成出库单"；打开"其它控制"选项卡，选择新增发货单"不参照单据"；新增退货单和新增发票均"参照发货"，如图2-44所示。

（3）单击"确定"按钮，完成销售管理系统选项设置。

温馨提示

（1）在实际工作过程中，审核常常是对当前业务完成的确认。有的单据只有经过审核才有效，才能进入下一道流程，才能被其它单据参照或被其它功能或系统使用。

（2）审核后的发货单不能修改或删除。

（3）要修改或删除期初发货单，必须先取消审核，即要"弃审"。但如果发货单生成了销售发票或存货管理系统已经记账等，则该期初发货单既不能弃审，也不能修改或删除。

（4）如果销售管理系统已进行月末结账，也不能对发货单等单据执行"弃审"。

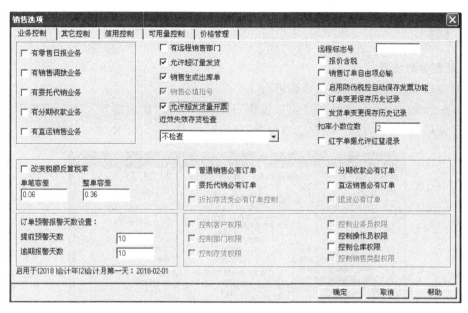

图 2-44 销售选项

任务 2.6 库存与存货管理系统初始化

任务 2.6.1 库存管理系统初始化

背景资料

2018 年 6 月, 春天电子有限责任公司库存情况如下: 库存选项设置为默认; 期初结存情况如表 2-30 所示。

表 2-30 期初结存存货明细表

仓库	存货编码	存货名称	主计量单位	数量	单价/元	金额/元	入库类别	部门
原料库	101	PⅢ 芯片	盒	2 000	1 000	2 000 000	采购入库	供应部
原料库	102	160GB 硬盘	盒	2 000	800	1 600 000	采购入库	供应部
原料库	103	21 英寸显示器	台	2 000	1 000	2 000 000	采购入库	供应部
原料库	104	键盘	只	2 000	100	200 000	采购入库	供应部
原料库	105	鼠标	只	2 000	50	100 000	采购入库	供应部
成品库	201	CHT 计算机	台	2 000	4 500	9 000 000	产品入库	销售部

任务要求

(1) 账套参数设置。

(2) 在库存管理系统输入、审核期初库存。

操作指导

1. 账套参数设置

账套参数设置可按以下操作步骤进行。

（1）在企业应用平台中，打开"业务工作"选项卡，双击"供应链"—"库存管理"—"初始设置"—"选项"列表项，打开"库存选项设置"对话框，如图2-45所示。

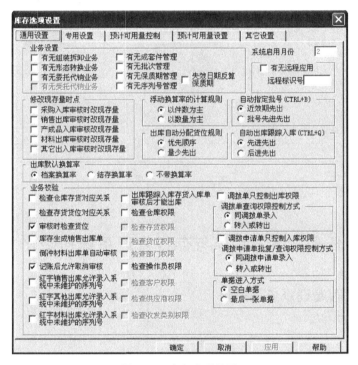

图2-45　库存选项设置

（2）分别单击"通用设置""专用设置""其它设置"等选项卡，按背景资料进行选项设置。

（3）单击"确定"按钮。

2. 在库存管理系统输入、审核期初库存

在"库存管理"系统输入、审核期初库存可按以下操作步骤进行。

（1）在企业应用平台中，打开"业务工作"选项卡，双击"供应链"—"库存管理"—"初始设置"—"期初结存"列表项，进入"库存期初数据输入"窗口。

（2）在右上角选择"仓库"为"原料库"。

（3）单击"修改"图标，打开"库存期初"对话框，如图2-46所示。

（4）根据背景资料，选择"存货编码"为101，输入"数量"为"2000.00"，"单价"为"1000.00"，选择"入库类别"为"采购入库"，选择"部门"为"供应部"。

（5）用同样的方法，继续输入原料库其它存货期初信息。

（6）原料库其它存货期初信息都输入完毕后，单击"保存"图标。

（7）单击"批审"图标进行批量审核。系统提示"批量审核完成"后，单击"确定"按钮。

图 2-46　库存期初数据输入

(8) 在右上角选择"仓库"为"成品库",单击"修改"图标。

(9) 根据背景资料,选择"存货编码"为 201,输入"数量"为"2000.00","单价"为"4500.00",选择"入库类别"为"产品入库",选择"部门"为"销售部"。

(10) 成品库所有存货期初信息都输入完毕后,单击"保存"图标。

(11) 单击"批审"图标进行批量审核。系统提示"批量审核完成"后,单击"确定"按钮。

(12) 所有仓库存货期初输入完成,关闭"库存期初数据输入"窗口。

任务 2.6.2　存货核算系统初始化

背景资料

2018 年 6 月,春天电子有限责任公司存货核算系统情况如下:存货核算选项设置中,核算方式为按仓库核算;销售成本核算方式为销售出库单;入库单成本选择为手工输入;存货期初数据同库存管理系统;并进行期初对账与记账。科目设置如表 2-31 和表 2-32 所示。

表 2-31　存货科目

仓库编码	仓库名称	存 货 名 称	存货科目编码	存货科目名称
01	原料库	PⅢ芯片	140301	原材料——PⅢ芯片
01	原料库	160GB 硬盘	140302	原材料——160GB 硬盘
01	原料库	键盘	140303	原材料——键盘
01	原料库	鼠标	140304	原材料——鼠标
01	原料库	21 英寸显示器	140305	原材料——21 英寸显示器
02	成品库	CHT 计算机	140501	库存商品——CHT 计算机

表 2-32 对方科目

收发类别编码	收发类别名称	对方科目编码	对方科目名称
11	采购入库	1402	在途物资
12	产成品入库	500101	生产成本——直接材料
21	盘盈入库	190101	待处理财产损溢——待处理流动资产损溢
31	销售出库	5401	主营业务成本
32	领料出库	500101	生产成本——直接材料
41	盘亏出库	190101	待处理财产损溢——待处理流动资产损溢

任务要求

（1）设置账套参数。
（2）输入存货期初数据并记账。
（3）设置科目。

操作指导

1. 设置账套参数

设置账套参数可按以下操作步骤进行。

（1）在企业应用平台中，打开"业务工作"选项卡，双击"供应链"—"存货核算"—"初始设置"—"选项"—"选项输入"列表项，如图 2-47 所示。

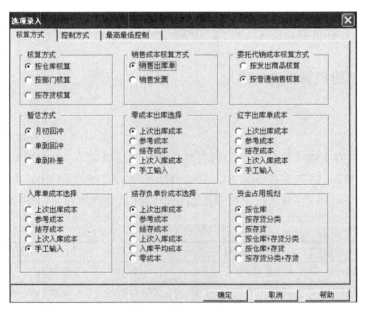

图 2-47 存货选项设置

（2）单击"核算方式""控制方式"等选项卡，按背景资料进行设置。
（3）单击"确定"按钮。

😊 **温馨提示**

修改选项,需退出其它功能界面,在打开的"选项录入"对话框中进行,选项设置修改后再确定即可。

2. 输入存货期初数据并记账

在存货核算系统输入存货期初数据并记账可按以下操作步骤进行。

(1) 在企业应用平台中,打开"业务工作"选项卡,双击"供应链"—"存货核算"—"初始设置"—"期初数据"—"期初余额"列表项,打开"期初余额"对话框。

(2) 选择输入存货的仓库"原料库"和存货类别"原材料"。

(3) 单击"取数"图标,从库存管理系统取期初数并保存,如图2-48所示。

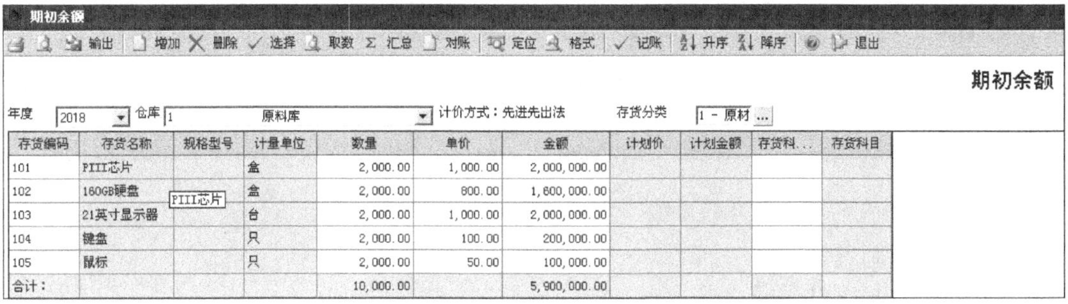

存货编码	存货名称	规格型号	计量单位	数量	单价	金额	计划价	计划金额	存货科...	存货科目
101	PIII芯片		盒	2,000.00	1,000.00	2,000,000.00				
102	160GB硬盘	PIII芯片	盒	2,000.00	800.00	1,600,000.00				
103	21英寸显示器		台	2,000.00	1,000.00	2,000,000.00				
104	键盘		只	2,000.00	100.00	200,000.00				
105	鼠标		只	2,000.00	50.00	100,000.00				
合计:				10,000.00		5,900,000.00				

图 2-48 存货期初余额输入

(4) 重复步骤(2)和步骤(3)的操作,取其它仓库存货期初余额数值。

(5) 单击"对账"图标,打开"库存与存货期初对账查询条件"对话框,如图2-49所示。

图 2-49 库存与存货期初对账查询条件

(6) 单击"确定"按钮,将存货核算系统期初与库存管理系统期初进行对账,系统将弹出"对账成功"信息提示对话框,单击"确定"按钮。

(7) 单击"记账"图标,系统将弹出"期初记账成功"信息提示对话框。

(8) 单击"确定"按钮,返回"期初余额"窗口。

(9) 单击"退出"图标,返回企业应用平台。

3. 设置科目

（1）存货科目设置。存货科目设置可按以下操作步骤进行。

① 在企业应用平台中，打开"业务工作"选项卡，双击"供应链"—"存货核算"—"初始设置"—"科目设置"—"存货科目"列表项，进入"存货科目"窗口。

② 单击"增加"图标，打开"存货科目"窗口，输入或选入"仓库编码"为1，"存货编码"为101，"存货科目编码"为140301信息。

③ 重复步骤②的操作，输入其它存货科目相关信息，直到所有存货科目信息全部输入完毕为止，如图2-50所示。

仓库编码	仓库名称	存货分类编码	存货分类名称	存货编码	存货名称	存货科目编码	存货科目名称	差异科目编码	差异科目名称	分期收款发出商品科目编码
1	原料库			101	PIII芯片	140301	PIII芯片			
1	原料库			102	160GB硬盘	140302	160GB硬盘			
1	原料库			103	21英寸显示器	140305	21英寸显示器			
1	原料库			104	键盘	140303	键盘			
1	原料库			105	鼠标	140304	鼠标			
2	成品库			201	CHT计算机	140501	CHT计算机			

图2-50 存货科目

④ 单击"保存"图标。

⑤ 单击"退出"图标。

（2）对方科目设置。对方科目设置可按以下操作步骤进行。

① 在企业应用平台中，打开"业务工作"选项卡，双击"供应链"—"存货核算"—"初始设置"—"科目设置"—"对方科目"列表项，进入"对方科目"窗口。

② 单击"增加"图标，打开"对方科目"窗口，输入或选入"收发类别编码"为11，"对方科目编码"为1402等信息。

③ 重复步骤②的操作，输入其它对方科目相关信息，直到所有对方科目信息全部输入完毕为止，如图2-51所示。

收发类别编码	收发类别名称	存货分类编码	存货分类名称	存货编码	存货名称	部门编码	部门名称	项目大类编码	项目大类名称	项目编码	项目名称	对方科目编码	对方科目名称
11	采购入库											1402	在途物资
12	产成品入库											500101	直接材料
21	盘盈入库											190101	待处理流动资产损溢
31	销售出库											6401	主营业务成本
32	领料出库											500101	直接材料
41	盘亏出库											190101	待处理流动资产损溢

图2-51 对方科目

④ 单击"保存"图标。

⑤ 单击"退出"图标。

税金科目、运费科目、结算科目、应付科目的设置方法与存货科目或对方科目类似，这里不再介绍。

相 关 知 识

一、总账管理系统初始化知识

1. 总账管理系统的主要功能

总账管理系统功能较多,主要有初始设置、凭证管理、出纳管理、账表管理和期末处理等功能。进入用友 U8V10.1 总账管理系统,即可看到其功能菜单。

(1) 初始设置。企事业单位要根据自身会计业务处理的需要建立账务应用环境,将用友账务处理系统调整为适合本单位实际需要的专用系统。总账管理系统的初始设置主要工作包括期初余额输入、选项设置、数据权限、金额权限分配等。

(2) 凭证管理。为了保证制单的正确性,凭证管理功能设置随时可调用的常用凭证,可帮助用户快速准确地输入凭证;提供出纳签字功能,可据此加强对出纳凭证的管理;提供主管签字功能,可据此加强对凭证的管理;可以完成凭证审核及记账,随时查询及打印记账凭证、凭证汇总表等。

(3) 出纳管理。出纳管理功能为出纳人员提供了一个集成办公环境,加强对现金及银行存款的管理。总账管理系统设置了银行日记账登记、现金日记账登记、银行对账等功能,可随时输出最新资金日报表、余额调节表等。

(4) 账表管理。为加强账表管理,总账管理系统设置了可随时提供对总账、余额表、序时账、明细账、多栏账的查询功能,能够同时查询上级科目总账数据及末级科目明细数据的月份综合明细账、日记账、日报表;提供了灵活的打印输出等功能。

(5) 期末处理。期末处理主要包括以下三个方面内容:一是自动完成月末分摊、计提、转账、期间损益结转等业务;二是进行试算平衡、对账、结账、生成月末工作报告;三是自定义转账和生成功能。

2. 总账管理系统与其它子系统的主要关系

总账管理系统是会计信息系统的一个重要子系统,是会计信息系统的中枢,其它子系统的数据都必须传输到总账管理系统进行处理,同时总账管理系统还把某些数据传送给其它子系统供其利用。总账管理系统与应收款管理、应付款管理、固定资产管理、薪资管理、存货核算等系统的接口,可接收其它系统生成的凭证。与 UFO 报表系统、财务分析系统的接口,可提供财务数据生成财务报表及其它财务分析表。

3. 总账管理系统的操作流程

总账管理系统的基本操作流程分为初始设置、日常处理和期末处理三大部分,基本操作流程如下。

(1) 第一次使用总账管理系统时,总账管理系统的基本操作流程:启用总账管理系统—选项设置—输入期初余额—填制凭证—审核凭证—记账—查询各种账簿—银行对账—自动转账—平衡试算并对账—结账—备份。

(2) 次年使用总账管理系统时,总账管理系统的基本操作流程:建立新年度账—进入总账管理系统—根据需要调整选项设置—结转上年数据—调整期初余额—填制凭证—审核凭证—记账—查询各种账簿—银行对账—自动转账—试算平衡并对账—结账—备份。

4. 总账管理系统初始化

（1）总账管理系统初始化的含义和内容

总账管理系统初始化是指开始使用通用财务软件的单位，在使用通用财务软件之前，根据本单位的业务性质及会计核算与财务管理的要求所进行最初的设置。

总账管理系统初始化的内容主要包括期初余额输入、选项（总账管理系统控制参数）设置、数据权限分配和金额权限分配等。

（2）总账管理系统的控制参数

总账管理系统的控制参数设置是总账管理系统初始设置前应做好的一项重要工作，它决定着系统的数据输入、处理、输出的内容和形式。总账管理系统"选项"功能可以对凭证、账簿、凭证打印、预算控制、权限、会计日历和其它七项内容进行重新设置。总账管理系统的控制参数设定后一般不能随意更改。

① 凭证控制参数。

凭证控制参数主要包括"制单序时控制""支票控制""凭证编号方式""自动填补凭证断号""现金流量科目必录现金流量项目""可以使用应收受控科目""可以使用应付受控科目"等。

制单序时控制是为了使凭证保存时按日期顺序排列所做的控制。

支票控制是为了在使用银行科目制单时系统能提供登记支票登记簿的功能或登记支票报销的功能所进行的设置。

凭证编号方式控制主要设置所填制凭证的编号方式。凭证编号方式有两种：一种是系统编号；另一种是手工编号。若选用系统编号，则在填制凭证时，按照凭证类别按月自动进行凭证编号；若选用手工编号，则在制单时，要通过手工输入凭证编号。

自动填补凭证断号设置是为了使删除凭证后下一张凭证的编号自动提升到删除凭证的编号，避免凭证编号不连续，有利于进行凭证管理。

选择"现金流量科目必录现金流量项目"，则当所填制的凭证涉及现金流量科目时，必须录现金流量项目，否则，无法继续凭证的填制。

选择"可以使用应收受控科目"，就是要在总账管理系统使用应收款管理系统的受控制科目，如应收账款、预收账款、应收票据等科目。

选择"可以使用应付受控科目"，就是要在总账管理系统使用应付款管理系统的受控制科目，如应付账款、预付账款、应付票据等科目。

② 账簿控制参数。

账簿控制参数主要包括打印位数宽度、明细账（日记账、多栏账）打印输出方式等内容项目，实际工作中，可根据需要进行限定。

③ 权限控制参数。

选择"制单权限控制到科目"，在制单时，没有制单权限的科目操作员不可以使用。

选择"制单权限控制到凭证类别"，可以在制单时只显示此操作员有权限的凭证类别，同时在凭证类别参照中，按操作员的权限过滤出有权限的凭证类别。

选择"操作员进行金额权限控制"，则可以对不同级别的操作员进行操作金额控制，例如，账套主管可以对5万元以上的经济业务制单，一般财务人员只能对5万元以下的经济业务制单。

选择"出纳凭证必须经由出纳签字",则凡是涉及库存现金和银行存款的凭证都必须由出纳签字,否则不允许记账。

选择"允许修改、作废他人填制的凭证",则在制单时可以修改或作废别人填制的凭证。

④ 其它控制参数。

其它控制参数主要内容是对部门、个人、项目、日记账、序时账排序方式的控制,对于部门、个人、项目排序,企业可以选择采用编码排序,也可以选择采用名称排序。

5. 期初余额输入的必要性及内容

为了保证电算化方式下的数据与手工方式下的数据相衔接或保持账簿数据的连续和完整,需要将一些基础数据输入系统中。输入总账管理系统中的内容包括各账户的年初余额或启用月份的月初余额,以及年初到该月的各月借贷方发生额或累计发生额。如果有辅助核算,还应输入各辅助项目的期初余额,对于需要进行数量核算的科目,还应输入期初数量余额。

6. 试算平衡与对账

在输入期初余额时,容易发生总账与明细账、总账与辅助账数据不一致的错误,为了及时做到账账核对,尽快修正错误的账务数据,期初余额输入完毕后,必须进行上下级科目之间余额的平衡试算和一级科目余额的平衡试算,并进行期初对账,以保证初始数据的正确性。

7. 年初结转

年初结转是在旧的会计年度结束,新的会计年度开始时,为保持会计数据处理的连续性,将上一年度的期末余额结转为新会计年度的期初余额。但第一次使用总账管理系统或没有上年数据时,不能进行结转。第二年使用总账管理系统时,在建立账簿、调整账户名称后,要结转上年余额,包括各账户余额、往来未达账、银行未达账等。

二、薪资管理系统初始化知识

1. 薪资管理系统的主要功能

在用友 U8V10.1 财务软件中,薪资管理系统作为人力资源管理系统的一个子系统存在,它的主要功能包括以下几方面。

(1) 薪资类别管理

薪资管理系统提供多个工资类别的处理功能,如果单位有多种不同类别的人员,工资发放项目不同,计算方法不同,但需要进行统一的工资核算管理,在建立薪资账套时应选择多个工资类别。如果单位中所有人员的工资统一管理,人员的工资项目、计算方法都一样,则在建立薪资账套时应选择单个工资类别。

(2) 工资账套参数设置

工资账套参数设置包括扣零设置、扣税设置、计件工资设置等内容;人员附加信息设置、工资项目设置、计算公式设置等。

(3) 人员档案管理

人员档案管理功能可以设置人员的基础信息,对人员增减变动进行调整,还可以设置人员的附加信息。

(4) 薪资数据管理

薪资数据管理功能可以根据不同企业的实际情况设置工资项目和计算公式;管理所有

人的工资数据,还可进行平时工资变动调整;自动计算个人所得税,可以自动进行扣零处理或向代发工资的银行传输工资数据,提供包括工资发放签名表、工资发放条、工资卡、部门工资汇总表、人员类别工资汇总表等多种工资表的打印功能;自动计算、汇总工资数据;自动完成工资分摊和相关费用的计提,并可直接生成转账凭证传递到总账管理系统;提供不同工资类别数据的汇总功能等。

（5）薪资报表管理及统计分析

薪资核算的结果最终通过报表和凭证体现。系统提供了各种工资表、汇总表、明细表、统计表、分析表等,并且提供了凭证查询。

2. 薪资管理系统应用的前期准备

薪资管理系统在应用前必须按系统的要求将有关数据、资料准备齐全,否则,系统无法正常运行。薪资管理系统应用前应做好以下两方面的准备。

（1）数据准备

在使用薪资管理系统前,应当规划部门设置、做好人员编码、人员类别划分,整理好设置的薪资项目及核算方法,并准备好人员的档案数据、工资数据等基本信息。

（2）目录档案的准备

使用薪资管理系统前,如果未使用过用友公司其它系统,则需按要求编辑基础信息等有关内容建立部门档案;若含有外币,则需进行外币设置。

3. 建立薪资管理账套的前提和权限

（1）建立薪资管理账套的前提

建立薪资管理账套工作应在薪资管理系统启用后进行,即以薪资管理系统启用为前提。

（2）建立薪资管理账套的权限

建立薪资管理账套须由具有相应操作权限的操作员进行。只有在系统管理权限设置时被授权的人员,同时,在企业信息平台的数据权限设置时被选为可用的操作员,才有权进行薪资管理账套的建立。

4. 建立薪资管理账套的方法

如果是初次使用,系统会自动启动建账向导,操作员可根据建账向导完成工资账套的建立。系统提供的建账向导分参数设置、扣税设置、扣零设置和人员编码设置四步进行。

（1）进行参数设置

在参数设置环节,要设置以下三项内容。

① 选择本账套所需处理的工资类别个数。

单位存在下列情况之一,则须选择"多个"。第一种情况,存在不同类别人员,其工资项目不同,工资计算方法不同,例如,单位有正式职工,还有临时工;有在职职工,还有离退休人员;有的采用计件工资制,有的实行计时工资制等。第二种情况,单位在不同地区设立了分支机构,工资由总部统一管理。第三种情况,工资发放采用多个币别。第四种情况,每月进行多次工资发放。

如果单位人员的工资按统一标准管理,所有人员的工资项目、工资计算公式完全相同,则选择"单个"。

一个单位可以只设置一个工资类别,但考虑工资的特点和未来工资数据变动操作的效率,一般设置多个工资类别。

②选择币别名称。

系统提供了"币别参照",用户可直接选择所用的币别,若选择了账套本位币以外的币别,则需在工资类别选项中设置汇率。币别被使用后不可再修改。

③选择是否核算计件工资。

计件工资是按工作数量和计件单价计算应付工资的一种计酬方式。由于计件工资与计时工资的计酬方法不同,所以要求在此进行"是否核算计件工资"的选择确认。

(2) 进行扣税设置

扣税设置就是要对单位"是否从工资中代扣个人所得税"做出选择。是否进行扣税设置应视情况而定,如果个人收入所得税由企业或单位代扣、代缴,则需进行扣税设置,即在"从工资中代扣个人所得税"选项框打上"√"标记;如果单位不代扣、代缴个人收入所得税,则不需要进行扣税设置。

(3) 进行扣零设置

扣零设置是将零头扣下,积累取整,并于下次发放工资时补上的一种做法。如果需要进行扣零设置,则须在扣零至元、扣零至角、扣零至分中做出选择。扣零至元是指工资发放时不发10元以下的元、角、分,扣零至角、扣零至分依此类推。扣零设置是发放现金工资单位的常用做法,这样可以减少工作量,避免零钱短缺的困扰。对于银行代发工资的单位无须进行此项设置。

5. 薪资管理系统的操作流程

不同的应用模式在操作流程上有所区别。下面以新用户为例进行说明。

使用用友 U8V10.1 财务软件,进入系统后,应按以下顺序进行操作。

(1) 启用薪资管理系统。

(2) 建立工资账套。包括工资账套参数设置、扣零设置、扣税设置等。

(3) 初始设置。包括部门设置、工资项目设置、人员附加信息设置、人员类别、银行名称、计件工资标准和方案设置。

(4) 建立工资类别,选择确定所管理的部门。

(5) 输入人员档案。

(6) 设置计件工资标准和方案(不采用计件工资的单位不做此项)。

(7) 选择每个工资类别所涉及的工资项目、设置计算公式,并输入工资的基本数据。

(8) 输入工资基础数据,调整工资变动数据。

(9) 代扣所得税处理。

(10) 银行代发。

(11) 工资分摊、费用计提。

(12) 工资类别汇总。

(13) 月末处理。

6. 薪资管理系统基础设置的内容

薪资管理系统初始设置只需做一次,内容包括部门设置、人员档案、工资项目、计算公式、个人所得税设置、银行代发设置及各种表样的定义等,每月只需对有变动的内容进行修改,系统自动进行计算,汇总生成各种报表。因此使用软件之前,应整理好设置的工资项目及其核算方法,并准备好人员档案及工资数据等基本信息。

(1) 人员附加信息设置

人员附加信息设置功能可用于增加人员信息，丰富人员档案内容，虽然有些人员信息已在总账管理系统中输入，但有些信息，如性别、年龄、学历等，无法在总账管理系统中输入，需在薪资管理系统中设置附加信息项目方可输入。人员附加信息设置，有利于进行工资变动处理，可以大大提高工资处理效率。

(2) 工资项目及其计算公式设置

工资项目设置是指定义工资项目的名称、类型和宽度。系统提供了一些工资账套必不可少的项目，包括"应发合计""扣款合计""实发合计"等，这些项目不能删除和重命名，其它工资项目可根据需要自由设置，如基本工资、岗位工资、奖金等。

工资项目设置方法有两类：一类是通过系统提供的名称参照选入工资项目；另一类是直接输入工资项目。工资项目类型为字符型，小数位不可用，增减项为其它；工资项目类型为数字型，小数位可根据需要或统计要求选择，小数点也占一位，"增减项"的选择，要看该工资项目对应发合计和扣款合计所产生的影响，如果该工资项目能增加应发合计，选"增项"；如果该工资项目使扣款合计增加，则选"减项"；若该工资项目对应发合计和扣款合计均无影响，则选"其它"。

系统还提供了常用项目供选择，若设置了"扣零处理"功能，则系统在工资项目中自动生成"本月扣零"和"上月扣零"两个指定的工资项目；若选择了"自动扣税"功能，则系统在工资项目中自动生成"代扣税"项目。对于多工资类别而言，在此设置的工资项目，就是此工资账套所使用的全部工资项目。

设置某个工资类别下的工资项目，只能从系统提供的名称参照中进行选择，且不能修改工资项目的属性。如果参照中没有要增加的工资项目，则要关闭本工资类别，在没有打开任何工资类别时进行设置，设置完成后再打开这个工资类别进行选择。已输入数据或已设置了计算公式的工资项目不能删除。

工资项目计算公式设置。在各种工资项目中，有很多工资项目之间有着密切的关系，例如，应发合计＝基本工资＋岗位工资＋奖金＋津贴；缺勤扣款＝缺勤天数×每天扣款额。运用公式可直观地表达工资项目的实际运算过程，灵活地进行工资计算处理。定义公式可通过选择工资项目、运算符、关系符、函数等组合完成。

应发合计、扣款合计、实发合计、本月扣零、上月扣零等项目由系统自动设置计算公式，不需要用户设置。

(3) 人员档案设置与管理

人员档案管理主要包括人员档案设置、修改、查询和筛选四个方面。人员档案记录的是人员的姓名、编号、所在部门、人员类别等信息。在薪资管理系统初始化前，已在基础设置时进行了人员档案设置，但根据工资管理的需要，原有信息可能需要增加附加项目，增加附加项目可在此通过对人员档案的修改来进行，也可以说是对原有人员档案信息的补充或完善。另外，当单位人员有调出时，也要在此进行人员档案的调整。但人员在单位内部变动，则需在"人员调动"处调整人员档案。人员查询主要用于快速定位某类或某个员工的记录，查询主要可按部门或人员两种方式进行。人员筛选是要找到某一项目一定数据范围的人员档案，实质是对数据进行筛选。其主要目的是按照某个项目的某个数据的值进行数据处理，进行数据筛选后，人员档案主界面中的人员即为筛选后的结果。

7. 计件工资标准及方案设置

如果单位应付工资的计算采取计件办法,即实行计件工资制,则需设置计件工资标准和方案。

计件工资标准设置操作应按以下步骤进行:①设置计件要素并启用,如产品、工序等;②设置工序。在基础档案设置中,执行"生产制造/标准工序资料维护"命令进行设置;③设置计件工价。

三、固定资产管理系统初始化知识

1. 固定资产管理系统的主要功能

固定资产管理系统主要是进行固定资产的管理,为设备管理部门提供固定资产的各项指标。其主要功能是进行固定资产的初始化管理、固定资产日常业务管理、期末处理和账表管理。具体功能如下。

(1) 管理固定资产卡片。固定资产管理系统具有卡片项目设置、样式设置、卡片增加、减少、修改、删除、查询、统计和汇总等功能。

(2) 固定资产的自定义功能。固定资产管理系统具有多种自定义功能,可以进行自定义报表和折旧方法,还具有对账簿和报表进行核算分析与管理的功能。

(3) 计提固定资产折旧。固定资产管理系统具有自动计算固定资产折旧和分配功能,能够提供固定资产折旧分配表。

(4) 输出各种报表。固定资产管理系统可根据管理需要生成各种报表,如固定资产折旧计算表和固定资产统计表等报表。

(5) 数据查询。固定资产管理系统可根据管理需要查询和调阅各种数据。

(6) 自动转账。固定资产管理系统可根据新增固定资产卡片、减少的固定资产列表、资产评估数据、固定资产折旧分配表等自动生成相关凭证,并传递到账务系统或成本管理系统中。

2. 固定资产管理系统的操作流程

不同的应用模式在操作流程上有所区别。使用用友财务软件,进入系统后,应按以下次序进行操作。

(1) 启用固定资产管理系统。

(2) 设置固定资产账套参数(选择折旧方法)。

(3) 设置对应折旧科目、资产类别、增减方式、使用状况和折旧方法。

(4) 设置卡片项目和样式。

(5) 输入固定资产原始卡片。

(6) 进行资产增加、减少、评估、盘点处理。

(7) 输入工作量。

(8) 计提折旧、分配折旧费用并制单。

(9) 进行月末处理。

月末处理前将所要核算固定资产的业务处理完毕。年末应进行数据的结转,以便开始下一个年度的工作。

3. 建立固定资产账套

在新建账套初次使用固定资产管理系统时，需要进行系统初始化。系统初始化是使用固定资产管理系统管理资产的首要操作，是根据单位的具体情况，建立一个适合需要的固定资产子账套的过程。要设置的内容主要包括约定及说明、启用月份、折旧信息、编码方式、账务接口和完成设置等几部分。

主要项目说明如下。

（1）启用月份。这里的"启用月份"，是指启用固定资产账套的月份，固定资产账套的开始使用期间不得大于系统管理中的建立套账的期间。

（2）折旧信息。本账套"计提折旧"这个设置是判断本单位选择何种应用方案。如果选择本账套不提折旧。账套内与折旧有关的功能不能操作，该选项在保存初始化设置后不能修改。所以，选择时要慎重。

如果选用企业单位应用方案，则根据制度规定固定资产需要计提折旧，应选中计提折旧选项。

（3）折旧汇总分配周期。企业在实际计提折旧时，不一定每个月计提一次，可能因行业和自身需要，设定每季度、半年或一年计提一次。所以，本系统提供该功能，使单位可根据所处的行业和自身实际情况，确定计提折旧和将折旧归集入成本和费用的周期。系统每个会计月期间均计提折旧，但折旧的汇总分配按所设定的周期进行，把该周期内各会计月计提的折旧汇总分配，并按选定的折旧汇总分配周期自动生成折旧分配表且制作记账凭证。

（4）资产类别的编码方式。资产类别是单位根据管理和核算的需要给固定资产所做的分类，可参照国家标准或自己的需要建立分类体系。本系统类别编码最多可设置4级10位，单位可以设定每一级的编码长度。系统默认的是国家规定的4级6位（2112编码）方式。操作方法是，当光标停留在编码长度位时，单击"向上"或"向下"按钮修改级次编码长度，但总长度不能超过10位。

（5）固定资产编码方式。固定资产编号是为了方便管理给固定资产确定的唯一标识，有两种输入方式：一是在输入卡片时手工输入；二是选用自动编号的方式，根据编码原则自动生成。如果选择了"手工输入"，则在卡片输入时通过手工输入方式输入固定资产编号；如果选择的是"自动编号"，要从"类别编号＋序号、部门编号＋序号、类别编号＋部门编号＋序号、部门编号＋类别编号＋序号"中，选择一种适合的编码原则，系统将根据所选择的编码原则自动生成固定资产编号。自动编号中序号的长度可设定为1～5位。自动编号可使输入卡片更快捷，并可根据资产编号了解资产的基本情况，便于资产管理。

（6）与账务系统对账。对账的含义是将固定资产管理系统内所有资产的原值、累计折旧和总账管理系统中的固定资产账户与累计折旧账户的余额核对，二者数值应该相等。只有存在对应的总账管理系统的情况下才可操作。如果在该选项框内打钩，表示本系统要与账务系统对账，操作员可以在系统运行中任何时候执行对账功能，如果不平，说明两个系统存在偏差，应予以调整。如果不想与总账管理系统对账，可不打钩，表示不对账。

（7）固定资产对账科目。单击"科目参照"按钮或按F2键参照基础设置中的科目。因固定资产管理系统提供要对账的数据是系统内全部资产的原值，所以选择的对账科目应是固定资产一级科目。

（8）累计折旧对账科目。参照基础设置中的会计科目选择。因固定资产管理系统提供要对账的数据是系统内全部资产的累计折旧，所以选择的对账科目应是累计折旧一级科目。

(9) 对账不平允许月末结账。本系统在月末结账前自动执行"对账"功能一次(存在相对应的总账账套的情况下),给出对账结果,如果不平,说明两个系统出现偏差,应予以调整。但是偏差并不一定是由错误引起的,有可能是操作的时间差异(在账套刚开始使用时比较普遍,如第一个月原始卡片没有输入完毕等)造成的,因此,要对是否"对账不平允许月末结账"做出选择。如果要严格控制系统间的平衡,并且能做到两个系统输入的数据没有时间差异,则可在该选项框内打钩,否则可不打钩。

(10) 完成设置。完成上述初始化设置后,本界面显示相关已定义的内容,在确认无误后,单击"完成"按钮保存,但由于系统初始化中的参数一旦设置完成,退出初始化向导后不能修改,如果觉得有些参数设置不能确定,则单击"上一步"按钮重新设置,确认无误后,再单击"完成"按钮保存并退出。

4. 基础设置的内容

初始化工作完成后,要进行与固定资产业务处理相关的基础设置。基础设置包括选项设置、部门对应折旧科目、资产类别设置、使用状况定义、增减方式定义等内容。除资产类别设置没有预置内容外,其它部分都把常用的内容预置出来,如果符合业务需要,可不再设置。资产类别设置是必须经过的步骤。系统运行过程中,如果设置的内容不满足要求,可在系统允许的范围内重新设置。

5. 选项设置

选项设置主要包括基本信息、折旧信息、与账务系统接口和其它四类项目设置。这些项目已在建立固定资产账套时设置完成,但折旧信息、与账务系统接口和其它三类项目设置可在此进行修改。

"与账务系统进行对账"是需要存在账务系统才可实现的功能。如果选中了这项,就是要进行固定资产账与账务系统的对账,也就是固定资产管理系统内所有固定资产的原值、累计折旧和账务系统中固定资产与累计折旧账户余额核对。两个系统数据应该相符,否则,可能有一个系统出现错误,但核对不符并不一定存在操作差错,也可能是操作时间差异所致,如果将因操作时间差异所致的差错金额考虑后,仍存在不符情况,则说明两个系统中可能一个系统存在差错,或两个系统都存在差错,应予以调整。如果不进行两个系统对账,就不用选择此项。

是否选择"在对账不平情况下允许固定资产月末结账"项目,取决于单位对操作系统的控制程度。对于使用的单位来说,系统控制较严格,不选择此选项。从学习的角度,可选择该选项。

选中"业务发生后立即制单"选项,则只要把相关业务(包括固定资产增加、减少和计提折旧等)信息输入系统,系统会立即生成相应的记账凭证。例如,购入固定资产业务,只要输入固定资产增加卡片,则系统会立即生成增加固定资产的记账凭证。如果不选择"业务发生后立即制单"选项,则需要在"批量制单"功能模块中生成凭证。

"月末结账前一定要完成制单登账业务"选项,要求在固定资产管理系统中生成的凭证,一定要在账务系统中进行审核、记账后,才可以进行固定资产管理系统月末结账。

6. 部门对应折旧科目设置

固定资产计提折旧后必须把折旧归入成本或费用,根据不同使用者的具体情况按部门或按类别归集。当按部门归集折旧费用时,某一部门所属的固定资产折旧费用将归集到一个比较固定的科目,所以,部门对应折旧科目设置就是给部门选择一个折旧科目,输入卡片时,该科目自动显示在卡片中,不必一个一个输入,可提高工作效率。在生成部门折旧分配表时,每一部门按折旧科目汇总,生成记账凭证。

7. 资产类别设置

固定资产的种类繁多,规格不一,要强化固定资产管理,及时准确进行固定资产核算,必须建立科学的固定资产分类体系,为核算和统计管理提供依据。企业可根据自身的特点和管理要求,确定一个较为合理的资产分类方法。例如,将固定资产分为办公设备、交通设备、房屋及建筑物、生产设备等。在设置资产类别时,可同时进行使用年限、净残值率、计量单位、计提属性等资产类别信息设置。

8. 增减方式及对应入账科目设置

固定资产增减方式不同,其计价和处理原则也不同,因此,要设置各种不同的增减方式。系统已设置了常用的固定资产增减方式,其中,增加方式主要有直接购入、投资者投入、捐赠、盘盈、在建工程转入、融资租入;减少方式主要有出售、盘亏、投资转出、捐赠转出、报废、毁损、融资租出等。但如果还有需要增加的固定资产增减方式,可在此功能模块进行。

增减方式功能模块,除了可进行增减方式设置、修改和删除操作外,还可进行对应入账科目设置。

增减方式对应入账科目,是在固定资产增减业务会计处理时,凭证中与固定资产科目对应的入账科目。不同的固定资产增加方式,与固定资产科目对应的入账科目不同,即使同一增加方式,与固定资产科目对应的入账科目也可能不同;不同的固定资产减少方式,与固定资产科目对应的入账科目有的相同,也有的不同。因此,需要针对不同的固定资产增减方式分别设置对应入账科目,且一种增减方式只能设置一个对应入账科目,其它对应入账科目,可以在系统生成凭证时通过手工进行补充完善。

设置增减方式对应入账科目,其主要目的是为了提高工作效率,如果单位的固定资产增减业务不多,可不设置对应入账科目。

设置增减方式对应入账科目时应注意,在选中增加(减少)方式时,可增设增加(减少)方式;在选中某一种增加(减少)方式时,可通过修改设置其对应入账科目。

9. 使用状况设置

固定资产的使用状况决定着固定资产计提折旧的范围和金额,所以,适时掌握固定资产使用状况十分重要和必要。掌握固定资产使用状况不仅可以正确计算应提折旧额,也便于进行固定资产使用情况统计,最大限度地提高固定资产利用率,为有效进行固定资产管理提供依据。固定资产使用状况分为使用中、未使用和不需用三大类。其中,使用中的固定资产又细分为在用、季节性停用、经营性出租、大修理停用等状态。系统已经预置了固定资产的基本状态,用户可根据需要增加或修改使用状况。

10. 折旧方法设置

在固定资产折旧范围确定后,计提折旧的多少取决于所选用的折旧方法。折旧方法一经确定,系统会自动计算折旧额。系统已经预置了常用的固定资产折旧方法,包括平均年限法、工作量法、年数总和法和双倍余额递减法,并列出了相应的折旧计算公式。用户可以选择适用的固定资产折旧方法,如果系统提供的折旧方法,不能较好地反映固定资产的折旧情况,可通过自定义功能增设新的固定资产折旧方法,并定义计算公式。

11. 原始卡片

原始卡片是指卡片记录的资产开始使用月份大于其输入系统的月份，即已使用过并已计提折旧的固定资产卡片。在使用固定资产管理系统进行核算前，必须将原始卡片资料输入系统，使会计数据资料保持连续性的特点。原始卡片中记载着固定资产的编码、名称、规格型号、使用部门、预计使用年限、估计净残值率、折旧方法、来源、使用状况、开始使用时期、已计提折旧时间、已提折旧额和固定资产净值等重要信息。建立原始卡片，有利于明确使用责任，提高固定资产的使用效率，及时进行固定资产更新、报废，保证固定资产的安全、完整，加强固定资产管理。

在原始卡片中输入使用部门时，有单部门使用和多部门使用两种选择。如果固定资产只供某个部门使用，则选择单部门使用；如果多个部门使用同一项固定资产，则选择多部门使用。并且，要将每个部门的使用比例输入系统中，以便系统自动进行折旧费用分配。

四、采购与应付款管理系统初始化知识

1. 应付款管理系统的主要功能

应付款管理系统是通过采购发票、其它应付单、付款单等原始单据的输入，对企业的往来账款进行管理，及时、准确地提供与供应商的往来账款信息，提供各种分析报表，帮助用户合理地进行资金安排，提高资金的使用效率。根据对供应商往来款项的核算和管理的程度，系统提供了详细核算和简单核算两种应用方案。

详细核算应用方案，应付账款在应付款管理系统进行核算，包括应付账款的形成与偿还等事项。该方案能帮助用户了解每一供应商每笔业务详细的应付情况、付款情况和余额情况，并进行账龄分析；可以根据供应商的具体情况制订付款方案，进行供应商及往来款项的管理。

详细核算应用方案适用于采购业务及应付账款业务较多，或用户需要追踪每一笔业务的应付款、付款等情况，或用户需要在应付款管理系统中核算并管理往来供应商款项的情况。

简单核算应用方案，应付账款在总账管理系统中进行核算制单，在应付款管理系统中进行查询。

简单核算应用方案适用于采购业务及应付账款业务较少，或现金结算业务较多的情况。

应付款管理系统具有参数设置、日常处理、单据查询、账表管理和其它处理五大类功能。

（1）参数设置。参数设置主要包括单据类型设置、账龄区间设置和期初余额输入。

（2）日常处理。日常处理主要包括应付单据和付款单据的输入、审核、核销、转账、汇兑损益及制单等处理。

（3）单据查询。单据查询主要包括各类单据、核销信息、报警信息和凭证等内容的查询。

（4）账表管理。账表管理既有查询功能，又有分析功能。查询功能可以进行各种账表的查询；分析功能可以进行应付账龄分析、付款账龄分析和欠款分析等。

（5）其他处理。其它处理主要包括对核销及转账等处理的恢复和月末结账等处理。

2. 采购管理系统的主要功能

采购管理系统的主要功能包括以下几个方面。

（1）对供应商进行管理。包括对供应商进行分类管理，维护供应商档案信息和供应商存货对照表，对供应商的交货时间、货物质量、供应价格等进行分析评价，审查供应商等。

(2) 管理采购价格。对管理采购价格进行管理,为降低采购成本提供信息。

(3) 可以选择采购流程。企业根据采购请购单生成采购订单,再根据采购订单生成采购到货单,也可以在收到采购货物时直接输入采购到货单。

(4) 进行采购结算。接收供应商开具的采购发票后,直接将采购发票与采购入库单进行采购结算,并将结算单转给财务部门进行账务处理,为及时支付货款提供方便。

(5) 采购执行情况分析。对采购订单的执行情况进行分析,能够及时发现和解决采购过程中出现的问题,保证生产顺利进行,并保持较低的库存,为降低存储成本提供保证。

3. 选项设置

选项设置也称系统参数设置,系统参数是系统的指挥棒,它将影响整个账套的使用效果,有些选项在系统使用后就不能修改,所以,在选择时要结合本单位的实际,进行慎重选择。下面是主要系统参数情况的说明。

(1) 应付款核销方式。核销即付款冲销应付款的操作。本系统为用户提供两种应付款冲销的方式,即按单据和按产品。按单据核销是指系统将满足条件的未结算单据全部列出,由用户选择要结算的单据,对所选单据进行核销。按产品核销是指系统将满足条件的未结算单据按存货全部列出,由用户选择要结算的存货,对所选存货进行核销。如果企业在付款时没有指定支付的是某项存货的款项,则应采用按单据核销。

(2) 单据审核日期依据。本系统为用户提供两种确认单据审核日期的依据,即单据日期和业务日期。如果选择按单据日期,则在审核单据时,自动将单据的审核日期记为该单据的日期。如果选择按业务日期,则在审核单据时,自动将单据的审核日期记为当前业务日期(登录日期)。由于单据审核后才能记账,所以,单据审核日期依据是单据日期还是业务日期,决定着单据登记入账的日期,影响不同期间的余额情况。单据日期选项可随时修改为业务日期选项,但业务日期选项不可以随时修改为单据日期,因此,一定要慎重选择。

(3) 登记支票。这是系统提供给用户付款时自动登记支票登记簿的功能。该功能的使用,取决于结算方式设置时是否选择票据管理。如果选择了登记支票,则系统自动将具有票据管理结算方式的付款单登记支票登记簿。需要说明的是,在设置总账选项时,如果没有选择"支票控制"选项,则这项功能可能使用。

(4) 受控科目制单方式。系统提供给用户两种制单方式,即明细到供应商和明细到单据。明细到供应商是指当用户将一个供应商的多笔业务合并生成一张凭证时,如果核算多笔业务的控制科目相同,系统自动将其合并成一条分录。明细到单据是指当用户将一个供应商的多笔业务合并生成一张凭证时,系统会将每一笔业务形成一条分录。

(5) 非受控科目制单方式。系统提供给用户三种制单方式,即明细到供应商、明细到单据和汇总方式。明细到供应商是指当用户将一个供应商的多笔业务合并生成一张凭证时,如果核算多笔业务的非控制科目相同,且其所带辅助核算项目也相同,则系统自动将其合并成一条分录。明细到单据是指当用户将一个供应商的多笔业务合并生成一张凭证时,系统会将每一笔业务形成一条分录。汇总方式是指当用户将多个供应商的多笔业务合并生成一张凭证时,如果核算这多笔业务的非控制科目相同,且其所带辅助核算项目也相同,则系统自动将其合并成一条分录。

(6) 控制科目依据。控制科目在本系统是指所有带有供应商往来辅助核算的科目。本系统为用户提供多种设置控制科目的依据,如按供应商分类、按供应商、按地区等。按供应商分类设置是指用户可以针对不同的供应商分类设置不同的应付科目和预付科目。按供应商设置是指用户可以针对不同的供应商设置不同的应付科目和预付科目。按地区设置,是指用户可以针对不同的地区设置不同的应付科目和预付科目。

(7) 采购科目依据。本系统为用户提供多种设置采购科目的依据,如按存货分类、按存货等。按存货分类设置是指用户可以针对存货分类设置不同的科目。如果用户的存货种类不多,可按存货设置科目。

4. 初始设置

应付款管理系统的初始设置包括科目设置、账龄区间设置、报警级别设置和单据类型设置四方面内容。其中,科目设置包括基本科目设置、控制科目设置、产品科目设置和结算方式科目设置。账龄区间设置包括账期内账龄区间设置和逾期账龄区间设置两项内容。

5. 应付款期初余额输入

期初余额输入包括期初采购发票输入、期初应付票据输入、期初应付单输入和期初预付单输入四项内容。

6. 采购管理系统选项设置

采购管理系统选项设置是指在处理日常采购业务之前,确定采购业务的范围、类型以及对各种采购业务的核算要求,是采购管理系统初始化的重要工作之一。

普通业务必有订单:打钩为选择,但可随时修改。

允许超订单到货及入库:打钩为选择,但可随时修改。如果不允许,则参照订单生成到货单和入库单时,不可超订单数量。

入库单是否自动带入单价:只有在采购管理系统不与库存管理系统集成使用,采购入库单在采购管理系统制单时才可设置。否则,无法设置。

单据默认税率:必填,默认为17,可以修改。采购制单时自动带入采购单据(如订单、到货单、专用发票)的表头税率,可以修改。

7. 采购管理系统采购期初记账

除新建企业外,制造企业的存货账簿都应有期初数据,以保证生产经营的连续进行。初次使用时,应先输入采购管理系统的期初数据。如果不是初次使用,在使用"结转上年"功能后,上年度采购数据自动结转到本年账簿之中。

期初记账后,期初数据不能增加和修改,要增加和修改,须取消期初记账。

期初记账后输入的入库单和发票都是启用月份及以后月份的单据。

五、销售与应收款管理系统初始化知识

1. 应收款管理系统的主要功能

应收款管理系统是通过销售发票、其它应收单、费用单等原始单据的输入和票据的处理,对企业的往来账款进行管理,及时、准确地提供与客户的往来账款信息,掌握应收款项的收回、坏账和转账等情况,制订科学合理的资金收回计划,提高资金的周转率。根据对客户往来款项的核算和管理的程度,系统提供了详细核算和简单核算两种应用方案。

详细核算应用方案,应收账款在应收款管理系统进行核算,包括应收账款的形成与收回等事项。该方案能帮助用户了解每一客户每笔业务详细的应收情况、收款情况和余额情况,并进行账龄分析;可以根据客户的具体情况制订收款方案,进行客户及往来款项的管理。

详细核算应用方案适用于销售业务及应收账款业务较多,或用户需要追踪每一笔业务的应收款、收款等情况,或用户需要在应收款管理系统中进行各种分析的情况。

简单核算应用方案,应收账款在总账中进行进行核算制单,在应收款管理系统查询。

简单核算应用方案适用于应收款业务不太复杂,或现销业务较多的情况。

2. 应收款管理系统的主要功能

应收款管理系统具有账套参数设置、初始设置、期初余额输入、日常处理、单据查询、账表管理和其它处理七大类功能。

(1) 参数设置。参数设置主要包括应收款核销方式、单据审核日期依据、坏账处理方式、代垫费用类型和是否自动计算现金折扣等。

(2) 初始设置。初始设置主要包括科目设置、坏账准备设置、账龄区间设置、报警级别设置和单据类型设置。

(3) 期初余额输入。初次使用本系统时,要将启用应收款管理系统时未处理完的所有客户的应收账款、预收账款和应收票据等数据输入本系统,保证业务数据的连续性。使用本系统后的第二个年度,系统自动将上年度未处理完的单据转为下一年度的期初余额。

(4) 日常处理。日常处理主要包括应收单据处理、收款单据处理、核销处理、票据管理、转账、坏账处理、汇兑损益及制单处理等内容。

(5) 单据查询。单据查询主要包括发票、应收单、收付款单等各类单据、核销信息、报警信息和凭证等内容的查询。

(6) 账表管理。账表管理既有查询功能,又有分析功能。查询功能可以进行各种账表的查询;分析功能可以进行应收账龄分析、收款账龄分析和欠款分析等。

(7) 其它处理。其它处理主要包括对核销及转账等处理的恢复和月末结账等处理。

3. 销售管理系统的主要功能

销售管理系统主要提供对企业销售业务全流程的管理。销售管理系统支持以销售订单为核心的业务模式,支持普通批发销售、零售、委托代销业务、直运销售业务、分期收款销售和销售调拨等多种类型的销售业务,满足不同用户需求,用户可以根据实际情况构建自己的销售管理平台。

销售管理系统的主要功能包括以下几个方面。

(1) 有效管理客户。对客户进行分类管理,维护客户档案,制定针对客户的价格政策,建立长期稳定的销售渠道。

(2) 进行产品销售预测。根据市场需求变化情况和所取得的相关信息,进行产品销售预测。

(3) 编制销售计划。企业按照客户订单、市场预测情况和企业生产情况,对一定时期内企业的销售数量、价格等做出安排。企业也可以按部门或业务员制订销售计划。

(4) 进行销售订单管理。根据客户的订单数量,输入、修改、查询、审核销售订单,了解订单的执行情况。

(5) 进行销售物流管理。根据销售订单填制或生成销售发货单,并根据销售发货单生成销售出库单,在库存管理系统中办理出库。

(6) 进行销售资金流管理。根据销售发货单开具销售发票,发票审核后即可确认销售收入,形成应收账款,在应收款管理系统中即可查询、制单,并据此收款。

(7) 进行销售计划管理。考核销售的计划数与定额数的完成情况,并进行考核评估。

(8) 制定价格政策。系统除了提供历次售价、最新成本加成和按价格政策定价外,在按价格政策定价时,还可以支持促销价、按客户定价等。

(9) 进行信用管理。系统提供了对信用期限和信用额度进行管理的制度。

(10) 远程应用。可以对销售订单、销售发票、发货单等进行远程输入和查询等。

4. 销售管理系统启用

销售管理系统启用有两种方法:一种是在建账完毕后直接启用;另一种是进入企业应用平台后,在基础信息中的"系统启用"中启用。

5. 销售选项

销售选项也称系统参数或业务处理控制参数,是指企业在业务处理过程中所使用的各种控制参数。销售选项的设置决定使用系统的业务流程、业务模式和数据流向,可见,销售选项设置的重要性。

在进行选项设置前,一定要详细了解企业的实际业务,按需设置才能满足需要。由于有些选项在日常业务处理后不能更改,所以,在业务开始处理前应准确把握详细情况和业务需要,以免影响正常操作。销售选项设置包括的内容很多,包括业务控制、其它控制、信用控制、可用量控制和价格管理五大方面。重要项目说明如下。

(1) 是否有客户信用控制。选择该项,在当前客户的应收账款余额超过了该客户档案中设定的信用额度(信用期限)时,系统提示当前客户已超信用,并根据是否需要信用审批进行控制。若不选择该项,则在进行以上操作时系统不做客户信用检查。

(2) 可用量控制。若设置不允许超可用量发货,则系统进行严格控制,当超可用量时,单据不能保存。可以分别设置批次存货、非批次存货是否允许超可用量发货等。

6. 销售管理系统期初数据

销售管理系统期初数据是指销售管理系统启用日期之前已经发货、出库但未开具销售发票的存货。如果企业有委托代销业务,则已经发生但未完全结算的存货也需要在期初数据中输入。

六、库存与存货管理系统初始化知识

1. 库存管理系统的任务

库存管理系统的主要任务是通过计算机对企业存货进行管理,正确计算存货购入成本,反映和监督存货的收发、领退和保管情况,以及存货资金的占用情况。

2. 库存管理系统的启用

库存管理系统的启用方法与销售管理系统的启用类似,这里不再介绍。

3. 库存管理系统参数

库存管理系统的选项也是本系统的控制参数,是指在企业业务处理过程中所使用的各种控制参数,它的设置决定着使用系统的业务流程、业务模式和数据流向。

在进行选项设置时,一定要详细了解选项设置与否对业务处理流程的影响,并结合企业的实际业务进行设置,否则,会因有些选项设置后不能更改而带来业务处理的错误,其至无法进行操作。

4. 库存管理系统功能

库存管理系统通过完成接收采购管理系统和销售管理系统填制的出入库存单、向存货

管理系统传递审核后的出入库单和盘点数据、接收货核算系统传来的出入库收货成本的任务，完成日常收发存业务处理、库存控制、库存账簿查询和统计分析等任务。

库存管理系统具有参数设置、期初数据输入、日常收发存业务处理、库存控制、库存账簿查询和统计分析六大功能。

参数设置就是系统选项设置，包括通用设置、专用设置、可用量控制和可用量检查四个页签。其中，通用设置包括有无委托代销业务、有无形态转换业务等设置。专用设置包括是否允许超订单领料、是否允许超调拨单出库、是否允许超单据出入库、是否允许超发货单出库等设置。

期初数据输入就是输入期初结存存货的相关信息。

日常收发存业务处理主要是对采购管理系统、销售管理系统和库存管理系统填制的各种出入库单据进行审核，对存货的出入库数量进行管理，对仓库间调拨、盘点等业务进行处理。

库存控制主要是进行批次追踪、保质期管理、委托代销商品管理和安全库存管理，对超库存、短库存、呆滞积压和超额领料等情况进行报警提示。

库存账簿查询主要是指入库流水账、库存台账、委托代销商品备查簿、受托代销商品备查簿和呆滞积压存货备查簿的查询。

统计分析是指系统能够提供各种统计汇总表。

库存管理可以单独使用，也可以与采购管理、销售管理、存货核算等模块集成使用，发挥更强大的功能。

5．存货核算系统功能

存货核算系统可以正确计算存货购入成本，反映和监督存货的收发、领退和保管情况，能够反映和监督存货资金的占用情况，对促进企业提高资金利用率和使用效果具有重要作用。存货核算是从资金角度管理存货的出入库，主要用于核算企业的入库成本、出库成本和结余成本。存货核算系统具有初始设置、存货核算、存货计价、出入库成本调整、计划价和售价调整、跌价准备提取、成本计算与记账，以及统计查询等功能。

初始设置主要包括选项设置、科目设置、其它设置、期初余额输入、基础档案和单据设计等。

6．存货核算意义

存货核算是企业会计核算的重要内容之一，进行存货核算，应正确核算存货购入成本，反映和监督存货的收发、领退和保管情况，以及存货资金的占用情况。因为存货成本直接影响企业的利润水平，特别是在存货价格变化较快的今天，更应加强对存货核算的管理。

7．存货核算的任务

存货核算是用友 U8V10.1 管理软件的主要组成部分，是从资金的角度管理存货的出入库业务，主要是核算企业的入库成本、出库成本和结余成本，生成出入库凭证和存货账簿。

本系统涉及的主要单据有采购入库单、产成品入库单、其它入库单、销售出库单、材料出库单、其它入库单、出库调整单、入库调整单、产成品成本分配单等。

8．存货核算系统参数

存货核算系统参数体现在软件中的功能模块叫作"选项"，在系统应用之前，要在此进行核算方式、控制方式和最高最低控制等系统参数设置，以及凭证科目设置等。

核算方式是指计价方式选择的范围。如果选择"按仓库核算"，就是按仓库设置计价方式,即不同仓库的同一存货,其计价方式不同。若选择"按存货核算",就是按存货设置计价方式,无论是哪个部门、哪个仓库的同一存货,都按相同的计价方式计价。

成套件是指一种存货由几种存货组合而成。选择"有成套件管理"时,既可以统计单件的数量金额,也可以统计成套件的数量金额;不选择"有成套件管理"时,只统计成套件的数量金额,不统计单件的数量金额。

进行存货科目、对方科目等的凭证科目设置,系统自动生成凭证时科目带出,否则需要手工输入。

巩固与思考

1. 总账管理、薪资管理及固定资产管理系统各有哪些功能?
2. 总账管理系统参数设置对其它系统有无影响?
3. 怎样查看固定资产卡片?
4. 对于应付应收管理系统,怎样才能了解即将到期的票据情况?
5. 库存管理系统与存货核算系统期初数据有怎样的关系?

同 步 训 练

训练三 总账管理系统初始化

一、实训目的

1. 熟悉总账管理系统初始化的主要内容。
2. 掌握总账管理系统初始化的操作方法。

二、实训资料

1. 总账管理系统参数资料。

总账管理系统参数资料如表 2-33 所示。

表 2-33 总账管理系统参数

选 项 卡	选 项 设 置
凭证	制单序时控制 支票控制 可以使用应收、应付、存货受控科目 现金流量科目不录现金流量项目 凭证编号方式采用系统编号 自动填补凭证断号 按科目、摘要相同方式合并凭证
账簿	明细账打印按年排页

续表

选项卡	选项设置
预算控制	超出预算允许保存
权限	出纳凭证必须经由出纳签字 凭证必须经由会计主管签字 不允许修改、作废他人填制的凭证 可查询他人凭证 明细账查询权限控制到科目
其它	外币核算采用固定汇率 部门、个人和项目的排序均按编码进行

2. 期初余额资料。

期初余额资料如表2-34～表2-41所示。

表 2-34　主体账户期初余额　　　　　　　单位：元

科目名称	方向	期初余额	科目名称	方向	期初余额
库存现金	借	15 850.00			10.00
银行存款	借	17 516 098.89	立式车床	借	398 000.00
工行存款	借	16 276 098.89			5.00
农行存款	借	1 240 000.00	固定资产	借	2 320 000.00
其它货币资金	借	73 000.00	累计折旧	贷	1 266 788.89
银行汇票	借	73 000.00	短期借款	贷	500 000.00
应收账款	借	243 600.00	应付票据	贷	3 480.00
坏账准备	贷	2 436.00	银行承兑汇票	贷	3 480.00
应收票据	借	232 000.00	应付账款	贷	17 400.00
其它应收款	借	4 500.00	应付职工薪酬	贷	45 600.00
原材料	借	1 147 000.00	福利费	贷	45 600.00
原料及主要材料	借	1 100 000.00	应交税费	贷	69 500.00
中碳钢	借	600 000.00	未交增值税	贷	15 400.00
		300.00	应交城市维护建设税	贷	1 078.00
铸铁	借	500 000.00	应交教育费附加	贷	462.00
		200.00	应交企业所得税	贷	52 560.00
辅助材料	借	47 000.00	其它应付款	贷	95 000.00
润滑油	借	15 000.00	实收资本	贷	19 000 000.00
		500.00	盈余公积	贷	197 564.00
轴承	借	32 000.00	资本公积	贷	700 000.00
		40.00	利润分配	贷	700 180.00
库存商品	借	898 000.00	未分配利润	贷	700 180.00
线式车床	借	500 000.00	生产成本	借	150 000.00

表2-35 其它应收款明细资料

日期	凭证号	部门	个人	摘要	方向	金额/元
2018-05-25	付-55	总经理办公室	王义	出差借款	借	2 000
2018-05-28	付-71	购销部	吕明	出差借款	借	2 500

表2-36 应收票据明细资料

日期	凭证号	客户	业务员	摘要	方向	金额/元	票号	票据日期
2018-05-23	转-86	建科公司	吴强	销售产品	借	232 000	000026	2018-05-23

表2-37 应收账款明细资料

日期	凭证号	客户	业务员	摘要	方向	金额/元	票号	票据日期
2018-05-25	转-66	光大公司	吴强	销售产品	借	139 200	001678	2018-05-25
2018-05-29	转-77	建科公司	吴强	销售产品	借	104 400	001679	2018-05-29

表2-38 库存商品明细资料

科目名称	计量单位	数量	单位成本/元	金额/元
线式车床	台	10	50 000	500 000
立式车床	台	5	79 600	398 000
合 计				898 000

表2-39 应付账款明细资料

日期	凭证号	供应商	业务员	摘要	方向	金额/元	票号	票据日期
2018-05-15	转-22	天天机械	吴强	购买材料	贷	11 600	001205	2018-05-15
2018-05-25	转-43	天天机械	吴强	购买材料	贷	5 800	001306	2018-05-25

表2-40 应付票据明细资料

日期	凭证号	供应商	业务员	摘要	方向	金额/元	票号	票据日期
2018-05-23	转-62	红达公司	吴强	购买材料	贷	3 480	000195	2018-05-23

表2-41 生产成本明细资料

产品：线式车床

科 目 名 称	金额/元
直接材料	73 000
直接人工	64 500
制造费用	12 500
合计	150 000

三、实训任务

1. 设置总账管理系统参数。
2. 设置会计科目及辅助核算项目。
3. 设置计量单位。

4. 输入期初余额并试算平衡。
5. 指定会计科目。
6. 设置项目目录。

四、实训要求

1. 严格遵守实训时间和实训室管理规定。
2. 在 4 学时内完成任务。
3. 将任务成果备份到"111 账套备份\训练三"的文件夹中。

训练四 薪资管理系统初始化

一、实训目的

1. 熟悉薪资管理系统初始化的内容。
2. 掌握薪资管理系统初始化的方法。

二、实训资料

1. 参数资料。

华丰机械设备有限责任公司设有正式工和临时工两大工资类别;发放工资时代扣个人所得税,但不进行扣零处理,人员编码长度3位;启用日期为2018年6月。正式工不实行计件工资,临时工实行计件工资,各类人员工资均由工行丰北分行代发。

2. 基础信息资料。

(1) 人员类别。人员分成企业管理人员、业务员、车间管理人员和生产人员四类。

(2) 工资项目资料。华丰机械设备有限责任公司的工资由基本工资、岗位工资、奖金、交通补贴、养老保险金、医疗保险金、住房公积金、事假天数、病假天数、事假扣款、病假扣款构成;除请假天数项小数位数为 1 位外,其它均为两位;长度按系统默认。

(3) 人员附加信息资料。包括性别、职务、工龄。

(4) 正式人员档案及基本工资资料,如表 2-42 所示。

表 2-42 正式人员档案及基本工资

人员编号	人员姓名	性别	所属部门	职务	人员类别	工资类别	账号	工龄/年	基本工资/元	是否计件
101	肖元帅	男	总经理办公室	总经理	企业管理人员	正式工	20120000001	22	2 200	否
102	王义	男	总经理办公室	主任	企业管理人员	正式工	20120000002	16	1 800	否
103	尹杰	男	总经理办公室	干事	企业管理人员	正式工	20120000003	3	1 600	否
201	王新艳	女	财务部	科长	企业管理人员	正式工	20120000004	13	2 000	否

续表

人员编号	人员姓名	性别	所属部门	职务	人员类别	工资类别	账号	工龄/年	基本工资/元	是否计件
202	刘大海	男	财务部	会计	企业管理人员	正式工	20120000005	19	1 600	否
203	赵宝亮	男	财务部	出纳	企业管理人员	正式工	20120000006	9	1 500	否
204	周立新	男	财务部	购销	企业管理人员	正式工	20120000007	10	1 800	否
205	孙凤刚	男	财务部	存货	企业管理人员	正式工	20120000008	14	2 000	否
301	吕明	女	购销部	主任	业务员	正式工	20120000009	10	2 300	否
302	吴强	男	购销部	业务员	业务员	正式工	20120000010	7	2 200	否
401	李丽	女	开发部	部长	技术员	正式工	20120000011	8	2 400	否
402	朱燕	女	开发部	技术员	技术员	正式工	20120000012	6	2 000	否
501	张昆	男	铸造车间	主任	车间管理人员	正式工	20120000013	25	1 800	否
502	王明海	男	铸造车间	工人	生产人员	正式工	20120000014	20	1 600	否
503	李立伟	男	机械加工车间	主任	车间管理人员	正式工	20120000015	17	1 800	否
504	周大庆	男	机械加工车间	工人	生产人员	正式工	20120000016	13	1 500	否
505	赵爱国	男	组装车间	主任	车间管理人员	正式工	20120000019	23	1 800	否
506	张吉力	男	组装车间	工人	生产人员	正式工	20120000020	20	1 600	否
507	高元	女	机修车间	主任	车间管理人员	正式工	20120000023	22	1 800	否
508	闫笑笑	女	机修车间	工人	生产人员	正式工	20120000024	18	1 700	否
509	李大吉	男	配电车间	主任	车间管理人员	正式工	20120000025	10	1 800	否
510	侯勇	男	配电车间	工人	生产人员	正式工	20120000026	8	1 500	否
511	周方	男	供暖车间	主任	车间管理人员	正式工	20120000027	20	1 800	否
512	安国庆	男	供暖车间	工人	生产人员	正式工	20120000028	16	1 600	否

(5) 正式工的项目工资标准,如表 2-43 所示。

表 2-43 正式工的项目工资标准

工资项目	计算标准公式	说 明
岗位工资	iff(人员类别="企业管理人员",1500,1200)	企业管理人员 1 500 元,其它人员 1 200 元
奖金	iff(人员类别="企业管理人员",1000,1200)	企业管理人员 1 000 元,其它人员 1 200 元

续表

工资项目	计算标准公式	说　　明
交通补贴	iff(人员类别＝"业务员",200,100)	业务员200元,其它人员100元
养老保险金	(基本工资＋岗位工资＋奖金)*0.08	按基本工资、岗位工资和奖金三项总和的8%计算
医疗保险金	(基本工资＋岗位工资＋奖金)*0.02	按基本工资、岗位工资和奖金三项总和的2%计算
住房公积金	(基本工资＋岗位工资＋奖金)*0.09	按基本工资、岗位工资和奖金三项总和的9%计算
事假扣款	(基本工资＋岗位工资＋奖金)/22*事假天数	按基本工资、岗位工资和奖金三项总和除以22计算
病假扣款	(基本工资＋岗位工资＋奖金)*0.3/22*病假天数	按基本工资、岗位工资和奖金三项总和除以22,再乘以30%计算

（6）临时工的项目工资标准。临时工按工时计算工资,工时档案为加工和组装两项。其中,加工计件单价为15元;组装计件单价为12元。

三、实训任务

1. 进行工资账套参数设置。
2. 进行人员类别、工资项目、工资项目的计算公式等基础信息设置。
3. 进行计件工资标准、工时档案和计件工资方案设置。

四、实训要求

1. 严格遵守实训时间和实训室管理规定。
2. 在2学时内完成任务。
3. 将任务成果备份到"111账套备份\训练四"的文件夹中。

训练五　固定资产管理系统初始化

一、实训目的

1. 熟悉固定资产管理系统初始化的内容。
2. 掌握固定资产管理系统初始化的方法。

二、实训资料

华丰机械设备有限责任公司固定资产启用时间为2018年6月;与账务系统进行对账,设置业务发生后立即制单,对账不平允许结账;按月计提折旧,折旧采用平均年限法;固定资产编码方式为手工编码;卡片序号长度为3位,编码方式2-1-1-2,对账科目分别为固定资产和累计折旧。其它约定与说明均同意。固定资产分类及相关信息如表2-44所示,固定资产增减方式及对应入账科目如表2-45所示,部门对应折旧科目如表2-46所示,固定资产原始卡片信息资料如表 2-47 所示。

表 2-44 固定资产分类及相关信息

类别编码	类别名称	计提属性	折旧方法	卡片样式
01	房屋及建筑物	正常计提	平均年限法(一)	通用样式
02	生产设备	正常计提	平均年限法(一)	通用样式
03	办公设备	正常计提	平均年限法(一)	通用样式

表 2-45 固定资产增减方式及对应入账科目

增加方式	对应入账科目	减少方式	对应入账科目
直接购入	银行存款——工行存款	出售	固定资产清理
投资者投入	实收资本	投资转出	长期股权投资——其它股权投资
接受捐赠	营业外收入	捐赠转出	固定资产清理
在建工程转入	在建工程	报废	固定资产清理

表 2-46 部门对应折旧科目

部门	对应折旧科目(科目编码)
总经理办公室/财务部	管理费用——折旧费(660203)
开发部	管理费用——折旧费(660203)
购销部	销售费用(6601)
生产部	制造费用——折旧费(510102)

表 2-47 固定资产原始卡片信息

固定资产编号	固定资产名称	类别	部门	使用年限/年	开始使用日期	原值/元	残值率/%	累计折旧/元
011	办公楼	01	多部门	50	2005-06-01	800 000	5	197 600
012	厂房1	01	铸造车间	20	2005-06-06	200 000	2	127 400
013	厂房2	01	机械加工车间	20	2005-06-06	200 000	2	127 400
014	厂房3	01	组装车间 配电车间	20	2010-06-20	200 000	2	78 400
015	厂房4	01	供暖车间	20	2012-06-10	100 000	2	58 800
021	A生产线	02	机械加工车间	10	2010-06-21	200 000	3	155 200
022	B生产线	02	机械加工车间	15	2012-07-01	500 000	3	478 263.89
031	电脑	03	多部门	8	2015-12-18	100 000	1	30 937.50
032	办公桌	03	多部门	20	2005-06-13	20 000	1	12 787.50

注:所有固定资产的增加方式均为直接购入,使用状况均为在用,折旧方法均为平均年限法(一)。办公楼的使用比例:总经理办公室、财务部、购销部、开发部的使用比例分别为 10%、20%、50%、20%;电脑和办公桌的使用比例均同办公楼;厂房3的使用比例:组装车间为 70%,配电车间为 30%。

三、实训任务

1. 建立固定资产账套。

2. 进行固定资产管理系统参数及基础设置。
3. 输入固定资产原始卡片。

四、实训要求

1. 严格遵守实训时间和实训室管理规定。
2. 在 2 学时内完成任务。
3. 将任务成果备份到"111 账套备份\训练五"的文件夹中。

训练六 采购与应付款管理系统初始化

一、实训目的

1. 熟悉采购与应付款管理系统初始设置的内容。
2. 掌握采购与应付款管理系统初始设置的操作方法。

二、实训资料

1. 应付款管理系统初始化信息资料
(1) 选项设置。选择方向相反的分录合并,其它均采用默认值。
(2) 应付款管理系统初始设置。资料如表 2-48～表 2-51 所示。

表 2-48 基本科目

项　目	科目名称	项　目	科目名称
应付科目	应付账款	预付科目	预付账款
采购科目	在途物资	税金科目	应交税费——应交增值税(进项税额)

表 2-49 结算方式科目

结算方式	币　种	科　目
现金	人民币	1001
现金支票	人民币	100201
转账支票	人民币	100201
汇兑	人民币	100201
银行承兑汇票	人民币	100201
商业承兑汇票	人民币	100201

表 2-50 应付账款期初余额

单据名称	开票日期	供应商名称	采购部门	业务员	货物名称	数量	无税单价/元
采购专用发票 票号:001205	2018-05-15	天天机械	购销部	吴强	中碳钢	5	2 000
采购专用发票 票号:001306	2018-05-25	天天机械	购销部	吴强	铸铁	2	2 500

表 2-51 应付票据期初余额

票据编号	供应商名称	承兑银行	票据面值/元	签发日期	到期日	业务员	摘要	结算方式
000195	红达公司	工行丰北分行	3 480	2018-05-23	2018-08-23	吴强	购货	银行承兑汇票

2. 采购管理系统初始化

选择"普通业务必有订单"选项,其它均采用默认值。

三、实训任务

1. 进行采购与应付款管理系统参数设置。
2. 进行应付款管理系统科目设置、报警级别设置、账龄区间设置和单据类型设置。
3. 输入期初采购发票、期初应付单、期初预付单、期初对账。
4. 采购管理系统期初数据输入。
5. 采购管理系统期初记账。

四、实训要求

1. 严格遵守实训时间和实训室管理规定。
2. 在2学时内完成任务。
3. 将任务成果备份到"111账套备份\训练六"的文件夹中。

训练七 销售与应收款管理系统初始化

一、实训目的

1. 熟悉销售与应收款管理系统初始设置的内容。
2. 掌握销售与应收款管理系统初始设置的操作方法。

二、实训资料

1. 应收款管理系统初始化信息资料

(1) 选项设置。坏账处理方式选为"应收余额百分比法",选择方向相反的分录合并,其它均采用默认值。

(2) 坏账准备设置。坏账提取比率为1‰;期初余额为2 436元。

(3) 应收款管理系统初始化设置。应收款管理系统初始设置资料如表2-52~表2-56所示。

表 2-52 基本科目

基本科目种类	科目编码	基本科目种类	科目编码
应收科目	1122	银行承兑科目	1121
预收科目	2203	税金科目	22210105
坏账入账科目	1231	销售收入科目	6001

表 2-53　产品科目

存货名称	销售收入科目编码	应交增值税科目编码
线式车床	6001	22210105
立式车床	6001	22210105

表 2-54　结算方式科目

结算方式	币种	科目编码
现金结算	人民币	1001
现金支票	人民币	100201
转账支票	人民币	100201
银行汇票	人民币	100201
电汇	人民币	100201
银行承兑汇票	人民币	100201
商业承兑汇票	人民币	100201

表 2-55　应收账款期初信息

开票日期	客户	业务员	货物名称	数量	无税单价/元	金额/元	单据名称
2018-05-25	光大公司	吴强	线式车床	2	60 000	13 920.00	增值税专用发票（票号001678）
2018-05-29	建科公司	吴强	立式车床	1	90 000	104 400.00	增值税专用发票（票号001679）

表 2-56　应收票据期初信息

票据编号	开票单位	承兑银行	票据面值/元	票据余额/元	签发日期	收到日期	到期日	业务员	摘要
000026	建科公司	工行丰北分行	232 000	232 000	2018-05-25	2018-05-25	2018-11-25	吴强	销售商品

2. 销售管理系统初始化信息

销售不生成出库单；新增发货单默认：不参照单据；新增退货单默认：参照发货；新增发票默认：参照发货。

三、实训任务

1. 进行销售与应收款管理系统参数设置。
2. 进行应收款管理系统科目、报警级别、坏账准备、账龄区间和单据类型设置。
3. 在应收款管理系统输入期初销售发票、期初应收单、期初预收单、期初对账。
4. 进行销售管理系统期初数据输入。

四、实训要求

1. 严格遵守实训时间和实训室管理规定。
2. 在2学时内完成任务。
3. 将任务成果备份到"111账套备份\训练七"的文件夹中。

训练八 库存与存货管理系统初始化

一、实训目的

1. 熟悉库存与存货管理系统初始设置的内容。
2. 掌握库存与存货管理系统初始设置的操作方法。

二、实训资料

1. 库存管理系统初始化信息资料

(1) 选项设置。选项设置均采用默认值。

(2) 期初库存资料。期初库存资料如表 2-57 和表 2-58 所示。

表 2-57 期初库存材料

仓库	存货编码	存货名称	主计量单位	数量	单价/元	金额/元	入库类别	部门
材料库	101	中碳钢	千克	300	2 000	600 000	采购入库	购销部
材料库	102	铸铁	千克	200	2 500	500 000	采购入库	购销部
材料库	103	润滑油	千克	500	30	15 000	采购入库	购销部
材料库	104	轴承	套	40	800	32 000	采购入库	购销部

表 2-58 期初库存商品

仓库	存货编码	存货名称	主计量单位	数量	单价/元	金额/元	入库类别	部门
产成品库	201	线式车床	台	10	50 000	500 000	产品入库	购销部
产成品库	202	立式车床	台	5	79 600	398 000	产品入库	购销部

2. 存货核算系统初始化信息

(1) 选项设置。选项设置均采用默认值。
(2) 存货期初数据。存货期初数据同库存期初数据。
(3) 存货科目设置。存货科目设置如表 2-59 所示。
(4) 对方科目设置。对方科目设置如表 2-60 所示。

表 2-59 存货科目

仓库编码	仓库名称	存货名称	存货科目编码	存货科目名称
01	材料库	中碳钢	14030101	中碳钢
01	材料库	铸铁	14030102	铸铁
01	材料库	润滑油	14030201	润滑油
01	材料库	轴承	14030202	轴承
02	产成品库	线式车床	140501	库存商品
02	产成品库	立式车床	140502	库存商品

表 2-60 对方科目

收发类别编码	收发类别名称	存货编码	存货名称	对方科目编码	对方科目名称
101	采购入库	101	中碳钢	140201	中碳钢
101	采购入库	102	铸铁	140202	铸铁
101	采购入库	103	润滑油	140203	润滑油
101	采购入库	104	轴承	140204	轴承
102	产品入库	201	线式车床	5001	生产成本
102	产品入库	202	立式车床	5001	生产成本
201	生产出库	101	中碳钢	5001	生产成本
201	生产出库	102	铸铁	5001	生产成本
201	生产出库	103	润滑油	5001	生产成本
201	生产出库	104	轴承	5001	生产成本
202	销售出库	201	线式车床	6401	主营业务成本
203	销售出库	202	立式车床	6401	主营业务成本

三、实训任务

1. 进行库存与存货管理系统参数设置。
2. 输入库存与存货管理系统期初数据。
3. 进行存货核算系统科目设置。

四、实训要求

1. 严格遵守实训时间和实训室管理规定。
2. 在 2 学时内完成任务。
3. 将任务成果备份到"111账套备份\训练八"的文件夹中。

项目 3

日常业务处理

学习目标

(1) 掌握总账管理系统日常业务处理的方法。
(2) 掌握薪资管理系统日常业务处理的方法。
(3) 掌握固定资产管理系统日常业务处理的方法。
(4) 掌握采购与应付款管理系统日常业务处理的方法。
(5) 掌握销售与应收款管理系统日常业务处理的方法。
(6) 掌握库存与存货管理系统日常业务处理的方法。

任务 3.1 总账管理系统日常业务处理

背景资料

春天电子有限责任公司 2018 年 6 月总账管理系统发生部分经济业务如下。

(1) 1 日,签发现金支票,票号为 1354,从工行提取现金 6 000 元备用。
(2) 5 日,销售部王明报销差旅费 16 500 元,此前有预借差旅费 20 000 元,余款退还公司。
(3) 8 日,办公室用现金支付业务招待费 500 元。
(4) 12 日,财务部支付办公费 3 000 元,签发工行转账支票支付,支票号为 1225。
(5) 19 日,张扬用工行存款支付销售部产品展览费 5 000 元,签发转账支票支付,支票号为 1238。
(6) 28 日,向工行借入 2 年期借款 500 000 元,借款已经转入工行账户,结算方式为电汇。
(7) 30 日,办公室张立签发一张面值为 5 000 元的转账支票,支付汽车修理费,支票号为 1269,企业已记账,银行尚未记账。

任务要求

(1) 填制记账凭证。
(2) 进行出纳签字。
(3) 审核记账凭证。

(4) 进行主管签字。

(5) 记账。

(6) 进行支票登记。

(7) 查询现金日记账和银行存款日记账。

(8) 查询资金日报表。

(9) 账表查询。

操作指导

1. 填制记账凭证

填制记账凭证可按以下操作步骤进行。

(1) 在企业应用平台中,打开"业务工作"选项卡,双击"财务会计"—"总账"—"凭证"—"填制凭证"列表项,进入"填制凭证"窗口。

(2) 单击"增加"图标,调出一张空白凭证。

(3) 在凭证左上角,单击"凭证类别参照"按钮,选择"凭证类别"为"记账凭证",输入(或选入)或修改"制单日期"为 2018.06.01,输入"附单据数"为 1,如图 3-1 所示。

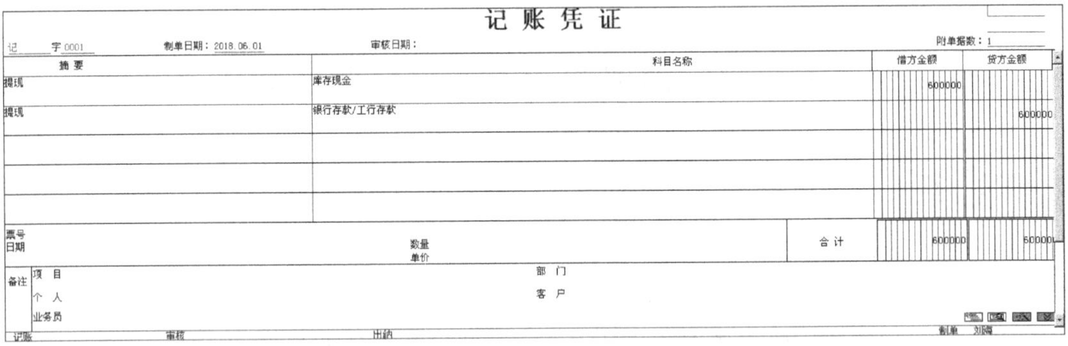

图 3-1 填制记账凭证

(4) 在"摘要"栏输入摘要为"提现"。

(5) 按 Enter 键或单击"科目名称"栏,输入科目编码 1001,或通过单击"科目名称"栏的"参照"按钮,打开"科目参照"对话框,在"科目参照"中选择会计科目"库存现金"。

(6) 按 Enter 键或单击"借方金额"栏,输入"借方金额"为"6000"。

(7) 按 Enter 键(系统自动复制上一行的摘要),再按 Enter 键或单击"科目名称"栏,输入科目编码 100201,或通过单击"科目名称"栏的"参照"按钮,打开"科目参照"对话框,在"科目参照"中选择会计科目"银行存款——工行存款"。

(8) 按 Enter 键,系统弹出"辅助项"对话框,选择"结算方式"为"现金支票(201)",输入票号 1354,单击"确定"按钮。

(9) 按 Enter 键,输入"贷方金额"为"6000"。

(10) 单击"保存"图标,系统弹出"凭证已成功保存"信息提示对话框,单击"确定"按钮。

如果系统弹出"此支票尚未登记,是否登记?"信息提示对话框,需要登记支票相关信息的,单击"是"按钮,输入"领用日期"为 2018-06-01,"领用部门"为"财务部","姓名"为"赵亮","收款人"为"春天电子有限责任公司","用途"为"备用"信息后,单击"确定"按钮。不需要登记支票相关信息的,单击"否"按钮。

(11) 关闭"填制凭证"窗口。

温馨提示

(1) 凭证在未审核前可以直接修改。
(2) 如果凭证的金额方向录错了,可以通过按 Space 键进行调整。
(3) 凭证中最后一项金额输入时,可通过按等号键来实现。
(4) 若输入的会计科目有辅助核算,在输入科目代码后就会弹出"辅助项"对话框,输入相应辅助项内容后确定,返回"填制凭证"窗口,继续输入未完项目内容。

2. 进行出纳签字

进行出纳签字可按以下操作步骤进行。

(1) 在企业应用平台中,打开"业务工作"选项卡,双击"财务会计"—"总账"—"凭证"—"出纳签字"列表项,打开"出纳签字"对话框,如图 3-2 所示。

图 3-2 选择出纳签字条件

(2) 在"出纳签字"对话框中,选择"全部"单选项,单击"确定"按钮,进入"出纳签字列表"窗口。
(3) 双击待签字的凭证所在行,调出一张待签字的凭证。
(4) 单击"批处理—成批出纳签字"菜单项,系统将弹出"本次签字成功的凭证张数"等信息提示对话框,单击"确定"按钮。
(5) 系统将弹出"是否重新刷新凭证列表数据"信息提示对话框,单击"是"按钮,完成"出纳签字"任务。
(6) 关闭"出纳签字"对话框返回"出纳签字列表"窗口,可以看到列表中"签字人"栏已显示出纳赵亮的名字,如图 3-3 所示。
(7) 关闭"出纳签字列表"窗口。

温馨提示

(1) 出纳签字可以一张一张地进行。
(2) 凭证一经签字,就不能被修改、删除,只有取消签字,才能进行修改或删除。

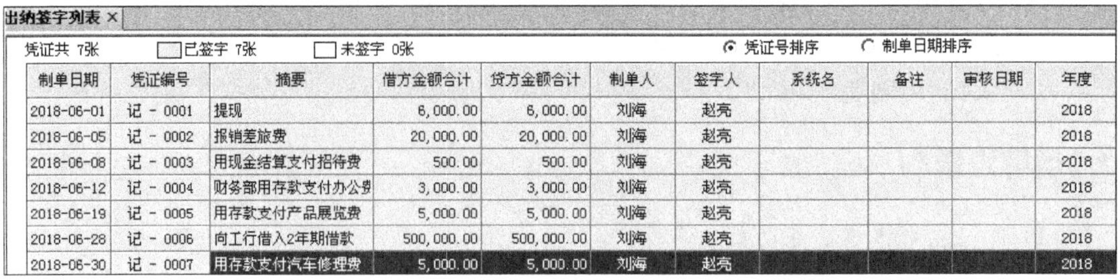
出纳签字列表 ×

凭证共 7张　已签字 7张　未签字 0张　凭证号排序　制单日期排序

制单日期	凭证编号	摘要	借方金额合计	贷方金额合计	制单人	签字人	系统名	备注	审核日期	年度
2018-06-01	记 - 0001	提现	6,000.00	6,000.00	刘海	赵亮				2018
2018-06-05	记 - 0002	报销差旅费	20,000.00	20,000.00	刘海	赵亮				2018
2018-06-08	记 - 0003	用现金结算支付招待费	500.00	500.00	刘海	赵亮				2018
2018-06-12	记 - 0004	财务部用存款支付办公费	3,000.00	3,000.00	刘海	赵亮				2018
2018-06-19	记 - 0005	用存款支付产品展览费	5,000.00	5,000.00	刘海	赵亮				2018
2018-06-28	记 - 0006	向工行借入2年期借款	500,000.00	500,000.00	刘海	赵亮				2018
2018-06-30	记 - 0007	用存款支付汽车修理费	5,000.00	5,000.00	刘海	赵亮				2018

图 3-3　出纳签字列表

(3) 取消出纳签字只能由签字人进行。

3. 审核记账凭证

审核记账凭证可按以下操作步骤进行。

(1) 以账套主管身份进入企业应用平台，打开“业务工作”选项卡，双击“财务会计”—“总账”—“凭证”—“审核凭证”列表项，打开“凭证审核”对话框。

(2) 在“凭证审核”对话框中输入指定条件后，选择“全部”选项，单击“确定”按钮，进入“凭证审核列表”窗口。

(3) 双击待审核的凭证所在行，调出一张待审核的凭证。

(4) 单击“批处理—成批审核凭证”菜单项，系统将弹出“本次审核成功的凭证张数”等信息提示对话框，单击“确定”按钮。

(5) 系统将弹出“是否重新刷新凭证列表数据”信息提示对话框，单击“是”按钮，完成“凭证审核”任务。

(6) 关闭“凭证审核”对话框返回“凭证审核列表”窗口，可以看到列表中“审核人”栏已显示审核人江南的名字，如图 3-4 所示。

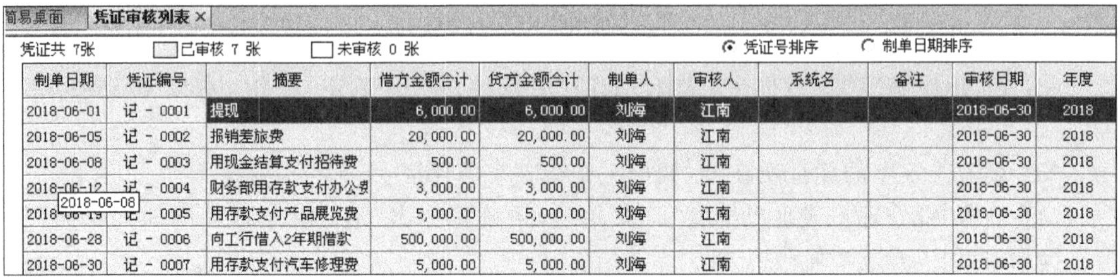
简易桌面　凭证审核列表 ×

凭证共 7张　已审核 7 张　未审核 0 张　凭证号排序　制单日期排序

制单日期	凭证编号	摘要	借方金额合计	贷方金额合计	制单人	审核人	系统名	备注	审核日期	年度
2018-06-01	记 - 0001	提现	6,000.00	6,000.00	刘海	江南			2018-06-30	2018
2018-06-05	记 - 0002	报销差旅费	20,000.00	20,000.00	刘海	江南			2018-06-30	2018
2018-06-08	记 - 0003	用现金结算支付招待费	500.00	500.00	刘海	江南			2018-06-30	2018
2018-06-12	记 - 0004	财务部用存款支付办公费	3,000.00	3,000.00	刘海	江南			2018-06-30	2018
2018-06-19	记 - 0005	用存款支付产品展览费	5,000.00	5,000.00	刘海	江南			2018-06-30	2018
2018-06-28	记 - 0006	向工行借入2年期借款	500,000.00	500,000.00	刘海	江南			2018-06-30	2018
2018-06-30	记 - 0007	用存款支付汽车修理费	5,000.00	5,000.00	刘海	江南			2018-06-30	2018

图 3-4　凭证审核列表

(7) 关闭“凭证审核列表”窗口。

温馨提示

(1) 审核凭证时，审核人和制单人不可以是同一人。

(2) 凭证审核可以一张一张地进行。

(3) 凭证一经审核，不能被修改、删除，只有取消审核，才可修改或删除，已作废的凭证不能被审核，需取消作废才能被审核。

(4) 取消审核需由审核人完成。

4．进行主管签字

进行主管签字可按以下操作步骤进行。

(1) 在企业应用平台中，打开"业务工作"选项卡，双击"财务会计"—"总账"—"凭证"—"主管签字"列表项，打开"主管签字"对话框。

(2) 在"主管签字"对话框中输入指定条件后，选择"全部"选项，单击"确定"按钮，进入"主管签字列表"窗口。

(3) 双击待签字的凭证所在行，调出一张待签字的凭证。

(4) 单击"批处理—成批主管签字"菜单项，系统将弹出"本次签字成功的凭证张数"等信息提示对话框，单击"确定"按钮。

(5) 系统将弹出"是否重新刷新凭证列表数据"信息提示对话框，单击"是"按钮，完成"主管签字"任务，此时，在每一张凭证上都加盖了账套主管（江南）的印章。

(6) 关闭"主管签字"对话框返回"主管签字列表"窗口，可以看到列表中"签字人"栏已显示签字人江南的名字。

5．记账

记账可按以下操作步骤进行。

(1) 以总账会计的身份进入企业应用平台，打开"业务工作"选项卡，双击"财务会计"—"总账"—"凭证"—"记账"列表项，打开"记账"对话框。

(2) 单击"全选"按钮，选择"记账范围"，如图3-5所示。

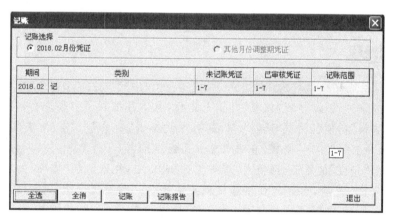

图3-5　选择记账范围

(3) 单击"记账"按钮，显示"期初试算平衡表"对话框。

(4) 单击"确定"按钮，开始记账过程，系统将弹出"记账完毕"信息提示对话框，单击"确定"按钮，显示记账报告，完成记账任务，如图3-6所示。

(5) 单击"退出"按钮。

温馨提示

(1) 第一次记账时，如果期初余额试算不平衡，不允许记账。

图 3-6 记账报告

(2) 未经审核的凭证不能记账。

(3) 记账过程因断电等原因造成中断的,系统将自动调用"恢复记账前状态"功能恢复数据,可重新记账。

(4) 修改已审核未记账的记账凭证,应先取消审核,再进行修改。

(5) 修改已记账的凭证,必须恢复记账前状态、取消审核、出纳签字等方可进行。

常见问题处理

(1) 怎样作废或删除记账凭证?

作废记账凭证可通过"作废/恢复"功能来进行,具体可按以下步骤进行:在"填制凭证"窗口中,通过"查询"功能找到要作废的凭证,再通过单击"制单"—"作废/恢复"菜单项完成操作,凭证左上角显示"作废"字样,表明该凭证已经作废。

要彻底删除"作废"的凭证,则需在"填制凭证"窗口中,找到已经"作废"的凭证,单击"制单"—"凭证整理"菜单项,选择凭证整理期间后确定,在"作废凭证表"对话框中,在要彻底删除的作废凭证对应的"删除"栏双击,打上 Y 标志后确定,系统将这些凭证从数据库中删除。

(2) 辅助信息输入错误怎样处理?

辅助信息输入后在凭证下方的备注中显示。在发现辅助信息输入错误时,要通过双击备注中所要修改的辅助项名称,弹出"辅助信息输入"窗口进行修改。用同样的方法可以补录辅助信息。即辅助信息未录时,也可通过双击备注中所要补录的辅助项名称,弹出"辅助信息输入"窗口进行输入。

(3) 出纳无法签字怎么办?

如果在总账参数设置时定义了凭证必须由出纳签字,但出纳却无法签字,这种情况可按以下思路查找原因。首先查看是否在系统管理中进行此项授权,若已授权,则要检查是否指定会计科目；若会计科目已指定，再检查是否进行了"数据权限控制设置"；如果进行了此项设置，要检查"数据权限设置"，看一看出纳员的记录级权限，是否所有的分配对象都设置为可用状态。如果检查中发现某个环节未处理，则需做相应的调整处理。所查项目都处理正确了，出纳签字就可以进行了。

(4) 怎样才能取消记账(恢复至记账前状态)？

取消记账可按以下方法进行：打开总账中的"对账"对话框后，按 Ctrl＋H 组合键，在"恢复记账前状态"被激活后确定，关闭"对账"对话框，再双击"凭证"列表项下的"恢复记账前状态"，选择恢复方式后确定，输入主管口令后确定即可恢复至记账前状态。

温馨提示

(1) 取消记账必须由主管来进行。
(2) 已结账月份的数据不能取消记账。

工作指导

(1) 怎样设置常用摘要？

在企业应用平台中，打开"基础设置"选项卡，进入"常用摘要"窗口后，通过单击"增加"图标，在打开的"常用摘要"对话框中输入摘要编码、摘要内容和相关科目等信息即可实现设置常用摘要设置。

(2) 怎样设置常用凭证？

设置常用凭证有两种方法：一种是在总账管理系统的"常用凭证"窗口中进行设置；另一种是在"填制凭证"窗口，将填制好的凭证生成为常用凭证。

设置常用凭证。在企业应用平台中，打开"业务工作"选项卡，进入"常用凭证"窗口后，通过单击"增加"图标，在打开的"常用凭证"对话框中输入编码、说明，并选择凭证类别，单击"详细"图标，单击"增分"图标，输入凭证中科目名称，再单击"增分"图标，输入凭证中其它科目名称，所有涉及的科目名称都输入完毕后退出，完成常用凭证编码设置。

生成常用凭证。生成常用凭证的方法是打开已填制好的记账凭证，通过单击"生成常用凭证"菜单项，在打开的"常用凭证生成"对话框中，输入常用凭证代码及说明后确认，即可生成常用凭证。

6. 进行支票登记

进行支票登记可按以下操作步骤进行。

(1) 在企业应用平台中，打开"业务工作"选项卡，双击"财务会计"—"总账"—"出纳"—"支票登记簿"列表项，打开"银行科目选择"对话框。

(2) 在"科目"下拉列表框中选择末级科目"工行存款"，如图 3-7 所示。

(3) 单击"确定"按钮，显示"支票登记簿"。

(4) 单击"增加"图标，输入领用日期、领用部门、领用人、支票号、预计金额、收款人、报销日期、实际金额等信

图 3-7　银行科目选择

息，如图 3-8 所示。

支票登记簿 ×

支票登记

科目：工行存款(100201)

支票张数：4(其中：已报4 未报0)

领用日期	领用部门	领用人	支票号	预计金额	用途	收款人	对方科目	付款银行名称	银行账号	预计转账日期	报销日期	备注	实际金额	支票密码	领用部门编码
2018.06.01	财务部	赵亮	1354	6,000.00	备用						2018.06.01		6,000.00		102
2018.06.12	财务部	赵亮	1225	3,000.00	付办公费						2018.06.12		3,000.00		102
2018.06.19	销售部	张扬	1238	5,000.00	付产品展览费						2018.06.19		5,000.00		202
2018.06.30	办公室	张立	1269	5,000.00	付汽车修理费						2018.06.30		5,000.00		101

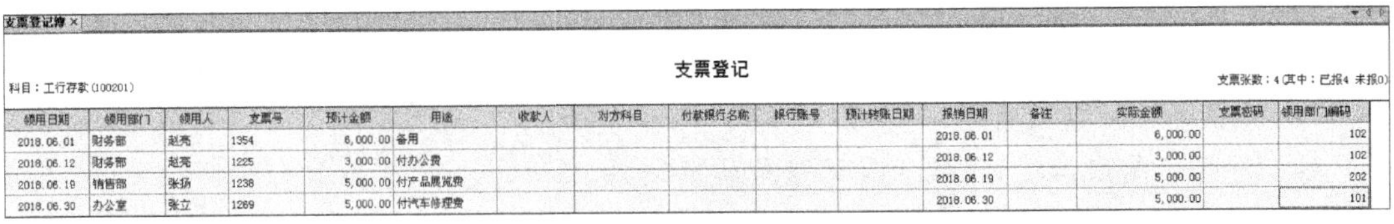

图 3-8 支票登记簿

(5) 重复步骤(4)的操作，直到所有支票均登记完毕为止。

(6) 单击"保存"图标。

(7) 关闭"支票登记簿"窗口。

温馨提示

(1) 进行支票登记，应先在总账管理系统进行初始化设置时，在"选项"中设置"支票控制"选项，并在结算方式设置"票据结算"标志，在"会计科目"中指定为银行科目，否则，将不能使用支票登记簿。

(2) 在进行支票登记时，领用日期和支票号码必须输入。

(3) 报销日期不能在领用日期之前。

(4) 已报销的支票可删除。

7. 查询现金日记账和银行存款日记账

查询库存现金日记账可按以下操作步骤进行。

(1) 以出纳员的身份进入企业应用平台，打开"业务工作"选项卡，双击"财务会计"—"总账"—"出纳"—"现金日记账"列表项，打开"现金日记账查询条件"对话框，如图 3-9 所示。

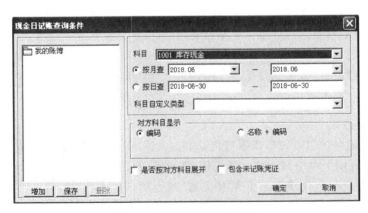

图 3-9 现金日记账查询条件

(2) 输入相应的查询条件，可选择"按月查"或"按日查"方式，包含未记账凭证，也可以选择对方科目显示方式，单击"确定"按钮，屏幕显示库存现金日记账查询结果，如图 3-10 所示。

现金日记账×

2018年		凭证号数	摘要	对方科目	借方	贷方	方向	余额
月	日							
			月初余额				借	102,835.00
06	01	记-0001	提现	100201	6,000.00		借	108,835.00
06	01		本日合计		6,000.00		借	108,835.00
06	05	记-0002	报销差旅费	1221	3,500.00		借	112,335.00
06	05		本日合计		3,500.00		借	112,335.00
06	08	记-0003	用现金结算支付招待费	660206		500.00	借	111,835.00
06	08		本日合计			500.00	借	111,835.00
06			当前合计		9,500.00	500.00	借	111,835.00
06			当前累计		9,500.00	500.00	借	111,835.00
			结转下年				借	111,835.00

图 3-10 现金日记账查询结果

(3) 关闭"现金日记账"窗口。

银行存款日记账的查询方法与现金日记账的查询方法类似,这里不再介绍。

8. 查询资金日报表

查询某日资金的收付和结余情况,可按以下操作步骤进行。

(1) 以出纳员的身份进入企业应用平台,打开"业务工作"选项卡,双击"财务会计"—"总账"—"出纳"—"资金日报"列表项,打开"资金日报表查询条件"对话框。

(2) 输入或选入要查询的日期,选择科目级次,选择是否包含未记账凭证等选项。

(3) 单击"确定"按钮,屏幕显示"资金日报表",如图 3-11 所示。

资金日报表×

科目编码	科目名称	币种	今日共借	今日共贷	方向	今日余额	借方笔数	贷方笔数
1002	银行存款			5,000.00	借	4,392,058.00		1
合计 1002				5,000.00	借	4,392,058.00		1

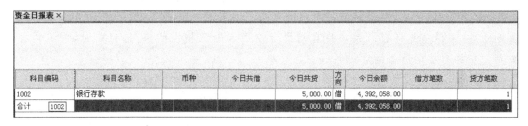

图 3-11 资金日报表查询结果

(4) 在"资金日报表"窗口,将光标放在某科目所在行,单击"日报"图标,可查询该科目的日报单,如图 3-12 所示。

在"日报单"窗口,若单击"打印"按钮,则可打印该"日报单"。

在"资金日报表"窗口,单击"昨日"图标,可查看昨日资金余额。

(5) 查询完毕,关闭"资金日报表"窗口。

9. 账表查询

(1) 部门科目总账查询

部门科目总账查询可按以下操作步骤进行。

① 在企业应用平台中,打开"业务工作"选项卡,双击"财务会计"—"总账"—"账表"—"部门辅助账"—"部门总账"—"部门科目总账"列表项,打开"部门科目总账条件"对话框。

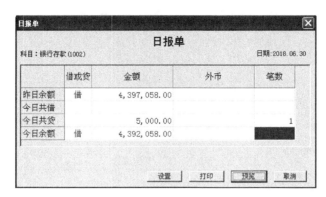

图 3-12　日报单

② 选入或输入要查询的科目、起止月份、部门范围等查询条件,根据需要选择是否包含未记账凭证,单击"确定"按钮,显示科目总账的查询结果。

③ 在查询过程中,可以在"科目"下拉列表中选择需要查看的科目;单击"明细"图标,可联查到当前科目、当前月份各部门的科目明细账;单击"定位"图标,可按所输入的条件定位查询辅助账;单击"累计"图标,可查看累计发生额。

温馨提示

(1) 部门科目总账查询功能实现的前提是在总账管理系统把某科目账类设置为部门核算,否则,不能实现此功能。

(2) 系统除了对科目进行部门核算外,还提供了横向和纵向的查询统计功能,为企业管理者提供各种会计信息,实现对部门管理的要求。在处理日常业务时,若遇到要求进行部门核算的业务(部门核算科目),系统将自动提示使用者输入相应的部门;记账时,系统将自动形成部门核算与管理所需的各种数据。

(2) 部门总账查询

部门总账查询可按以下操作步骤进行。

① 在企业应用平台中,打开"业务工作"选项卡,双击"财务会计"—"总账"—"账表"—"部门辅助账"—"部门总账"—"部门总账"列表项,打开"部门总账条件"对话框。

② 选择或输入要查询的部门、起止月份等查询条件。如果需要查看包含未记账凭证的部门总账,则勾选"包含未记账凭证"选项框,如图3-13所示。

图 3-13　部门总账条件

③ 单击"确定"按钮,显示部门总账查询结果,如图 3-14 所示。

部门总账 ×

部门总账

部门 办公室

科目编码	科目名称	方向	期初余额	本期借方发生	本期贷方发生	方向	期末余额
660206	招待费	平		500.00		借	500.00
660209	其他	平		5,000.00		借	5,000.00
合计		平		5,500.00		借	5,500.00

图 3-14　部门总账查询结果

④ 在查询过程中,可以在"部门"下拉列表中选择需要查看的部门;单击"明细"图标,可联查到当前部门的明细账;在"部门总账"窗口,单击"累计"图标,可查看累计发生额。

(3) 部门三栏总账查询

部门三栏总账查询,其操作方法与部门科目总账、部门总账的查询方法基本相同,这里不再阐述。

(4) 部门明细账查询

按"科目"查询部门的明细账;按"部门"查询科目的发生情况;查询某科目某部门各期的明细账与部门总账查询方式基本相同,这里仅介绍部门多栏明细账查询。

部门多栏明细账查询可按以下操作步骤进行。

① 在企业应用平台中,打开"业务工作"选项卡,双击"财务会计"—"总账"—"账表"—"部门辅助账"—"部门明细账"—"部门多栏明细账"列表项,打开"部门多栏明细账条件"对话框,如图 3-15 所示。

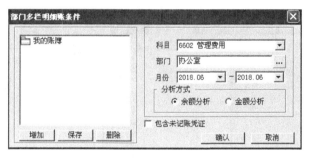

图 3-15　部门多栏明细账条件

② 在"部门多栏明细账条件"对话框中,选择要查询的部门、月份范围及科目。

③ 单击"确认"按钮,显示"部门多栏明细账"的查询结果,如图 3-16 所示。

④ 通过"部门"下拉列表,可查询其它部门的多栏明细账。

(5) 部门收支分析表查询

部门收支分析表查询可按以下操作步骤进行。

① 在企业应用平台中,打开"业务工作"选项卡,双击"财务会计"—"总账"—"账表"—"部门辅助账"—"部门收支分析"列表项,打开"部门收支分析条件"对话框。

② 在"请选择进行分析的科目"栏中,选择要进行分析的科目"办公费"后,单击 > 按钮,

图 3-16 部门多栏明细账

如图 3-17 所示。

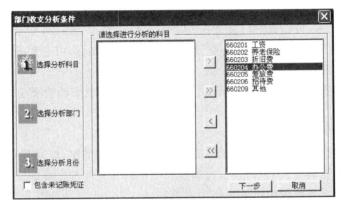

图 3-17 部门收支分析条件——选择分析科目

③ 单击"下一步"按钮,打开"2.选择分析部门"对话框,选择要进行分析的部门"办公室"后,单击 > 按钮,如图 3-18 所示。

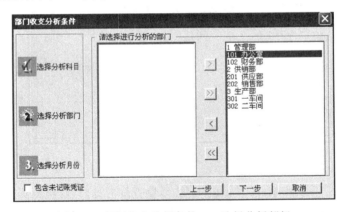

图 3-18 部门收支分析条件——选择分析部门

④ 单击"下一步"按钮,打开"3.选择分析月份"对话框,选择相应的分析月份 2018.06,如图 3-19 所示。

⑤ 单击"完成"按钮,显示部门收支分析表,如图 3-20 所示。

⑥ 关闭"部门收支分析"窗口。

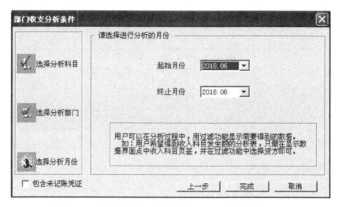

图 3-19　部门收支分析条件——选择分析月份

部门收支分析 ×

全部 | 收入科目 | 费用科目

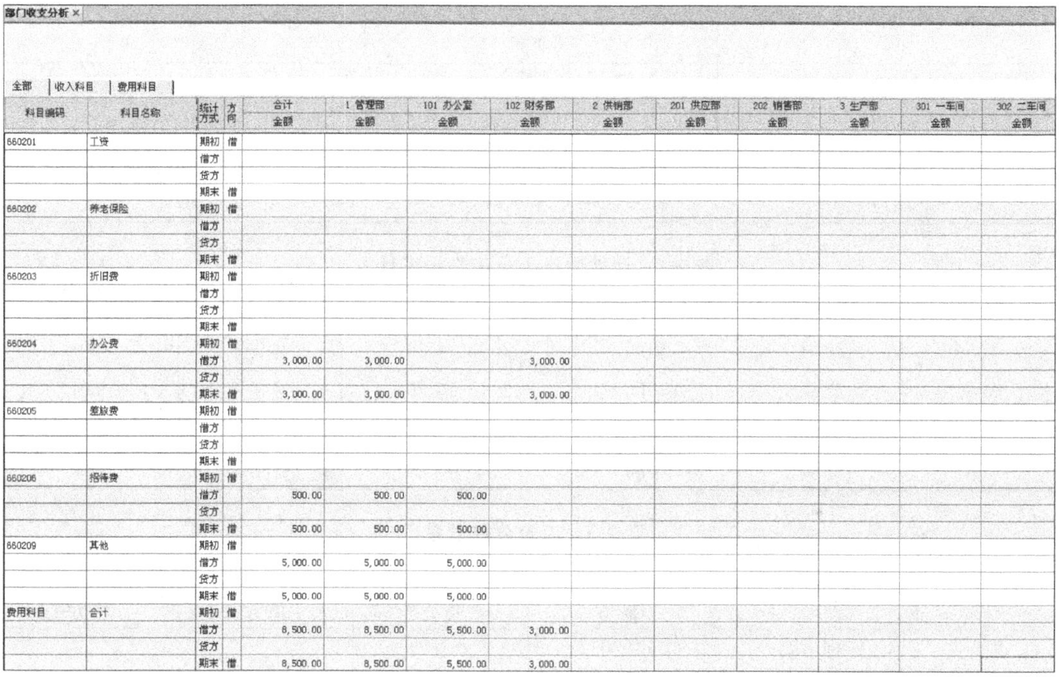

科目编码	科目名称	统计方式	方向	合计	1 管理部	101 办公室	102 财务部	2 供销部	201 供应部	202 销售部	3 生产部	301 一车间	302 二车间
				金额	金额	金额	金额	金额	金额	金额	金额	金额	金额
660201	工资	期初	借										
		借方											
		贷方											
		期末	借										
660202	养老保险	期初	借										
		借方											
		贷方											
		期末	借										
660203	折旧费	期初	借										
		借方											
		贷方											
		期末	借										
660204	办公费	期初	借										
		借方		3,000.00	3,000.00		3,000.00						
		贷方											
		期末	借	3,000.00	3,000.00		3,000.00						
660205	差旅费	期初	借										
		借方											
		贷方											
		期末	借										
660206	招待费	期初	借										
		借方		500.00	500.00	500.00							
		贷方											
		期末	借	500.00	500.00	500.00							
660209	其他	期初	借										
		借方		5,000.00	5,000.00	5,000.00							
		贷方											
		期末	借	5,000.00	5,000.00	5,000.00							
费用科目	合计	期初	借										
		借方		8,500.00	8,500.00	5,500.00	3,000.00						
		贷方											
		期末	借	8,500.00	8,500.00	5,500.00	3,000.00						

图 3-20　部门收支分析表

任务 3.2　薪资管理系统日常业务处理

背景资料

春天电子有限责任公司 2018 年 6 月考勤记录：张扬病假 1 天，张招事假 2 天；个人所得税扣除额 3 500 元；公司职工工资由工商银行代发，需做些前期准备。正式工工资数据如表 3-1 所示，计件生产人员的有效工作量如表 3-2 所示，工资分摊设置情况如表 3-3 所示，产品承担的工资费用均记入生产 CHT 计算机，公司 2018 年 6 月工资数据已全部处理完毕。

表 3-1　正式工工资数据一览表　　　　　　　　　　　　　　　单位：元

姓　　名	基 本 工 资	奖 励 工 资
杨阳	5 000	500
张立	3 500	400
江南	4 500	500
刘海	3 500	300
赵亮	2 500	300
周新	2 500	300
杨娇	3 000	200
张扬	3 000	200
韩燕	3 000	600
王明	3 500	600
洪天	4 800	300
张招	4 500	400
王力	2 500	300
孙红	4 500	400
周涛	2 500	300

表 3-2　计件生产人员工作量统计表

人员编号	人员姓名	部　　门	日　　期	工序名称	数　　量
305	沈力	一车间	2018-06-30	组装工	50
306	赵双	一车间	2018-06-30	组装工	30
307	吕红	二车间	2018-06-30	装箱工	200
308	徐缓	二车间	2018-06-30	装箱工	180

表 3-3　工资分摊设置

部　　门	人员类别	工资费用(100%)		养老保险费(8%)	
		借方	贷方	借方	贷方
办公室	管理人员	660201	221101	660202	221102
财务部	管理人员	660201			
供应部	管理人员	660201			
销售部	销售人员	6601			
一车间	车间管理人员	510101			
一车间	生产人员	500102			

任务要求

(1) 输入工资变动数据。

(2) 输入计件人员工资。

(3) 汇总计件人员工资。

(4) 查看个人所得税。

（5）设置工资分摊类型，包括工资费用分配，计提养老保险费的设置。

（6）分摊工资费用。

（7）汇总工资类别。

（8）银行代发业务处理。

（9）账表查询。

（10）打印工资发放签名表。

操作指导

1. 输入工资变动数据

输入工资变动数据可按以下操作步骤进行。

（1）以薪资管理会计的身份登录企业应用平台。

（2）打开"业务工作"选项卡，双击"人力资源"—"薪资管理"—"工资类别"—"打开工资类别"列表项，打开"打开工资类别"对话框，如图3-21所示。

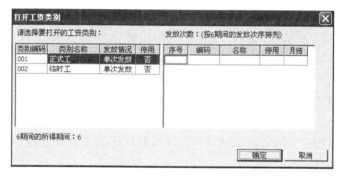

图3-21　打开工资类别

（3）选择"类别名称"为"正式工"，单击"确定"按钮，打开正式工工资类别。

（4）双击"薪资管理"—"业务处理"—"工资变动"列表项，打开"工资变动"窗口。

（5）按照背景资料输入每个人的基本工资和奖励工资，病、事假天数等，直到所有正式工工资变动数据均输入完毕为止。

（6）单击"计算"图标，单击"汇总"图标，计算汇总工资数据，如图3-22所示。

工资变动

过滤器　所有项目　定位器

选择	工号	人员编号	姓名	部门	人员类别	基本工资	奖励工资	交补	养老保险	病假天数	事假天数	缺勤扣款	代扣税	应发合计	扣税合计	扣款合计	实发合计	计件工资	年终奖	年终奖代扣税	工资代扣税
		101	杨阳	办公室	企业管理人员	5,000.00	500.00	500.00	440.00				101.00	6,000.00	101.00	541.00	5,459.00				101.00
		102	张立	办公室	企业管理人员	3,500.00	400.00	500.00	312.00				17.64	4,400.00	17.64	329.64	4,070.36				17.64
		103	江南	财务部	企业管理人员	4,500.00	500.00	500.00	400.00				55.00	5,500.00	55.00	455.00	5,045.00				55.00
		104	刘海	财务部	企业管理人员	3,500.00	300.00	500.00	304.00				14.88	4,300.00	14.88	318.88	3,981.12				14.88
		105	赵亮	财务部	企业管理人员	2,500.00	300.00	500.00	224.00					3,300.00		224.00	3,076.00				
		201	周新	供应部	企业管理人员	2,500.00	300.00	500.00	224.00					3,300.00		224.00	3,076.00				
		202	杨娇	供应部	企业管理人员	3,000.00	200.00	500.00	256.00					3,700.00		256.00	3,444.00				
		203	张扬	销售部	销售人员	3,000.00	200.00	300.00	256.00	1		50.00		3,500.00		306.00	3,194.00				
		204	韩燕	销售部	销售人员	3,000.00	600.00	300.00	288.00				3.36	3,900.00	3.36	291.36	3,608.64				3.36
		205	王明	销售部	销售人员	3,500.00	600.00	300.00	328.00				17.16	4,400.00	17.16	345.16	4,054.84				17.16
		206	洪天	销售部	销售人员	4,800.00	300.00	300.00	408.00				44.76	5,400.00	44.76	452.76	4,947.24				44.76
		301	张招	一车间	车间管理人员	4,500.00	400.00	500.00	392.00		2	160.00	40.44	5,400.00	40.44	592.44	4,807.56				40.44
		302	王力	一车间	生产人员	2,500.00	300.00	300.00	224.00					3,100.00		224.00	2,876.00				
		303	孙红	二车间	车间管理人员	4,500.00	400.00	500.00	392.00				45.80	5,400.00	45.80	437.80	4,962.20				45.80
		304	周涛	二车间	生产人员	2,500.00	300.00	300.00	224.00					3,100.00		224.00	2,876.00				
合计						52,800.00	5,600.00	6,300.00	4,672.00	1	2	210.00	340.04	64,700.00	340.04	5,222.04	59,477.96				340.04

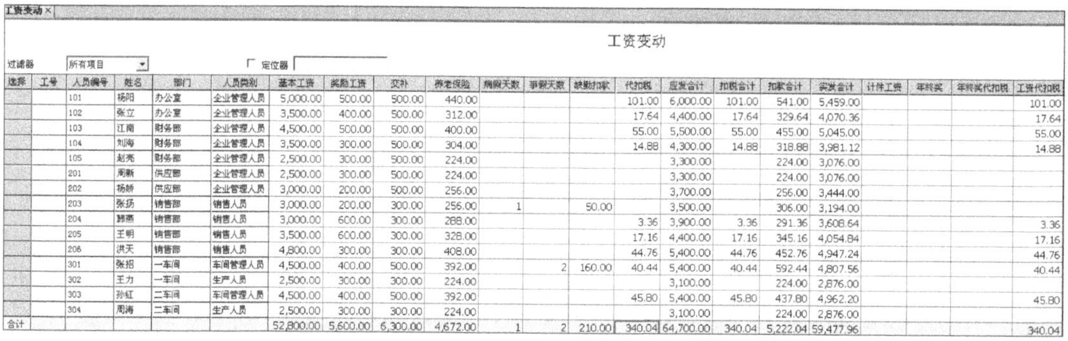

图3-22　工资变动

(7) 关闭"工资变动"窗口。

> **温馨提示**
>
> (1) 工资变动数据输入,最好是从第一个人开始输入,以免出现漏录情况。
> (2) 工资变动数据输入,只需输入没有进行公式定义的项目,已进行公式定义的项目,由系统根据计算公式自动计算生成。

2. 输入计件人员工资

输入计件人员工资可按以下操作步骤进行。

(1) 以薪资管理会计的身份登录企业应用平台。

(2) 打开"业务工作"选项卡,双击"人力资源"—"计件工资"—"个人计件"—"计件工资输入"列表项,打开"计件工资输入"窗口。

(3) 在"工资类别"参照下拉列表中选择"临时工",在"部门"参照下拉列表中选择"生产部",在"会计期间"参照下拉列表中选择 2018-06。

(4) 单击"批增"图标,打开"批量增加计件工资(人员)"对话框。

(5) 在"姓名"参照中选择"沈力",输入"计件日期"为 2018-06-30。

(6) 单击"增行"按钮,选择"工序"为"组装",输入"数量"为 50。

(7) 单击"计算"按钮,单击"确定"按钮返回"计件工资统计"窗口。

(8) 用类似的方法,输入其它计件工资统计数据,直到所有计件工资数据输入完毕为止,单击"保存"图标。

(9) 单击"审核"—"全部审核"菜单项,对输入的计件工资数据进行审核,计件工资数据表如图 3-23 所示。

序号	部门编码	部门	人员编码	人员姓名	计件日期	工序编码	工序	产品编码	产品	工价	废扣工价	数量	废品数	计件工资	工废扣款	个人计	是否审核
1	301	一车间	305	沈力	2018-06-30	01	组装			200.0000	0.0000	50.00	0.00	10000.00	0.00	10000.00	是
2	301	一车间	306	赵双	2018-06-30	01	组装			200.0000	0.0000	30.00	0.00	6000.00	0.00	6000.00	是
3	302	二车间	307	吕红	2018-06-30	02	装箱			10.0000	0.0000	200.00	0.00	2000.00	0.00	2000.00	是
4	302	二车间	308	徐媛	2018-06-30	02	装箱			10.0000	0.0000	180.00	0.00	1800.00	0.00	1800.00	是
合计												460.00	0.00	19800.00	0.00	19800.00	

图 3-23 计件工资输入

(10) 关闭"计件工资输入"窗口。

3. 汇总计件人员工资

汇总计件人员工资可按以下操作步骤进行。

(1) 以薪资管理会计的身份登录企业应用平台。

(2) 打开"业务工作"选项卡,双击"人力资源"—"计件工资"—"计件工资汇总"列表项,打开"计件工资汇总"窗口。

(3) 在"工资类别"参照下拉列表中选择"临时工",在"部门"参照下拉列表中选择"生产部",在"会计期间"参照下拉列表中选择 2018-06,选择"汇总日期"为 2018-06-01 至 2018-06-30。

(4) 单击"汇总"图标,进行"计件工资汇总"处理,汇总结果如图 3-24 所示。

图 3-24 计件工资汇总表

(5) 关闭"计件工资汇总"窗口。

工作指导

(1) 怎样使用"过滤"功能?

实际工作中,每个月工资的数据不会频繁变化,一般只有少数项目发生变化,所以,只需对变化的工资项目进行输入,如缺勤天数每个月不一样,则可使用项目"过滤"功能,选择"缺勤天数"项目进行输入。

(2) 如何使用"数据替换"功能?

如果要对同一工资项目数据做统一调整,例如,给某类职工津贴均增加或减少一定数额,最好的方法是在"工资变动"窗口使用"数据替换"功能。

(3) 怎样使用"定位"功能实现快速查找?

如果需输入某个指定部门或人员的数据,可在"工资变动"窗口中采用"定位法"实现快速查找。

(4) 怎样使用"筛选"功能提高工作效率?

要提高数据修改速度,可在"工资变动"窗口中使用数据"筛选"功能快速找到要修改的项目。

4. 查看个人所得税

查看个人所得税可按以下操作步骤进行。

(1) 在薪资管理系统中,打开"正式工"工资类别,双击"业务处理"—"扣缴所得税"列表项,打开"个人所得税申报模板"对话框。

(2) 在"请选择所在地区名"下拉列表中选择"北京",选择"扣缴个人所得税报表"列表项。

(3) 单击"打开"按钮,打开"所得税申报"对话框。

(4) 单击"确定"按钮,进入"扣缴个人所得税报表"窗口,可查看所有缴纳个人所得税人员的纳税情况,如图 3-25 所示。

(5) 单击"退出"图标,返回"个人所得税申报模板"对话框。

(6) 关闭"个人所得税申报模板"对话框。

5. 设置工资分摊类型

设置工资分摊类型可按以下操作步骤进行。

(1) 在薪资管理系统中,打开"正式工"工资类别,双击"业务处理"—"工资分摊"列表项,打开"工资分摊"对话框,单击"工资分摊设置"按钮,打开"分摊类型设置"对话框。

序号	纳税人姓名	身份证照...	身份证照	国家与地区	职业编码	所得项目	所得期间	收入额	免税收入额	允许扣除	费用扣除	准予扣除	应纳税所...	税率	应扣税额	已扣税额	备注
1	杨阳	身份证				工资	6	6000.00			3500.00		2060.00	10	101.00	101.00	
2	张立	身份证				工资	6	4400.00			3500.00		588.00	3	17.64	17.64	
3	江南	身份证				工资	6	5500.00			3500.00		1600.00	10	55.00	55.00	
4	刘海	身份证				工资	6	4300.00			3500.00		496.00	3	14.88	14.88	
5	赵亮	身份证				工资	6	3300.00			3500.00		0.00	0	0.00	0.00	
6	周新	身份证				工资	6	3300.00			3500.00		0.00	0	0.00	0.00	
7	杨姝	身份证				工资	6	3700.00			3500.00		0.00	0	0.00	0.00	
8	张扬	身份证				工资	6	3500.00			3500.00		0.00	0	0.00	0.00	
9	滕燕	身份证				工资	6	3900.00			3500.00		112.00	3	3.36	3.36	
10	王明	身份证				工资	6	4400.00			3500.00		572.00	3	17.16	17.16	
11	洪天	身份证				工资	6	5400.00			3500.00		1492.00	3	44.76	44.76	
12	张招	身份证				工资	6	5400.00			3500.00		1348.00	3	40.44	40.44	
13	王力	身份证				工资	6	3100.00			3500.00		0.00	0	0.00	0.00	
14	刘红	身份证				工资	6	5400.00			3500.00		1508.00	10	45.80	45.80	
15	周涛	身份证				工资	6	3100.00			3500.00		0.00	0	0.00	0.00	
合计								64700.00			52500.00		9776.00		340.04	340.04	

图 3-25　扣缴个人所得税报表

（2）单击"增加"按钮，打开"分摊计提比例设置"对话框，输入"计提类型名称"为"应付工资"，输入"分摊计提比例"为100%，如图3-26所示。

图 3-26　分摊类型设置

（3）单击"下一步"按钮，打开"分摊构成设置"对话框，按背景资料内容进行设置，如图 3-27 所示。

部门名称	人员类别	工资项目	借方科目	借方项目大类	借方项目	贷方科目	贷方项目大类
办公室,财务部,...	企业管理人员	应发合计	660201			221101	
销售部	销售人员	应发合计	6601			221101	
一车间,二车间	车间管理人员	应发合计	510101			221101	
一车间,二车间	生产人员	应发合计	500102	产品核算	CHT计算机	221101	

图 3-27　应付工资分摊构成设置

(4) 单击"完成"按钮,返回"分摊类型设置"对话框。

(5) 用类似的方法,重复步骤(2)~步骤(4)的操作,可进行计提养老保险等其它分摊类型设置,直到设置完毕为止。

(6) 单击"返回"按钮,返回"工资分摊"对话框。

(7) 关闭"工资分摊"对话框。

温馨提示

(1) 在进行工资分摊设置时,可将多个工资类别进行汇总后再设置,以简化工作,减少工作量。

(2) 进行分摊构成设置时,部门的选择可一次选多个,人员类别的选择只能选一个。

6. 分摊工资费用

分摊工资费用可按以下操作步骤进行。

(1) 在薪资管理系统中,双击"业务处理"—"工资分摊"列表项,打开"工资分摊"对话框。

(2) 勾选需要分摊的"计提费用类型"为"应付工资"和"计提养老保险";"选择核算部门"为"管理部""供销部""生产部";选择"计提会计月份"为"2018-6",选择"计提分配方式"为"分配到部门",勾选"明细到工资项目"选项框,如图3-28所示。

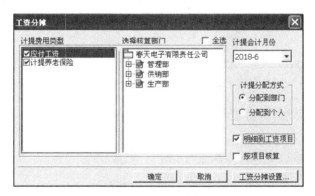

图3-28 工资分摊

(3) 单击"确定"按钮,打开"应付工资一览表"。

(4) 勾选"合并科目相同、辅助项相同的分录"选项框,在"类型"下拉列表中选择"应付工资"列表项,如图3-29所示。

(5) 单击"制单"图标,即生成"分配工资费用"的记账凭证,单击凭证左上角的"字"的位置,选择"凭证类别"为"记账凭证",确认"制单日期"为 2018.06.30,输入"附单据数"为1。将光标放在"生产成本/直接人工"科目单元格,移动光标至项目处看到笔头后双击,选入"项目名称"为"CHT计算机",单击"确定"按钮。

(6) 单击"保存"图标,凭证左上角加盖红色"已生成"印章。

(7) 关闭"填制凭证"对话框,关闭"应付工资一览表"窗口。

用类似的方法,生成"分摊养老保险费"的记账凭证,如图3-30所示。

图 3-29　应付工资一览表

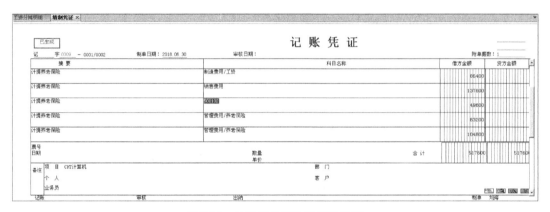

图 3-30　分摊养老保险费记账凭证

按照类似的操作步骤,进行临时工的工资分摊设置及费用分配。

7．汇总工资类别

汇总工资类别可按以下操作步骤进行。

(1) 在薪资管理系统中,关闭"工资类别"。

(2) 双击"维护"—"工资类别汇总"列表项,打开"工资类别汇总"对话框。

(3) 勾选要汇总的工资类别"正式工(001)"和"临时工(002)",如图 3-31 所示。

(4) 单击"确定"按钮,完成工资类别汇总。

(5) 双击"工资类别"—"打开工资类别"列表项,打开"工资类别"对话框。

(6) 选择"998 汇总工资类别",单击"确定"按钮,可查看工资类别汇总后所有人员的各项工资数据。

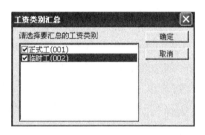

图 3-31　工资类别汇总

温馨提示

(1) 工资类别汇总后,主管可直接打开"工资类别汇总"查看汇总后的各项工资数据,但工资会计则需要主管对其进行"工资类别汇总"的授权方可查看。授权方法仍然是在总账的数据权限分配中进行,方法前面已经介绍过,这里不再重述。

(2)工资费用分摊凭证可以批量生成。

如果需要生成的工资费用分摊凭证较多,可在"工资一览表"窗口,通过单击"批制"图标,一次将所有本次参与分摊的"分摊类型"所对应的凭证全部生成。

常见问题处理

在薪资管理系统中生成的凭证在总账管理系统中怎样删除?

在薪资管理系统中生成的凭证,系统自动传输到总账管理系统,在总账管理系统中可以进行查询、审核、记账等操作,不能在总账中删除薪资管理系统生成的凭证。要想实现删除或冲销,只能在薪资管理系统中进行。薪资管理系统中的凭证查询功能提供了对薪资管理系统转账凭证的删除和冲销功能。

8. 银行代发业务处理

(1)设置银行代发文件格式

设置银行代发文件格式可按以下操作步骤进行。

① 在薪资管理系统中,打开"汇总工资类别",双击"业务处理"—"银行代发"列表项,打开"请选择部门范围"窗口,选择要代发工资的部门,如图3-32所示。

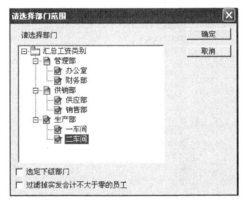

图3-32 选择部门范围

② 单击"确定"按钮,打开"银行文件格式设置"对话框。

③ 选择"银行模板"为"工行丰北分行",如图3-33所示。

④ 单击"确定"按钮,系统将弹出"确认设置的银行文件格式?"信息提示对话框,单击"是"按钮,保存设置的格式,并生成"银行代发一览表",如图3-34所示。

⑤ 关闭"银行代发一览表"窗口。

(2)设置银行代发输出方式

设置银行代发输出方式可按以下操作步骤进行。

① 在"银行代发"窗口中,单击"方式"图标,或在"银行代发一览表"表体右击,在弹出的快捷菜单中选择"方式"菜单项,即可进入银行代发磁盘"文件方式设置"功能,如图3-35所示。

② 单击"常规"选项卡,选择输出文件类型。

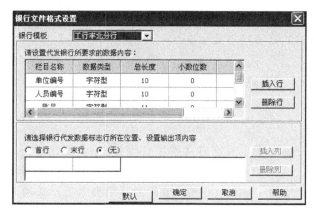

图 3-33　银行文件格式设置

单位编号	人员编号	账号	金额	录入日期
			银行代发一览表	
名称：工行丰北分行				
1234934325	101	20180623450	5459.00	20180630
1234934325	102	20180623451	4070.36	20180630
1234934325	103	20180623452	5045.00	20180630
1234934325	104	20180623453	3981.12	20180630
1234934325	105	20180623454	3076.00	20180630
1234934325	201	20180623455	3076.00	20180630
1234934325	202	20180623456	3444.00	20180630
1234934325	203	20180623457	3194.00	20180630
1234934325	204	20180623458	3609.64	20180630
1234934325	205	20180623459	4054.84	20180630
1234934325	206	20180623460	4947.24	20180630
1234934325	301	20180623461	4807.56	20180630
1234934325	302	20180623462	2876.00	20180630
1234934325	303	20180623463	4962.20	20180630
1234934325	304	20180623464	2876.00	20180630
1234934325	305	20180623465	9255.00	20180630
1234934325	306	20180623466	5855.00	20180630
1234934325	307	20180623467	2000.00	20180630
1234934325	308	20180623468	1800.00	20180630
合计			78,387.96	

图 3-34　银行代发一览表

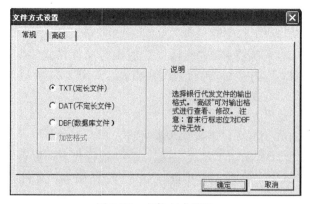

图 3-35　文件方式设置

③ 单击“高级”选项卡可对设置的文件格式进行查看和修改。

④ 单击“确定”按钮，系统将弹出“确认当前设置文件格式?”信息提示对话框，单击“是”按钮，系统生成磁盘文件的格式设置，返回“银行代发”窗口。

⑤ 关闭“银行代发”窗口。

温馨提示

如果要改变已设置的银行代发磁盘输出格式，可再次点选文件格式，则取消原有格式，再重新点选所需设置的文件格式即可。

(3) 磁盘传输

按用户已设置好的格式和设定的文件名，将数据输出到指定的磁盘。磁盘传输可按以下操作步骤进行。

① 在“银行代发”窗口，单击“传输”图标，或在“银行代发一览表”表体右击，在弹出的快捷菜单中选择“传输”菜单项，即可进入“代发文件磁盘输出”功能。

② 输入文件名、选择磁盘和选择存储路径。

③ 单击“保存”按钮保存代发文件。

④ 关闭“银行代发”窗口。

9. 账表查询

账表查询可按以下操作步骤进行。

(1) 在薪资管理系统中，双击“统计分析”—“账表”—“我的账表”列表项，进入“我的账表”窗口，如图3-36所示。

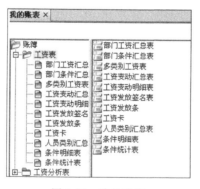

图3-36 我的账表

(2) “账簿”列表中，有“工资表”和“工资分析表”，打开后可选择任意一个想查看的表。只需按提示选择查询条件，如部门、月份等即可查到想要查看的各种表，如图3-37所示。

部门工资汇总表
2018年6月

部门	人数	应发合计	扣款合计	实发合计	本月扣零	上月扣零	代扣税	计件工资	代付税	年终奖	年终奖代扣税	年终奖代付税	工资代扣税	扣税合计	工资代付税	基本工资	奖励工资	交补	养老保险	病假天数	事假天数	缺勤扣款
管理部	5	23,500.00	1,868.52	21,631.48			188.52						188.52	188.52		19,000.00	2,000.00	2,500.00	1,680.00			
办公室	2	10,400.00	870.64	9,529.36			118.64						118.64	118.64		8,500.00	900.00	1,000.00	752.00			
财务部	3	13,100.00	997.88	12,102.12			69.88						69.88	69.88		10,500.00	1,100.00	1,500.00	928.00			
合计	5	23,500.00	1,868.52	21,631.48			188.52						188.52	188.52		19,000.00	2,000.00	2,500.00	1,680.00			

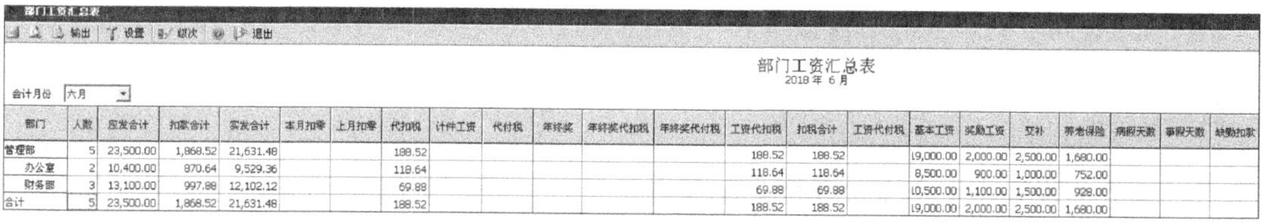

图3-37 部门工资汇总表

10. 打印工资发放签名表

打印工资发放签名表可按以下操作步骤进行。

(1) 在薪资管理系统中,双击“统计分析”—“账表”—“我的账表”列表项,进入“我的账表”窗口。

(2) 双击“工资发放签名表”列表项,打开“工资发放签名表”对话框。

(3) 选择要签名的部门。

(4) 单击“确定”按钮,打开“工资发放签名表”对话框,如图 3-38 所示。

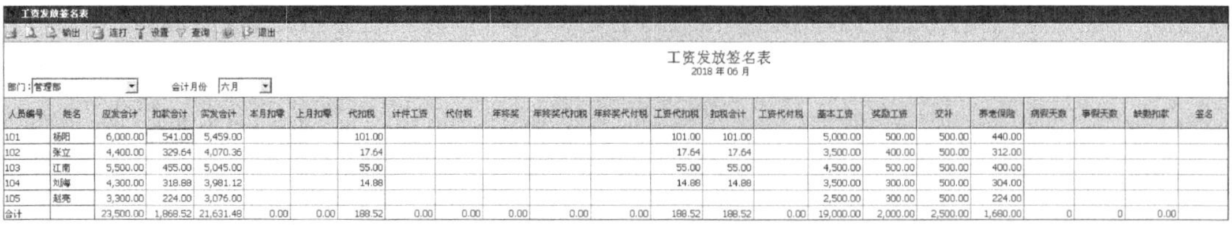
工资发放签名表

输出 连打 设置 查询 退出

工资发放签名表

2018 年 06 月

部门:管理部 会计月份 六月

人员编号	姓名	应发合计	扣款合计	实发合计	本月扣零	上月扣零	代扣税	计件工资	代付税	年终奖	年终奖代扣税	年终奖代付税	工资代扣税	扣税合计	工资代付税	基本工资	奖励工资	交补	养老保险	病假天数	事假天数	缺勤扣款	签名
101	杨阳	6,000.00	541.00	5,459.00			101.00						101.00	101.00		5,000.00	500.00	500.00	440.00				
102	张立	4,400.00	329.64	4,070.36			17.64						17.64	17.64		3,500.00	400.00	500.00	312.00				
103	江南	5,500.00	455.00	5,045.00			55.00						55.00	55.00		4,500.00	500.00	500.00	400.00				
104	刘海	4,300.00	318.88	3,981.12			14.88						14.88	14.88		3,500.00	300.00	500.00	304.00				
105	赵亮	3,300.00	224.00	3,076.00												2,500.00	300.00	500.00	224.00				
合计		23,500.00	1,868.52	21,631.48	0.00	0.00	188.52	0.00	0.00	0.00	0.00	0.00	188.52	188.52	0.00	19,000.00	2,000.00	2,500.00	1,680.00	0	0	0.00	

图 3-38 工资发放签名表

(5) 单击“连打”图标,打开“工资发放连续打印”对话框,选择要打印“工资发放签名表”的部门。

(6) 单击“打印”按钮,即可打印“工资发放签名表”。

任务 3.3 固定资产管理系统日常业务处理

背景资料

2018 年 6 月 30 日,春天电子有限责任公司财务部购入惠普打印机一台,增值税专用发票上注明价款 800 元,增值税 128 元,款项以转账支票方式支付,支票号为 1270。预计可使用 5 年(60 个月),净残值率 1%,采用平均年限法计提折旧,属于办公设备。2018 年 6 月 30 日计提本月折旧。当日一车间的空调因故报废。

任务要求

(1) 输入新增固定资产卡片并生成采购凭证。

(2) 计提本月折旧并生成凭证。

(3) 减少固定资产。

(4) 查看固定资产原值一览表。

(5) 查看固定资产价值结构分析表。

操作指导

1. 输入新增固定资产卡片并生成采购凭证

输入新增固定资产卡片并生成采购凭证可按以下操作步骤进行。

（1）以固定资产会计的身份登录企业应用平台。

（2）打开"业务工作"选项卡，双击"卡片"—"资产增加"列表项，进入"固定资产类别档案"窗口，如图 3-39 所示。

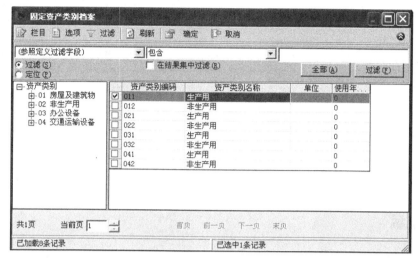

图 3-39　固定资产类别档案

（3）单击"确定"图标，打开"固定资产卡片"窗口。

（4）根据背景资料，依次输入或选入"固定资产名称"等卡片信息，如图 3-40 所示。

固定资产卡片			
卡片编号　00011		日期　2018-02-28	
固定资产编号　012102001	固定资产名称		惠普打印机
类别编号　012	类别名称　非生产用	资产组名称	
规格型号	使用部门		财务部
增加方式　直接购入	存放地点		
使用状况　在用	使用年限(月)　60	折旧方法　平均年限法(一)	
开始使用日期　2018-02-28	已计提月份　0	币种　人民币	
原值　800.00	净残值率　1%	净残值　8.00	
累计折旧　0.00	月折旧率	本月计提折旧额　0.00	
净值　800.00	对应折旧科目　660203 折旧费	项目	
增值税　136.00	价税合计　936.00		
录入人　刘海		录入日期　2018-02-28	

图 3-40　固定资产卡片

（5）单击"保存"图标，系统将弹出"数据成功保存"信息提示对话框，单击"确定"按钮。系统自动生成购入固定资产的记账凭证。

（6）单击凭证左上角"字"前空白处，单击"凭证类别参照"按钮，选择"凭证类别"为"记账凭证"，确认"制单日期"为"2018.06.30"，输入"附单据数"为 3 张，补充完善凭证后，单击"保存"图标，保存生成的购入固定资产凭证，如图 3-41 所示。

（7）关闭"填制凭证"窗口，关闭"固定资产卡片"窗口。

用类似方法可继续输入其它新增固定资产卡片。

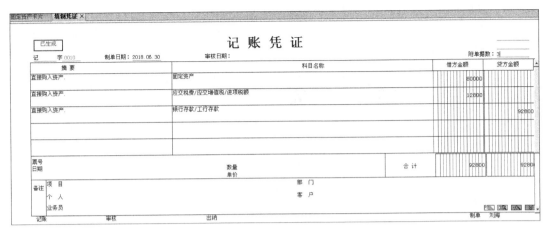

图 3-41 购入固定资产凭证

温馨提示

（1）已计提月份必须严格按照该资产在其它单位已计提或估计已计提月份数输入，否则，折旧计算将不正确。

（2）通过资产增加输入系统的卡片，在没有制作凭证和变动单、评估单的情况下，可以在输入当月进行无痕迹修改。否则，不能直接修改。

（3）非本月输入的卡片，不能删除。

（4）月结后的卡片，不能删除；做过变动单和评估单的卡片，在删除变动单和评估单后才允许删除。

常见问题处理

（1）如何修改错误卡片？

当发现卡片有输入错误，或资产使用过程中有必要修改卡片内容时，可通过卡片修改功能实现。

（2）怎样无痕迹修改卡片？

如果已制作了变动单，只有删除变动单，才能无痕迹修改卡片。如果已制作了凭证，要修改原值或累计折旧，必须删除凭证后，才能无痕迹修改卡片。

2. 计提本月折旧并生成凭证

计提本月折旧并生成凭证可按以下操作步骤进行。

（1）在固定资产管理系统中，双击"处理"—"计提本月折旧"列表项，系统将弹出"是否要查看折旧清单？"信息提示对话框。

（2）单击"是"按钮，系统将弹出"本操作将计提本月折旧！并花费一定时间！是否继续？"信息提示对话框。

（3）单击"是"按钮，生成"折旧清单"，如图 3-42 所示。

（4）单击"退出"图标，系统将弹出"计提折旧完成！"信息提示对话框。

折旧清单 [2018.06]													
按部门查询	卡片编号	资产编号	资产名称	原值	计提原值	本月计提折旧额	累计折旧	本年计提折旧	减值准备	净值	净残值	折旧率	单位折旧	本月工作量	累计工作量	规格型号
固定资产部门编码目录	00001	012101001	办公楼	000.00	000,000.00	9,600.00	449,600.00	9,600.00	0.00	400.00	0,000.00	0.0016		0.000	0.000	
1 管理部	00002	032101001	电脑1	000.00	5,000.00	81.00	2,081.00	81.00	0.00	919.00	150.00	0.0162		0.000	0.000	
2 供销部	00003	032102001	j电脑2	000.00	5,000.00	81.00	2,081.00	81.00	0.00	919.00	150.00	0.0162		0.000	0.000	
3 生产部	00004	032201001	电脑3	000.00	5,000.00	81.00	2,081.00	81.00	0.00	919.00	150.00	0.0162		0.000	0.000	
	00005	032202001	电脑4	000.00	5,000.00	81.00	2,081.00	81.00	0.00	919.00	150.00	0.0162		0.000	0.000	
	00006	032102002	打印机	800.00	800.00	12.96	332.96	12.96	0.00	467.04	24.00	0.0162		0.000	0.000	
	00007	021301001	美的空调	000.00	4,000.00	32.40	832.40	32.40	0.00	167.60	120.00	0.0081		0.000	0.000	
	00008	021301002	组装设备1	000.00	120,000.00	972.00	24,972.00	972.00	0.00	028.00	3,600.00	0.0081		0.000	0.000	
	00009	021302001	组装设备2	000.00	120,000.00	972.00	24,972.00	972.00	0.00	028.00	3,600.00	0.0081		0.000	0.000	
	00010	011301001	生产用房1	000.00	140,000.00	560.00	14,560.00	560.00	0.00	440.00	4,200.00	0.0040		0.000	0.000	
	00011	011302001	生产用房2	000.00	140,000.00	560.00	14,560.00	560.00	0.00	440.00	4,200.00	0.0040		0.000	0.000	
	00012	012201001	材料库	000.00	50,000.00	200.00	5,200.00	200.00	0.00	800.00	1,500.00	0.0040		0.000	0.000	
	00013	012202001	成品库	000.00	50,000.00	200.00	5,200.00	200.00	0.00	800.00	1,500.00	0.0040		0.000	0.000	
	00014	041202001	陕西奥卡	000.00	24,972.00	972.00	24,972.00	972.00	0.00	028.00	3,600.00	0.0081		0.000	0.000	
	00015	042101001	丰田轿车	000.00	240,000.00	1,944.00	49,944.00	1,944.00	0.00	056.00	7,200.00	0.0081		0.000	0.000	
	合计			800.00	004,800.00	16,349.36	623,469.36	16,349.36	0.00	330.64	0,144.00			0.000	0.000	

图 3-42 折旧清单

(5)单击"确定"按钮,进入"折旧分配表"窗口,如图 3-43 所示。

折旧分配表 ×							
⊙ 按部门分配　部门分配条件...							
01 (2018.06--> 2018.06)	○ 按类别分配						
部门编号	部门名称	项目编号	项目名称	科目编号	科目名称	折 旧 额	
101	办公室			660203	折旧费	4,425.00	
102	财务部			660203	折旧费	2,493.96	
201	供应部			660203	折旧费	2,681.00	
202	销售部			6601	销售费用	3,653.00	
301	一车间			510102	折旧费	1,564.40	
302	二车间			510102	折旧费	1,532.00	
合计						16,349.36	

图 3-43 折旧分配表

(6)单击"凭证"图标,生成一张计提折旧的记账凭证。

(7)单击凭证左上角"字"前空白处,单击"凭证类别参照"按钮,选择"凭证类别"为"记账凭证",确认"制单日期"为 2018.06.30,输入"附单据数"为 1,补充完善凭证后,单击"保存"图标,保存计提固定资产折旧的记账凭证。

(8)关闭"填制凭证"窗口,关闭"折旧分配表"窗口。

温馨提示

(1)在一个期间内可以多次计提折旧,每次计提折旧后,只是将计提的折旧累加到月初的累计折旧,不会重复累加。但如果上次计提折旧已制单并把数据传递到总账管理系统,则必须删除该凭证才能重新计提折旧。

(2)如果计提折旧后对账套进行过影响折旧计算或分配的操作,必须重新计提折旧,否则系统不允许结账。

(3)折旧分配表是制作记账凭证,把计提折旧额分配到有关成本和费用的依据,折旧分配表有按类别分配和按部门分配两种选择,一般选择按部门分配来制作记账凭证。

3. 减少固定资产

减少固定资产可按以下操作步骤进行。

（1）在固定资产管理系统中，双击"卡片"—"资产减少"列表项，打开"资产减少"对话框。

（2）选入或输入减少资产的"卡片编号"为00007，单击"增加"按钮。

（3）选择"减少方式"为"报废"，如图 3-44 所示。

图 3-44　减少方式

（4）单击"确定"按钮，系统将弹出"所选卡片已经减少成功！"信息提示对话框，单击"确定"按钮，生成了资产减少的记账凭证。

（5）单击凭证左上角"字"前空白处，单击"凭证类别参照"按钮，选择"凭证类别"为"记账凭证"，确认"制单日期"为 2018.06.30，输入"附单据数"为 1，补充完善凭证。

（6）单击"保存"图标，保存生成的固定资产减少的记账凭证，如图 3-45 所示。

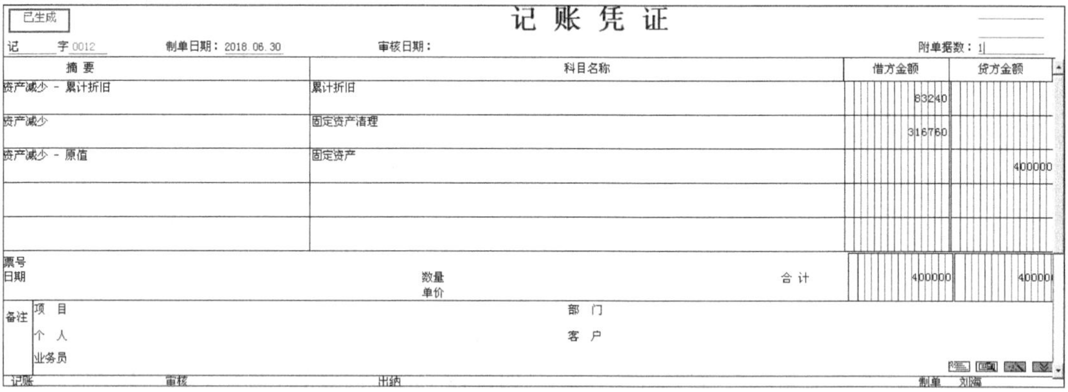

图 3-45　固定资产减少的记账凭证

（7）关闭"填制凭证"窗口，完成资产减少的操作。

用类似的方法，可进行其它资产减少的操作。

温馨提示

（1）若当前账套设置了计提折旧，则需在计提折旧后才能执行资产减少。

（2）恢复减少资产只能在资产减少的当月实现。

常见问题处理

当月因误操作减少了某项资产怎么办？

当月因误操作减少了某项资产，可通过恢复当月误减少资产的方法来解决，具体方法：在资产减少操作尚未制作凭证的情况下，从"卡片管理"界面中，选择"已减少的资产"，选中要恢复的资产，单击“恢复减少”即可恢复当月误减少资产。如果资产减少操作已制作凭证，删除凭证后再做恢复处理。

4. 查看固定资产原值一览表

查看固定资产原值一览表可按以下操作步骤进行。

(1) 在固定资产管理系统中，双击“账表”—“我的账表”列表项，进入固定资产管理系统“报表”窗口。

(2) 双击“账簿”栏的“统计表”—“(固定资产原值)一览表”列表项。

(3) 打开“条件”—“(固定资产原值)一览表”对话框。

(4) 选择“期间”为2018.06，“部门级次”为1…1，单击“确定”按钮，打开“(固定资产原值)一览表”，如图3-46所示。

报表 (固定资产原值)一览表 ×

锁定格式 | 格式锁定状态:未锁定

(固定资产原值)一览表

使用单位:春天电子有限责任公司　　期间: 2018.06

部门级次1…1

部门名称	合计				房屋及建筑物			
	原值	累计折旧	减值准备	净值	原值	累计折旧	减值准备	净值
管理部(1)	3,251,600.00	779,238.96		2,472,361.04	3,000,800.00	724,800.00		2,276,000.00
供销部(2)	3,230,000.00	764,334.00		2,465,666.00	3,100,000.00	735,200.00		2,364,800.00
生产部(3)	520,000.00	79,064.00		440,936.00	280,000.00	29,120.00		250,880.00
合计	7,001,600.00	1,622,636.96		5,378,963.04	6,380,800.00	1,489,120.00		4,891,680.00

部门名称	专用设备				办公设备				交通运输设备			
	原值	累计折旧	减值准备	净值	原值	累计折旧	减值准备	净值	原值	累计折旧	减值准备	净值
管理部(1)					10,800.00	4,494.96		6,305.04	240,000.00	49,944.00		190,056.00
供销部(2)					10,000.00	4,162.00		5,838.00	120,000.00	24,972.00		95,028.00
生产部(3)	240,000.00	49,944.00		190,056.00								
合计	240,000.00	49,944.00		190,056.00	20,800.00	8,656.96		12,143.04	360,000.00	74,916.00		285,084.00

图3-46 (固定资产原值)一览表

(5) 关闭“(固定资产原值)一览表”，返回“报表”窗口。

(6) 关闭“报表”窗口。

5. 查看固定资产价值结构分析表

查看固定资产价值结构分析表可按以下操作步骤进行。

(1) 在固定资产管理系统，双击“账表”—“我的账表”列表项，进入固定资产管理系统“报表”窗口。

(2) 双击“账簿”栏的“分析表”—“价值结构分析表”列表项，打开“条件”—“价值结构分析表”对话框。

(3) 选择“期间”为2018.06，单击“确定”按钮，打开“价值结构分析表”对话框，如图3-47所示。

报表 价值结构分析表 ×

恢复缺省格式 | 保存格式 | 锁定格式 | 格式锁定状态:未锁定

价值结构分析表

使用单位:春天电子有限责任公司　　期间: 2018.06

资产类别	数量	计量单位	期末原值	期末累计折旧	期末减值准备	期末净值	累计折旧占原值百分比%	减值准备原值百分比%	净值率%
房屋及建筑物(01)	6		,380,800.00	1,489,120.00		,891,680.00	23.34		76.66
生产用(011)	2		280,000.00	29,120.00		250,880.00	10.40		89.60
非生产用(012)	4		,100,800.00	1,460,000.00		,640,800.00	23.93		76.07
专用设备(02)	2		240,000.00	49,944.00		190,056.00	20.81		79.19
生产用(021)	2		240,000.00	49,944.00		190,056.00	20.81		79.19
办公设备(03)	5		20,800.00	8,656.96		12,143.04	41.62		58.38
非生产用(032)	5		20,800.00	8,656.96		12,143.04	41.62		58.38
交通运输设备(04)	2		360,000.00	74,916.00		285,084.00	20.81		79.19
生产用(041)	1		120,000.00	24,972.00		95,028.00	20.81		79.19
非生产用(042)	1		240,000.00	49,944.00		190,056.00	20.81		79.19
合计	15		,001,600.00	1,622,636.96		,378,963.04	23.18		76.82

图3-47 价值结构分析表

(4) 关闭"价值结构分析表"对话框,返回"报表"窗口。

(5) 关闭"报表"窗口。

任务 3.4 采购与应付款管理系统日常业务处理

背景资料

2018年6月,春天电子有限责任公司发生以下采购业务。

(1) 1日,从高德公司采购PⅢ芯片50盒,原币单价1 000元,增值税税率为16%(采购专用发票号码为1002),价税合计58 000元。供应商代垫运费50元,价税合计55元,收到相应的专用发票(运费发票号码为1853)。货物已验收入库,货款暂欠。

(2) 8日,从中瑞公司购进160GB硬盘100盒,原币单价800元,原币价税合计92 800元。发票已到(采购专用发票号码为8011),货物尚未收到,价税款已通过转账支票支付,支票号为1224。

(3) 12日,经协商决定,将1日所欠高德公司的货款58 055元转到中瑞公司账上,并进行了转账处理。

(4) 13日,签发并承兑1个月期的商业承兑汇票一张(票号为041322),抵付所欠盛大公司货款16 240元。

(5) 19日,将2018年5月11日向宏大公司签发的金额为87 000元的银行承兑汇票(票号为041025)结算。

任务要求

(1) 进行业务1的相关处理(包括入库单、应付单据和采购发票的输入与审核,采购结算及运费分摊,以及赊购和材料入库凭证的生成)。

(2) 进行业务2的相关处理(包括采购发票的输入与审核,以及付款单据输入、审核、核销,并生成相关凭证)。

(3) 进行业务3的相关处理(包括商业承兑汇票的填制、审核与制单)。

(4) 进行业务4的相关处理(包括商业汇票的填制、审核,生成用商业汇票抵付欠货款的凭证)。

(5) 进行业务5的相关处理(进行商业承兑汇票结算并制单)。

操作指导

1. 业务1的相关处理

(1) 入库单的填制与审核。入库单的填制与审核可按以下操作步骤进行。

① 在企业应用平台中,打开"业务工作"选项卡,双击"供应链"—"库存管理"—"入库业务"—"采购入库单"列表项,进入"采购入库单"窗口。

② 单击"增加"图标,打开"采购入库单"窗口,按照背景资料输入"采购入库单"的相关

信息。

③ 单击"保存"图标。

④ 单击"审核"图标,系统将弹出"该单据审核成功!"信息提示对话框。

⑤ 单击"确定"按钮,生成的采购入库单如图 3-48 所示。

图 3-48　采购入库单

⑥ 关闭"采购入库单"窗口。

(2) 输入专用采购发票。输入专用采购发票可按以下操作步骤进行。

① 在企业应用平台中,打开"业务工作"选项卡,双击"供应链"—"采购管理"—"采购发票"—"专用采购发票"列表项,进入"专用发票"窗口。

② 单击"增加"图标,打开"专用发票"窗口。

③ 单击"生单"下拉列表中的"入库单"菜单项,系统将弹出"查询条件选择—采购入库单列表过滤"信息提示对话框,单击"确定"按钮打开"拷贝并执行"对话框,在"发票拷贝入库单表头列表"中,选择要复制的入库单,如图 3-49 所示。

④ 单击"确定"图标,生成采购发票,完善发票(如图 3-50 所示),然后单击"保存"图标。

⑤ 关闭"专用发票"窗口。

(3) 输入运费发票。输入运费发票可按以下操作步骤进行。

① 在"专用发票"窗口,单击"增加"图标,打开"专用发票"窗口,按照背景资料输入或选入运费发票信息。

② 单击"保存"图标。

③ 关闭"专用发票"窗口。

(4) 采购结算及分摊运费。采购结算及分摊运费可按以下操作步骤进行。

① 在企业应用平台中,打开"业务工作"选项卡,双击"供应链"—"采购管理"—"采购结

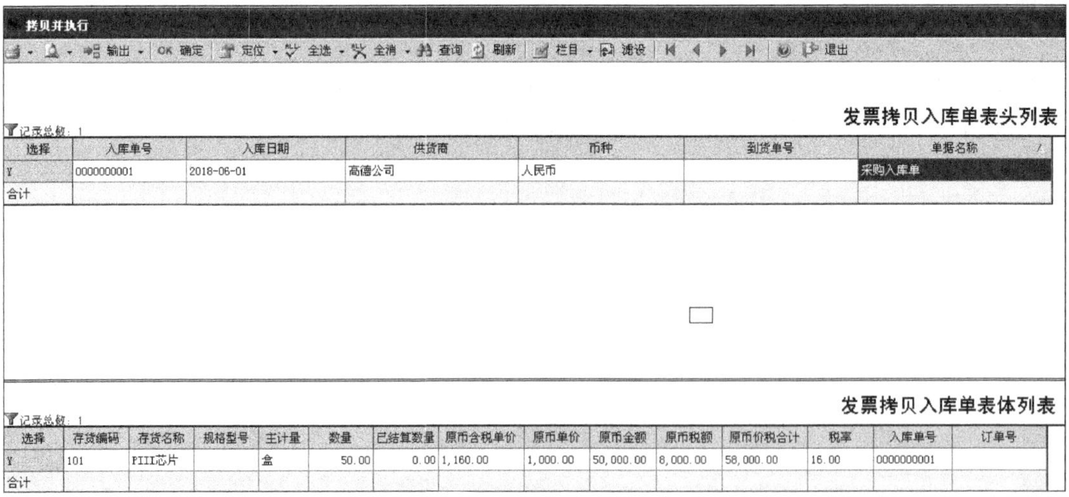

图 3-49 拷贝并执行

图 3-50 采购专用发票

算"—"手工结算"列表项,进入"手工结算"窗口。

② 单击"选单"图标,进入"结算选单"窗口。

③ 单击"查询"图标,打开"查询条件选择-采购手工结算"对话框,选择输入查询条件,如图 3-51 所示。

④ 单击"确定"按钮,打开"结算选单"对话框,单击"全选"图标,如图 3-52 所示。

⑤ 单击"确定"图标,在"手工结算"窗口中,"选择费用分摊方式"为"按数量",勾选"相同供应商"选项框,如图 3-53 所示。

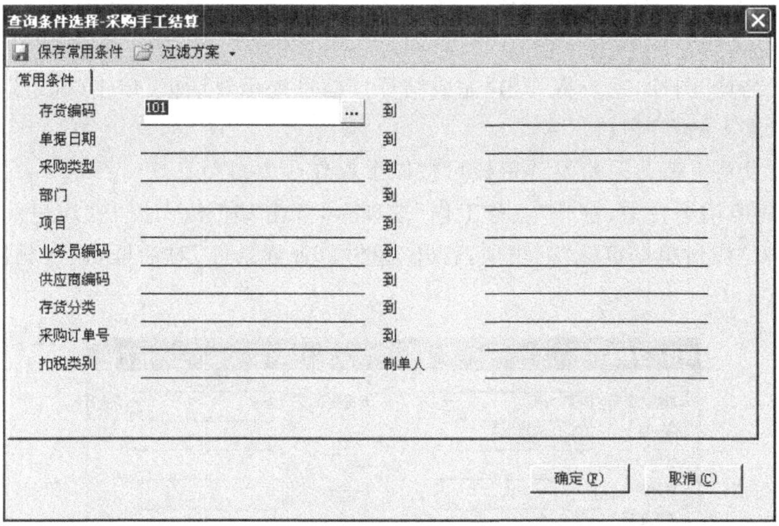

图 3-51　查询条件选择-采购手工结算

图 3-52　结算选单

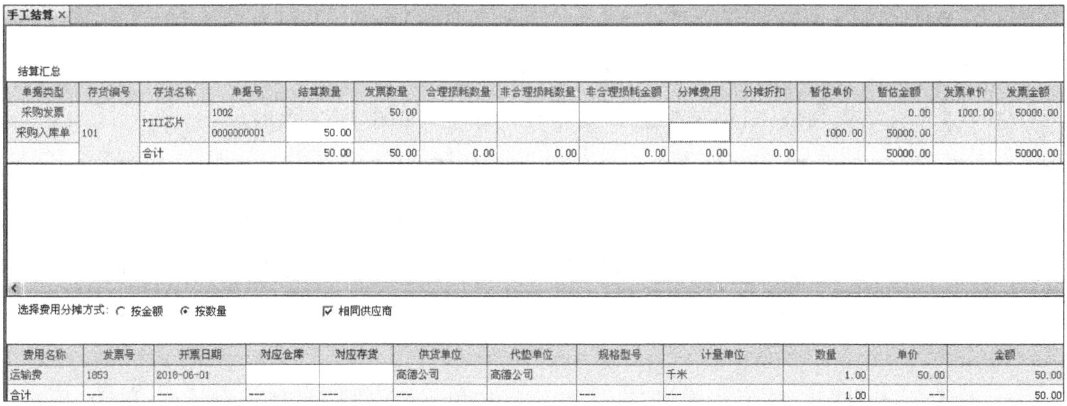

图 3-53　手工结算

⑥ 单击“分摊”图标，系统将弹出“选择按数量分摊，是否开始计算?”信息提示对话框，单击“是”按钮，系统将弹出“费用分摊(按数量)完毕，请检查”信息提示对话框，单击“确定”按钮。

⑦ 单击“结算”图标，系统将弹出“完成结算!”信息提示对话框，单击“确定”按钮。

⑧ 关闭“手工结算”窗口。

(5) 采购发票审核。采购发票审核可按以下操作步骤进行。

① 在企业应用平台中，打开“业务工作”选项卡，双击“财务会计”—“应付款管理”—“应付单据处理”—“应付单据审核”列表项，打开“应付单查询条件”对话框，输入相应的条件，如图 3-54 所示。

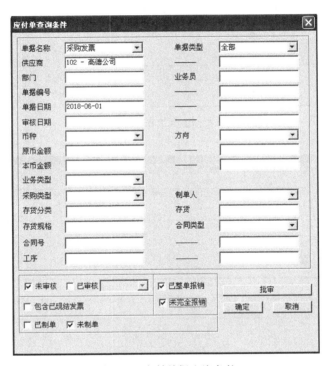

图 3-54 应付单据查询条件

② 单击“确定”按钮，打开“应付单据列表”对话框。

③ 在“应付单据列表”对话框中选择要审核的单据，如图 3-55 所示。

简易桌面 单据处理

应付单据列表

记录总数：2

选择	审核人	单据日期	单据类型	单据号	供应商名称	部门	业务员	制单人	币种	汇率	原币金额	本币金额	备注
Y		2018-02-03	采购专...	1002	高德公司	供应部	周新	周新	人民币	1.00000000	58,500.00	58,500.00	
Y		2018-02-03	采购专...	1853	高德公司	供应部	周新	周新	人民币	1.00000000	55.50	55.50	
合计											58,555.50	58,555.50	

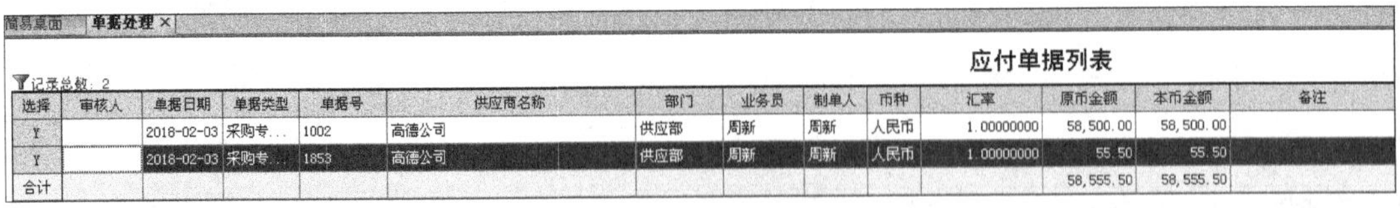

图 3-55 应付单据列表

④ 单击“审核”图标，系统将弹出“本次审核成功单据数”等信息提示对话框，单击“确定”按钮。

⑤ 关闭“应付单据列表”窗口。

（6）发票制单。发票制单可按以下操作步骤进行。

① 在企业应用平台中，打开"业务工作"选项卡，双击"财务会计"—"应付款管理"—"制单处理"列表项，打开"制单查询"对话框。

② 勾选"发票制单"选项框，如图3-56所示。

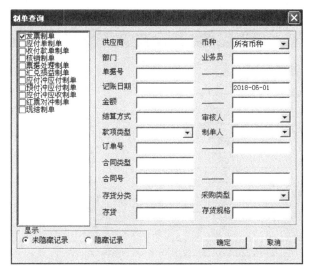

图3-56 制单查询

③ 单击"确定"按钮，打开"采购发票制单"对话框（如图3-57所示），单击"全选"图标。

选择标志	凭证类别	单据类型	单据号	日期	供应商编码	供应商名称	部门	业务员	金额
1	记账凭证	采购专用发票	1002	2018-06-01	102	高谐公司	供应部	周新	58,000.00
2	记账凭证	采购专用发票	1853	2018-06-01	102	高谐公司	供应部	周新	55.00

图3-57 采购发票制单

④ 单击"合并"图标，单击"制单"图标，单击"保存"图标，生成采购记账凭证，如图3-58所示。

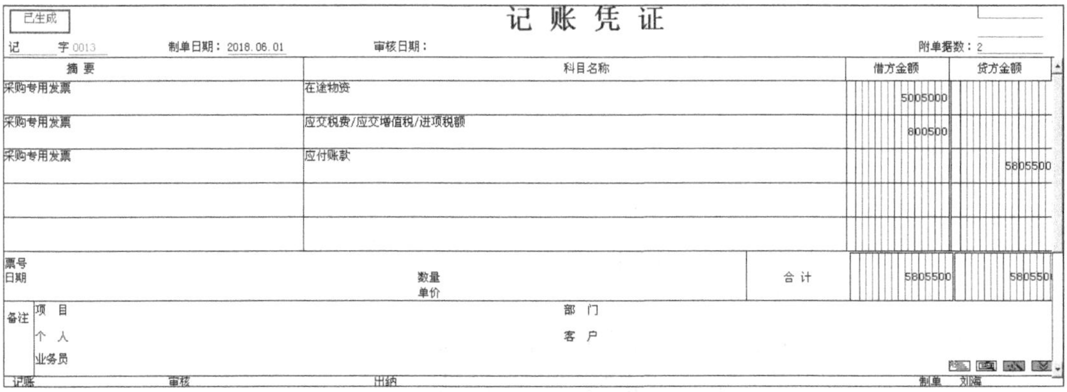

记 字 0013 制单日期：2018.06.01 审核日期： 附单据数：2

摘要	科目名称	借方金额	贷方金额
采购专用发票	在途物资	5005000	
采购专用发票	应交税费/应交增值税/进项税额	800500	
采购专用发票	应付账款		5805500
	合计	5805500	5805500

图3-58 采购记账凭证

⑤ 关闭"填制凭证"窗口,关闭"采购发票制单"窗口。

(7) 材料入库记账并生成凭证。材料入库记账并生成凭证可按以下操作步骤进行。

① 在企业应用平台中,打开"业务工作"选项卡,双击"供应链"—"存货核算"—"业务核算"—"正常单据记账"列表项,打开"查询条件选择"对话框,选择输入查询条件,如图 3-59 所示。

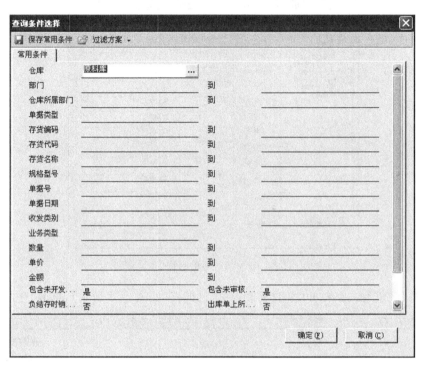

图 3-59 查询条件选择

② 单击"确定"按钮,打开"未记账单据一览表"窗口,如图 3-60 所示。

选择	日期	单据号	存货编码	存货名称	规格型号	存货代码	单据类型	仓库名称	收发类别	数量	单价	金额	计划单价	计划金额	供应商简称	计量单位
Y	2018-06-01	0000000001	101	PIII芯片			采购入库单	原料库	采购入库	50.00	1,001.00	50,050.00			高德公司	盒
小计										50.00		50,050.00				

图 3-60 未记账单据一览表

③ 单击"全选"图标,单击"记账"图标,系统将弹出"记账成功。"信息提示对话框,单击"确定"按钮。

④ 关闭"未记账单据一览表"窗口返回。

⑤ 双击"存货核算"—"财务核算"—"生成凭证"列表项。

⑥ 单击"选择"图标,打开"查询条件"对话框,单击"全消"按钮,勾选"(01)采购入库单(报销记账)"选项框,如图 3-61 所示。

⑦ 单击"确定"按钮,打开"未生成凭证单据一览表"窗口。

⑧ 选择要生成凭证的入库单,单击"确定"图标,进入"生成凭证"窗口。

⑨ 单击"生成"图标,生成材料入库的记账凭证,单击"保存"图标,保存记账凭证,如图 3-62 所示。

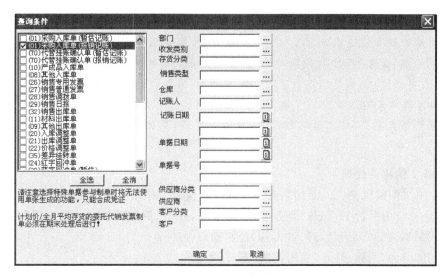

图 3-61 查询条件

图 3-62 材料入库记账凭证

⑩ 关闭"填制凭证"窗口,关闭"生成凭证"窗口。

温馨提示

(1) 如果采购的同时支付款项,采购发票可以"现付"。

(2) 普通发票中的单价、金额都是含税的,默认税率为零。

(3) 货票同到的业务,发票和入库单的填制没有先后顺序,如果先填制入库单,填制采购发票时可复制入库单的内容。

(4) 已进行结算的发票不能直接修改,要修改需先取消结算。

(5) 如果已填制了入库单,则填制采购发票可复制入库单的内容。

常见问题处理

（1）发票无法修改怎么办？

发票无法修改可能是已进行了"现付"处理，也可能是已进行了"结算"处理，如果是已进行了"现付"处理，应先"弃付"，再修改；如果是已进行了"审核"处理，则需取消审核后再修改，即弃审后再修改；如果是已进行了"结算"处理，则需取消结算后再修改。

（2）如何取消采购结算？

取消采购结算应在"结算单明细列表"功能中实现，具体操作要通过删除"采购结算单"来完成。

2. 业务 2 的相关处理

（1）专用采购发票输入。专用采购发票输入可按以下操作步骤进行。

① 在企业应用平台中，打开"业务工作"选项卡，双击"供应链"—"采购管理"—"采购发票"—"专用采购发票"列表项，进入"专用发票"窗口。

② 单击"增加"图标，打开"专用发票"窗口。

③ 按照背景资料依次输入表头和表体各项内容。

④ 单击"保存"图标。

⑤ 关闭"专用发票"窗口。

（2）专用采购发票审核。专用采购发票审核可按以下操作步骤进行。

① 在企业应用平台中，打开"业务工作"选项卡，双击"财务会计"—"应付款管理"—"应付单据处理"—"应付单据审核"列表项，打开"应付单据查询条件"对话框，输入相应的条件，勾选"未完全报销"选项。

② 单击"确定"按钮，打开"应付单据列表"对话框。

③ 在"应付单据列表"对话框中选择要审核的单据。

④ 单击"审核"图标，系统弹出"本次审核成功单据数"等信息提示对话框，单击"确定"按钮。

⑤ 关闭"应付单据列表"对话框。

（3）发票制单。发票制单操作方法同业务 1，这里不再介绍。

（4）输入审核付款单据。输入审核付款单据可按以下操作步骤进行。

① 在企业应用平台中，打开"业务工作"选项卡，双击"财务会计"—"应付款管理"—"付款单据处理"—"付款单据输入"列表项，进入"付款单"窗口。

② 单击"增加"图标，打开"付款单"窗口。

③ 按照背景资料输入或选入相关信息内容后，单击"保存"图标，如图 3-63 所示。

④ 单击"审核"图标，系统将弹出"是否制单？"信息提示对话框，单击"是"按钮，系统生成相应的凭证，单击"保存"图标，如图 3-64 所示。

⑤ 关闭"填制凭证"窗口，关闭"付款单"窗口。

（5）核销处理。核销处理有以下两种方式。

第一种核销方式：手工核销。

手工核销可按以下操作步骤进行。

图 3-63 付款单

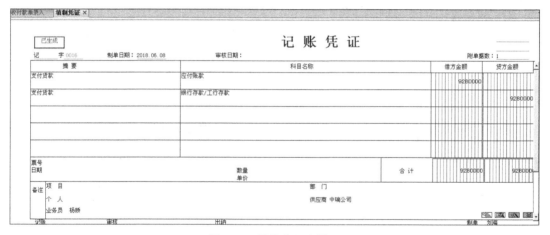

图 3-64 付款的记账凭证

① 在应付款管理系统中,双击"核销处理"—"手工核销"列表项,打开"核销条件"对话框。

② 输入核销条件,如图 3-65 所示。

③ 单击"确定"按钮,打开"单据核销"窗口,如图 3-66 所示。

④ 根据背景资料输入本次结算金额,如有折扣条件,需确定本次折扣金额。

⑤ 单击"保存"图标。

⑥ 关闭"单据核销"窗口。

第二种核销方式:自动核销。

自动核销可按以下操作步骤进行。

① 在应付款管理系统中,双击"核销处理"—"自动核销"列表项,打开"核销条件"对

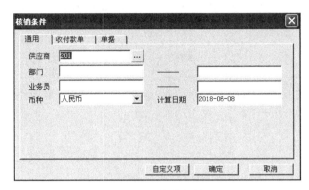

图 3-65 核销条件

单据核销

单据日期	单据类型	单据编号	供应商	款项...	结算方式	币种	汇率	原币金额	原币余额	本次结算	订单号
2018-06-08	付款单	0000000001	中瑞公司	应付款	转账支票	人民币	1.00000000	92,800.00	92,800.00	92,800.00	
合计								92,800.00	92,800.00	92,800.00	

单据日期	单据类型	单据编号	到期日	供应商	币种	原币金额	原币余额	可享受折扣	本次折扣	本次结算	订单号	凭证号
2018-05-28	采购专用发票	2856	2018-05-28	中瑞公司	人民币	92,800.00	92,800.00	0.00				
2018-06-08	采购专用发票	8011	2018-06-08	中瑞公司	人民币	92,800.00	92,800.00	0.00	0.00	92,800.00		记-0015
合计						185,600.00	185,600.00	0.00		92,800.00		

图 3-66 单据核销

话框。

② 输入核销条件，单击“确定”按钮，系统进行自动核销。

③ 核销完成后，系统提交“自动核销报告”，显示已核销的情况和未核销的原因。

温馨提示

(1) 手工核销一次只能对一种结算单类型进行核销。

(2) 如果进行核销操作后发现操作有误，可通过取消核销的方法，使操作恢复到核销前的状态。

3. 业务 3 的相关处理

本笔业务属于应付冲应付业务，应付冲应付可按以下操作步骤进行。

① 在企业应用平台中，打开“业务工作”选项卡，双击“财务会计”—“应付款管理”—“转账”—“应付冲应付”列表项，打开“应付冲应付”对话框。

② 在“转出户”栏输入或参照选入“高德公司”，在“转入户”栏输入或参照选入“中瑞公司”。

③ 单击“查询”图标，系统列出转出供应商“高德公司”的未核销的应付款。在“单据日期”为 2018-06-01 的采购发票和运费发票单据行的“并账金额”栏分别输入 5 800.00 和 55.00，如图 3-67 所示。

④ 单击“保存”图标，系统将弹出“是否立即制单”信息提示对话框，单击“是”按钮，单击“保存”图标，生成应付冲应付记账凭证，如图 3-68 所示。

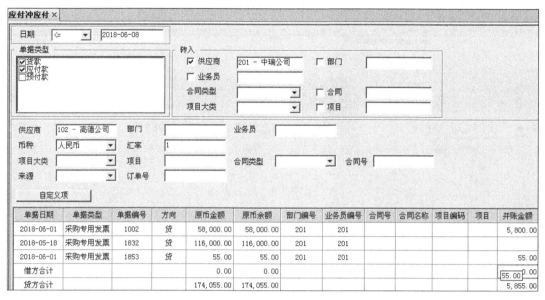

图 3-67 应付冲应付

图 3-68 应付冲应付记账凭证

⑤ 关闭"填制凭证"窗口,关闭"应付冲应付"对话框。

温馨提示

(1) 每笔应付款的转账金额不能大于其余额。

(2) 每次只能选择一个转入单位。

4. 业务 4 的相关处理

业务 4 是用商业汇票抵付欠货款的业务。

商业汇票抵付欠货款可按以下操作步骤进行。

① 在企业应用平台中,打开"业务工作"选项卡,双击"财务会计"—"应付款管理"—"票据管理"列表项,打开"查询条件选择"对话框,单击"确定"按钮,进入"票据管理"窗口。

② 单击"增加"图标,打开"商业汇票"对话框。

③ 按照背景资料输入相关内容,如图 3-69 所示。

图 3-69 商业汇票

④ 单击"保存"图标,完成票据增加处理。
⑤ 关闭"应付票据"对话框,关闭"票据管理"窗口。
⑥ 双击"应付款管理"—"付款单据处理"—"付款单据输入"列表项,进入"付款单"窗口。
⑦ 单击"末张"图标,找到新增的票据,单击"审核"图标,系统将弹出"是否立即制单?"信息提示对话框。
⑧ 单击"是"按钮,生成用商业汇票抵付欠货款的凭证,完善凭证并填写应付票据的辅助项。
⑨ 单击"确定"按钮,单击"保存"图标,如图 3-70 所示。

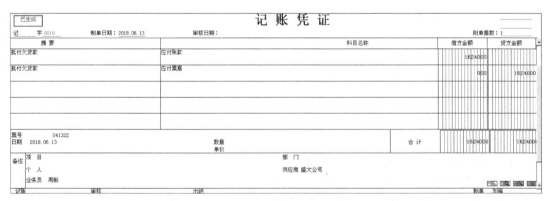

图 3-70 票据抵付欠货款记账凭证

⑩ 关闭"填制凭证"窗口,关闭"付款单"窗口。

5. 业务 5 的相关处理

业务 5 是兑付银行承兑汇票款的业务，即商业汇票结算的业务。

(1) 商业汇票结算。商业汇票结算可按以下操作步骤进行。

① 在企业应用平台中，打开"业务工作"选项卡，双击"财务会计"—"应付款管理"—"票据管理"列表项，打开"查询条件选择"对话框。

② 单击"确定"按钮，进入"票据管理"窗口。

③ 选中要结算的商业汇票。

④ 单击"结算"图标，打开"票据结算"对话框。

⑤ 输入结算金额，单击"确定"按钮，系统将弹出"是否立即制单"信息提示对话框，单击"否"按钮。

⑥ 关闭"票据管理"窗口。

(2) 商业汇票结算制单。商业汇票结算制单可按以下操作步骤进行。

① 在企业应用平台中，打开"业务工作"选项卡，双击"财务会计"—"应付款管理"—"制单处理"列表项，打开"制单查询"对话框。

② 勾选"票据处理制单"选项框，如图 3-71 所示。

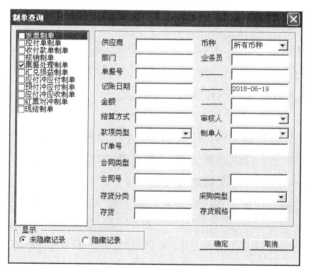

图 3-71　制单查询

③ 单击"确定"按钮，打开"票据处理制单"对话框，选择制单票据，单击"制单"图标，生成票据结算凭证框架，完善凭证并输入辅助项。

④ 单击"保存"图标，生成票据结算记账凭证，如图 3-72 所示。

⑤ 关闭"填制凭证"窗口，关闭"票据处理制单"窗口。

温馨提示

票据结算后不能再进行其它与票据相关的处理。

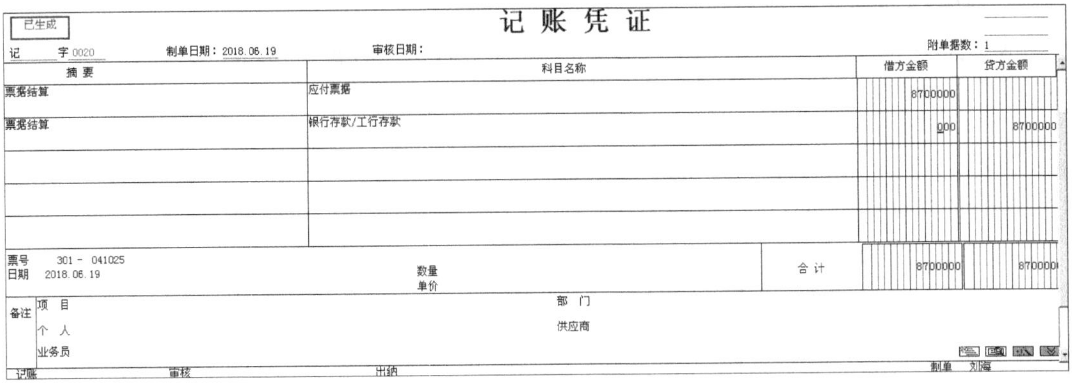
已生成

记账凭证

记 字 0020　制单日期：2018.06.19　审核日期：　附单据数：1

摘要	科目名称	借方金额	贷方金额
票据结算	应付票据	8700000	
票据结算	银行存款/工行存款	000	8700000
票号 301 - 041025 日期 2018.06.19	数量 单价	合计 8700000	8700000

备注　项目　部门

个人　供应商

业务员

记账　审核　出纳　制单 刘海

图 3-72　票据结算记账凭证

任务 3.5　销售与应收款管理系统日常业务处理

背景资料

2018 年 6 月，春天电子有限责任公司发生以下经济业务。

(1) 4 日，销售给永恒公司 CHT 计算机 10 台，无税单价为 51 724.14 元，增值税税率为 16%，价税合计 6 000 元。对方以转账支票支付货款，开出增值税专用发票(票号为 03456)，同时发出商品。

(2) 8 日，销售给丰盛公司 CHT 计算机 100 台，无税单价为 6 000 元，增值税税率为 16%，价税合计 69 6000 元。开出转账支票代垫运费 3 000 元，商品已发出，价税款尚未收回。购货发票票号为 03457，运费发票票号为 03458。

(3) 12 日，收到丰盛公司面值为 699 300 元的转账支票一张，票号为用以偿还部分前欠货款，并作核销处理。

(4) 15 日，收到天地公司 3 个月期银行承兑汇票一张，票面金额 104 400 元，票据编号为 079459，抵付以前欠的货款。

(5) 16 日，经三方协商，同意将丰盛公司原欠货款 41 760 元转为向永恒公司的应收账款。

(6) 19 日，2018 年 5 月 19 日永恒公司签发并承兑的 081555 号银行承兑汇票到期，收回票款，进行结算处理。

(7) 23 日，将未到期的天地公司的银行承兑汇票(票号为 079459)在工行丰北分行办理贴现，贴现率为 5%。

(8) 26 日，确认新都公司 2018 年 5 月 18 日所欠款项 69 600 元无法收回，作为坏账处理。

(9) 30 日，计提坏账准备。

任务要求

(1) 进行业务 1 的相关处理(包括销售发货单的填制与审核,销售发票的填制、复核、审核、制单,销售出库单的审核、记账及凭证生成,收款单的输入、审核与制单)。

(2) 进行业务 2 的相关处理(包括销售发货单的填制与审核,销售发票的填制、复核、审核、制单,销售出库单的审核、记账及凭证生成)。

(3) 进行业务 3 的相关处理(包括收款单的输入、审核与制单)。

(4) 进行业务 4 的相关处理(包括商业汇票的填制与审核)。

(5) 进行业务 5 的相关处理(进行应收冲应收业务处理)。

(6) 进行业务 6 的相关处理(进行票据结算处理)。

(7) 进行业务 7 的相关处理(进行票据贴现业务处理)。

(8) 业务 4～业务 7 批量制单。

(9) 进行业务 8 的相关处理(确认坏账,并生成坏账发生的凭证)。

(10) 进行业务 9 的相关处理(计提坏账准备,并生成计提坏账准备的凭证)。

操作指导

1. 业务 1 的相关处理

(1) 填制并审核销售发货单。填制并审核销售发货单可按以下操作步骤进行。

① 在企业应用平台中,打开"业务工作"选项卡,双击"供应链"—"销售管理"—"销售发货"—"发货单"列表项,进入"发货单"窗口。

② 单击"增加"图标,按照背景资料输入或选入相关信息,如图 3-73 所示。

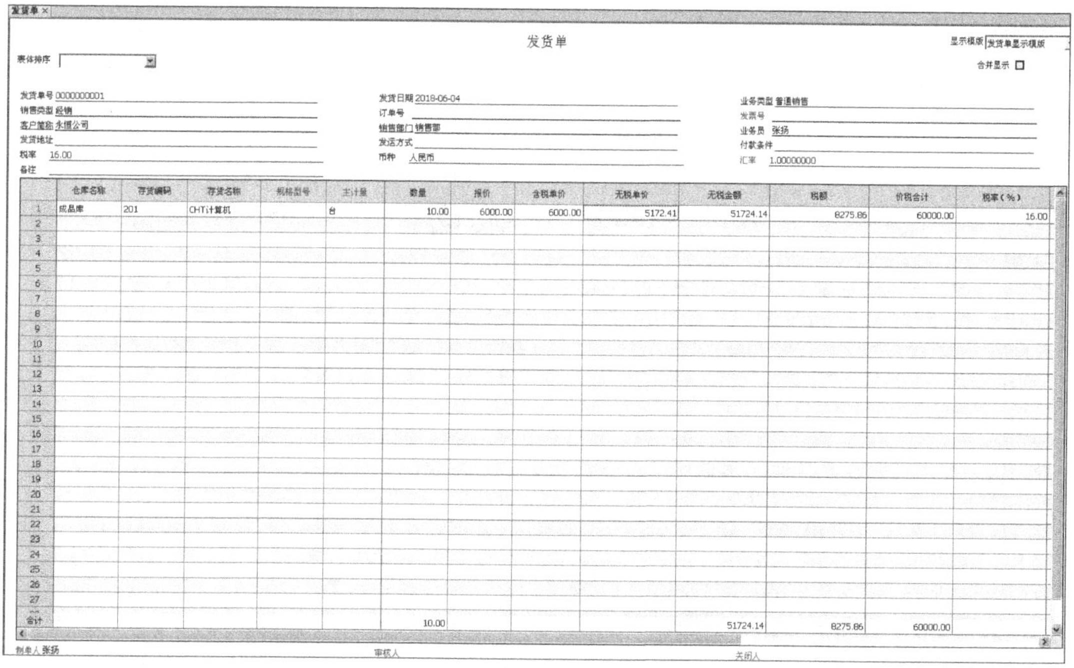
发货单 ×
发货单
显示模版 发货单显示模版
表体排序
合并显示
发货单号 0000000001　发货日期 2018-06-04　业务类型 普通销售
销售类型 经销　订单号　发票号
客户简称 永恒公司　销售部门 销售部　业务员 张扬
发货地址　发运方式　付款条件
税率 16.00　币种 人民币　汇率 1.00000000
备注

	仓库名称	存货编码	存货名称	规格型号	主计量	数量	报价	含税单价	无税单价	无税金额	税额	价税合计	税率(%)
1	成品库	201	CHT计算机		台	10.00	6000.00	6000.00	5172.41	51724.14	8275.86	60000.00	16.00
合计						10.00				51724.14	8275.86	60000.00	

制单人 张扬　审核人　关闭人

图 3-73　发货单

③ 单击"保存"图标,单击"审核"图标,关闭"发货单"窗口。

(2) 填制并复核销售专用发票。填制并复核销售专用发票可按以下操作步骤进行。

① 在企业应用平台中,打开"业务工作"选项卡,双击"供应链"—"销售管理"—"销售开票"—"销售专用发票"列表项,进入"销售专用发票"窗口。

② 单击"增加"图标,打开"查询条件选择—发票参照发货单"对话框,单击"确定"按钮,打开"参照生单"窗口,如图 3-74 所示。

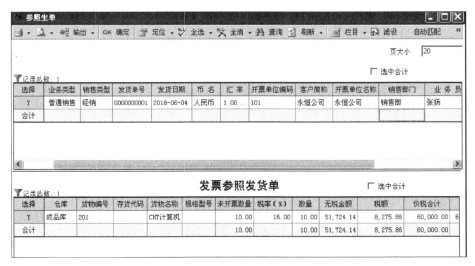

图 3-74　参照生单

③ 选择要参照发货单,单击"确定"图标,将发货单信息带入销售专用发票。

④ 完善发票内容后,单击"保存"图标,生成销售专用发票,单击"复核"图标,如图 3-75 所示。

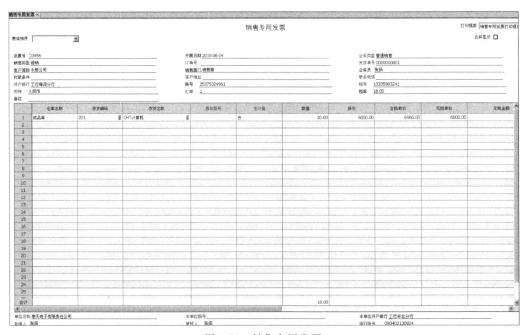

图 3-75　销售专用发票

⑤ 关闭“销售专用发票”窗口。

温馨提示

(1) 填制销售专用发票参照发货单的前提是，在销售管理系统中的选项设置时，在打开“其它控制”选项卡后，在“新增发票默认”下勾选“参照发货”选项框。

(2) 已经复核的发票不能直接修改或删除，须弃复再修改或删除。

(3) 审核发票。审核发票可按以下操作步骤进行。

① 在企业应用平台中，打开“业务工作”选项卡，双击“财务会计”—“应收款管理”—“应收单据处理”—“应收单据审核”列表项，打开“应收单查询条件”对话框。

② 单击“确定”按钮，打开“应收单据列表”对话框，选择要审核的单据，如图3-76所示。

单据处理 ×

应收单据列表

记录总数：1

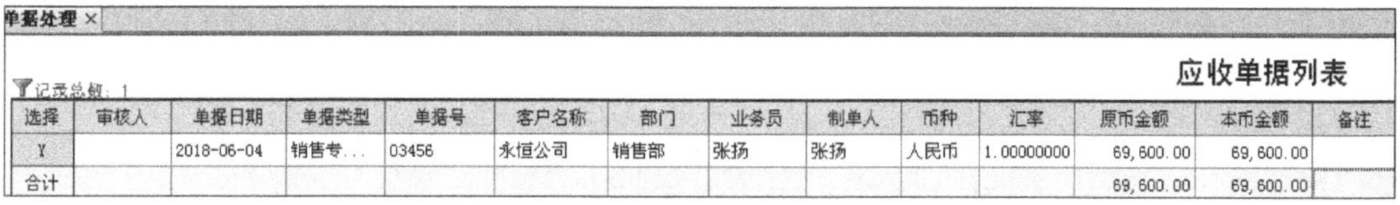

选择	审核人	单据日期	单据类型	单据号	客户名称	部门	业务员	制单人	币种	汇率	原币金额	本币金额	备注
Y		2018-06-04	销售专...	03456	永恒公司	销售部	张扬	张扬	人民币	1.00000000	69,600.00	69,600.00	
合计											69,600.00	69,600.00	

图3-76　应收单据列表

③ 单击“审核”图标，系统将弹出“审核成功!”信息提示对话框，单击“确定”按钮，完成发票审核任务。

④ 关闭“应收单据列表”对话框。

(4) 销售发票制单。销售发票制单可按以下操作步骤进行。

① 在企业应用平台中，打开“业务工作”选项卡，双击“财务会计”—“应收款管理”—“制单处理”列表项，打开“制单查询”对话框。

② 勾选“发票制单”选项，单击“确定”按钮，打开“销售发票制单”窗口。

③ 在“销售发票制单”窗口中选择要制单的单据。

④ 单击“制单”图标，生成记账凭证，单击“保存”图标，如图3-77所示。

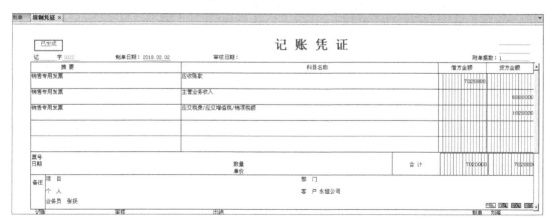

图3-77　记账凭证

⑤ 关闭“填制凭证”窗口，关闭“销售发票制单”窗口。

(5) 审核销售出库单。审核销售出库单可按以下操作步骤进行。

① 在企业应用平台中,打开"业务工作"选项卡,双击"供应链"—"库存管理"—"出库业务"—"销售出库单"列表项,打开"销售出库单"窗口。

② 单击"末张"图标,找到要审核业务的出库单,单击"审核"图标,系统将弹出"该单据成功审核!"信息提示对话框,单击"确定"按钮,完成销售出库单审核任务,如图3-78所示。

图 3-78 销售出库单

③ 关闭"销售出库单"窗口。

(6) 进行记账并生成凭证。进行记账并生成凭证可按以下操作步骤进行。

① 在企业应用平台中,打开"业务工作"选项卡,双击"供应链"—"存货核算"—"业务核算"—"正常单据记账"列表项,打开"查询条件选择"对话框,选择"仓库"为"成品库",单击"确定"按钮。

② 打开"正常单据记账列表"窗口,选择要记账的单据,单击"记账"图标,系统将弹出"记账成功!"信息提示对话框,单击"确定"按钮,完成销售出库单记账任务。

③ 关闭"正常单据记账列表"窗口。

④ 双击"存货核算"—"财务核算"—"生成凭证"列表项,进入"生成凭证"窗口。

⑤ 单击"选择"图标,打开"查询条件"对话框,单击"全消"按钮,勾选"销售出库单"选项框,单击"确定"按钮,如图3-79所示。

⑥ 单击"确定"按钮,打开"未生成凭证单据一览表"窗口。

⑦ 选择要生成凭证的入库单,单击"确定"图标,进入"生成凭证"窗口。

⑧ 单击"生成"图标,生成产品出库的记账凭证,单击"保存"图标,保存记账凭证,如图3-80所示。

⑨ 关闭"填制凭证"窗口,关闭"生成凭证"窗口。

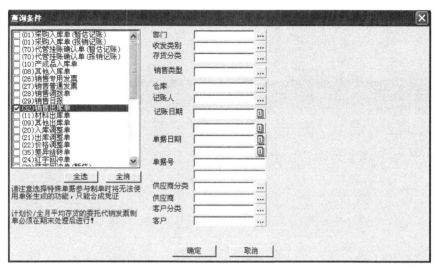

图 3-79 查询条件

图 3-80 销售出库记账凭证

(7) 输入收款单并制单。输入收款单并制单可按以下操作步骤进行。

① 在企业应用平台中,打开"业务工作"选项卡,双击"财务会计"—"应收款管理"—"收款单据处理"—"收款单据输入"列表项,进入"收款单"窗口。

② 单击"增加"图标,根据业务资料输入收款单相关项目信息,单击"保存"图标,如图 3-81 所示。

③ 单击"审核"图标,系统将弹出"是否立即制单"信息提示对话框,单击"确定"按钮。

④ 生成收款的记账凭证,单击"保存"图标,如图 3-82 所示。

⑤ 关闭"填制凭证"窗口,关闭"收款单"窗口。

2. 业务 2 的相关处理

(1) 填制并审核销售发货单。填制并审核销售发货单的操作方法与业务 1 的(1)的操作方法相同,这里不再阐述。

(2) 填制并复核销售专用发票。填制并复核销售专用发票的操作方法与业务 1 的(2)相同,这里不再阐述。

图 3-81 收款单输入

图 3-82 收款的记账凭证

（3）审核发票。审核发票的操作方法同业务 1 相应内容，这里不再阐述。

（4）销售发票制单。销售发票制单的操作方法同业务 1 相应内容，这里不再阐述。

（5）审核销售出库单。审核销售出库单的操作方法同业务 1 相应内容，这里不再阐述。

（6）进行记账并生成凭证。进行记账并生成凭证的操作方法同业务 1 相应内容，这里不再阐述。

3．业务 3 的相关处理

（1）输入、审核收款单据并制单。输入、审核收款单据并制单的操作方法同业务 1 相应内容，这里不再阐述。

（2）应收款管理系统核销处理。应收款管理系统核销有以下两种方式。

第一种核销方式：手工核销。

手工核销可按以下操作步骤进行。

① 在企业应用平台中,打开"业务工作"选项卡,双击"财务会计"—"应收款管理"—"核销处理"—"手工核销"列表项,打开"核销条件"对话框,输入或选入客户、部门、业务员、计算日期等信息,单击"确定"按钮,打开"单据核销"窗口。

② 在对应的行次输入本次结算的金额,如图 3-83 所示。

单据日期	单据类型	单据编号	客户	款项类型	结算方式	币种	汇率	原币金额	原币余额	本次结算金额	订单号
2018-06-12	收款单	0000000002	丰盛公司	应收款	转账支票	人民币	1.00000000	699,300.00	699,300.00	699,300.00	
合计									699,300.00	699,300.00	699,300.00	

单据日期	单据类型	单据编号	到期日	客户	币种	原币金额	原币余额	可享受折扣	本次折扣	本次结算	订单号	凭证号
2018-06-08	销售专...	03457	2018-06-08	丰盛公司	人民币	696,000.00	696,000.00	0.00	0.00	654,240.00		记-0024
2018-06-08	销售专...	03458	2018-06-08	丰盛公司	人民币	3,300.00	3,300.00	0.00	0.00	3,300.00		记-0024
2018-05-25	销售专...	1305	2018-05-25	丰盛公司	人民币	41,760.00	41,760.00	0.00	0.00	41,760.00		
合计						741,060.00	741,060.00	0.00		699,300.00		

图 3-83　单据核销

③ 单击"保存"图标。

④ 关闭"单据核销"窗口。

第二种核销方式:自动核销。

自动核销可按以下操作步骤进行。

① 在企业应用平台中,打开"业务工作"选项卡,双击"财务会计"—"应收款管理"—"核销处理"—"自动核销"列表项,打开"核销条件"对话框。

② 输入或选入客户、部门、业务员、计算日期等信息,单击"确定"按钮,系统将进行自动核销。

③ 核销完成后,系统提交"自动核销报告",显示已核销的情况和未核销的原因。

温馨提示

手工核销输入本次结算的金额,如果有期初余额,先核销期初余额,再按业务发生的时间顺序依次核销,但上、下列表中的结算金额合计应一致。

常见问题处理

核销后发现操作有误需要取消核销怎么办?

如果进行核销操作后发现操作有误,可通过取消核销的方法,使操作恢复到核销的状态,可通过执行"其它处理/取消操作"命令来实现。

4. 业务 4 的相关处理

(1) 填制票据。填制票据可按以下操作步骤进行。

① 在企业应用平台中,打开"业务工作"选项卡,双击"财务会计"—"应收款管理"—"票据管理"列表项,打开"票据查询"对话框,单击"确定"按钮,进入"票据管理"窗口。

② 单击"增加"图标,打开"商业汇票"窗口,输入或选入票据相关内容后,如图 3-84

所示。

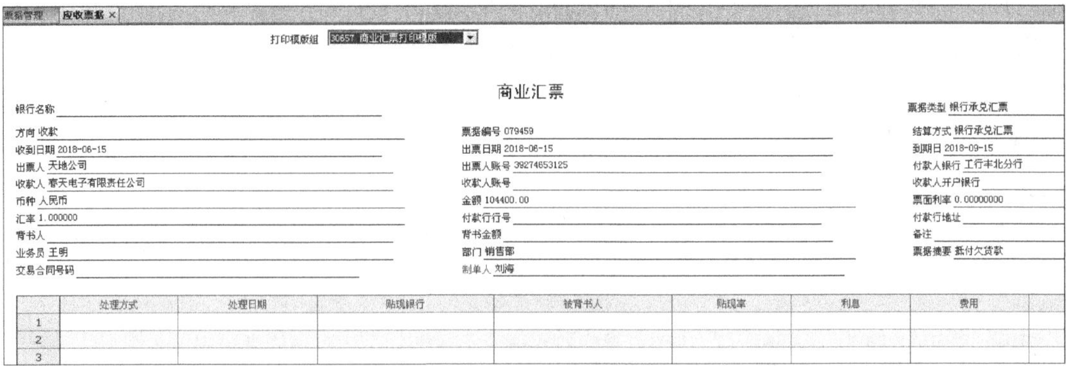

图 3-84　商业汇票

③ 单击"保存"图标,完成新增票据的输入。

④ 关闭"商业汇票"窗口,关闭"票据管理"窗口。

(2) 审核票据。审核票据可按以下操作步骤进行。

① 在企业应用平台中,打开"业务工作"选项卡,双击"财务会计"—"应收款管理"—"收款单据处理"—"收款单据审核"列表项,打开"收款单查询条件"对话框,单击"确定"按钮,打开"收付款单列表"窗口。

② 选择要审核的单据,单击"审核"图标,系统将弹出"审核成功!"信息提示对话框,单击"确定"按钮。

③ 关闭"收付款单列表"窗口。

温馨提示

(1) 银行承兑汇票必须有承兑银行。

(2) 保存一张票据的结果是系统自动增加了一张应收单,票据生成的收款单不能进行修改。

常见问题处理

如何修改错误的票据?

发现已输入的票据有错误,可以利用系统提供的修改功能修改票据内容。

5. 业务 5 的相关处理

本笔业务属于应收冲应收业务,应收冲应收业务可按以下操作步骤进行。

① 在企业应用平台中,打开"业务工作"选项卡,双击"财务会计"—"应收款管理"—"转账"—"应收冲应收"列表项,打开"应收冲应收"窗口。

② 勾选单据类型,选择转出户和转入户。

③ 单击"查询"图标,系统列出该转出户所有满足条件的单据,在要转出单据所在行,输入"并账金额",如图 3-85 所示。

④ 单击"保存"图标,系统弹出"是否立即制单?"信息提示对话框,单击"否"按钮。

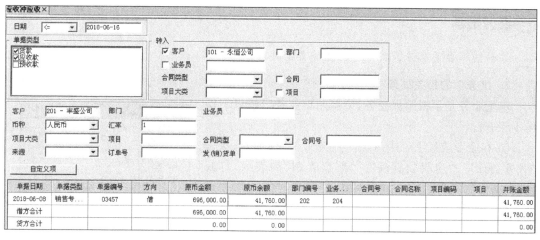

图 3-85 应收冲应收

⑤ 关闭"应收冲应收"窗口。

温馨提示

（1）每次只能选择一个转入单位。
（2）每一笔应收款的转账金额不能大于其余额。

常见问题处理

因故需要取消转账操作怎么办？

取消转账操作可按以下方法进行：打开"其它处理"中的"取消操作"列表项，选择客户后再选择操作类型为转账，确定后，进入"取消操作"窗口，选择要取消操作的内容后，再确定，即可恢复转账前状态。

6. 业务 6 的相关处理

票据结算。票据结算可按以下操作步骤进行。

① 在企业应用平台中，打开"业务工作"选项卡，双击"财务会计"—"应收款管理"—"票据管理"列表项，打开"查询条件选择"对话框，单击"确定"按钮，打开"票据管理"窗口，选中要结算的票据，如图 3-86 所示。

图 3-86 票据管理

② 单击"结算"图标，打开"票据结算"窗口。

③ 输入本次结算金额，单击"确定"按钮，系统将弹出"是否立即制单？"信息提示对话框，单击"否"按钮。

④ 关闭"票据管理"窗口。

😊 **温馨提示**

票据结算后不能进行其它与票据相关的处理。

7. 业务 7 的相关处理

本笔业务是票据贴现业务,票据贴现业务可按以下操作步骤进行。

① 在企业应用平台中,打开"业务工作"选项卡,双击"财务会计"—"应收款管理"—"票据管理"列表项,打开"查询条件选择"对话框,单击"确定"按钮,打开"票据管理"窗口,选中要办理贴现的票据。

② 单击"贴现"图标,打开"票据贴现"对话框,按照背景资料输入或选入贴现银行、贴现日期、贴现率及结算科目等信息,如图 3-87 所示。

③ 单击"确定"按钮,系统将弹出"是否立即制单?"信息提示对话框,单击"否"按钮。

④ 关闭"票据管理"窗口。

图 3-87 票据贴现

😊 **温馨提示**

票据贴现后,将不能再对其进行其它处理。

业务 4~业务 7 批量制单。批量制单可按以下操作步骤进行。

① 在企业应用平台中,打开"业务工作"选项卡,双击"财务会计"—"应收款管理"—"制单处理"列表项,打开"制单查询"对话框,勾选要制单的票据类型,如图 3-88 所示。

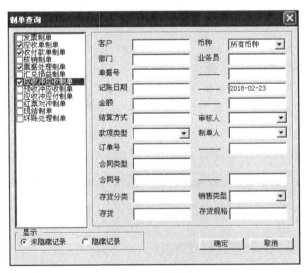

图 3-88 制单查询

② 单击“确定”按钮，打开“应收制单”窗口，选择要制单的票据。

③ 单击“制单”图标，完善凭证中的科目和辅助项内容、修改制单日期等，单击“保存”图标。

④ 通过单击“上张”图标和“下张”图标，找到要修改的凭证，修改完成一个保存一个，直到批量生成的凭证全部修改保存完毕为止。

⑤ 关闭“填制凭证”窗口，关闭“应收制单”窗口。

温馨提示

（1）原始单据制单后不能再次制单。

（2）制单日期系统默认为当前操作日期，如果需要调整，可按要求修改日期。

8. 业务8的相关处理

本笔业务是发生坏账业务，发生坏账业务可按以下操作步骤进行。

① 在企业应用平台中，打开“业务工作”选项卡，双击“财务会计”—“应收款管理”—“坏账处理”—“坏账发生”列表项，打开“坏账发生”对话框。

② 输入客户相关信息，单击“确定”按钮，打开“坏账发生单据明细”窗口，输入本次坏账发生金额，如图3-89所示。

发生坏账损失×

坏账发生单据明细

单据类型	单据编号	单据日期	合同号	合同名称	到期日	余额	部门	业务员	本次发生坏账金额
销售专用发票	1237	2018-05-18			2018-05-18	69,600.00	销售部	洪天	69600
合计						69,600.00			69,600.00

图3-89 坏账发生单据明细

③ 单击“确认”图标，系统将弹出“是否立即制单?”信息提示对话框，单击“是”按钮。

④ 生成发生坏账的凭证，单击“保存”图标。

⑤ 关闭“填制凭证”窗口，关闭“坏账发生单据明细”窗口。

9. 业务9的相关处理

本笔业务是计提坏账准备业务，计提坏账准备业务可按以下操作步骤进行。

① 在企业应用平台中，打开“业务工作”选项卡，双击“财务会计”—“应收款管理”—“坏账处理”—“计提坏账准备”列表项，系统自动计提坏账准备，并显示计提坏账准备结果列表，如图3-90所示。

应收账款百分比法×

应收账款...	计提比率	坏账准备	坏账准备余额	本次计提
55,680.00	1.000%	556.80	-66,090.00	66,646.80

图3-90 计提坏账准备

② 单击“确认”图标，系统将弹出“是否立即制单?”信息提示对话框。

③ 单击“是”按钮，生成计提坏账准备的凭证，如图3-91所示。

④ 单击“保存”图标。

```
┌─────────────────────────────────────────────────────────────────┐
│ 已生成                        记  账  凭  证            附单据数：1 │
│ 记  字 0032  制单日期：2018.06.30   审核日期：                    │
│   摘  要              科目名称          借方金额    贷方金额      │
│ 计提坏账准备      资产减值损失         6664880                    │
│ 计提坏账准备      坏账准备                         6664880        │
│                                                                 │
│ 票号                                                             │
│ 日期              数量                                           │
│                   单价              合  计        6664880 6664880 │
│ 备注  项  目                  部  门                             │
│       个  人                  客  户                             │
│       业务员                                                     │
│ 记账        审核        出纳                       制单  刘海    │
└─────────────────────────────────────────────────────────────────┘
```

图 3-91　计提坏账准备的记账凭证

⑤ 关闭"填制凭证"窗口，关闭"计提坏账准备结果列表"窗口。

温馨提示

(1) 坏账计提比例只能按初始设置的数值输入，不可再次修改。如果要修改只能修改初始设置。

(2) 坏账准备余额为负值时，表示其余额在借方。

常见问题处理

坏账处理后发现内容错误怎么办？

坏账处理后发现有关内容错误时，可先取消坏账处理，然后再进行相关内容的修改。取消坏账处理，可在"其它处理"的"取消操作"列表项中进行。

工作指导

怎样才能了解一定时期企业坏账业务的处理情况及结果？

要了解一定时期企业坏账业务的处理情况及结果，可通过坏账查询功能来实现。其操作方法就是进入"坏账查询"窗口后，单击"详细"按钮，即可查看每一笔坏账发生和收回的详细信息。

任务 3.6　库存与存货管理系统日常业务处理

背景资料

2018 年 6 月，春天电子有限责任公司发生以下存货业务。

(1) 12 日，为生产 CHT 计算机，一车间从材料库领用 PⅢ 芯片 10 盒，领用 160GB 硬盘 10 盒，领用 21 英寸显示器 10 台，领用键盘和鼠标各 10 只。

(2) 15日,为生产CHT计算机,二车间从材料库领用PⅢ芯片20盒,领用160GB硬盘20盒,领用21英寸显示器20台,领用键盘和鼠标各20只。

(3) 22日,成品库收到一车间完工的CHT计算机10台。

(4) 23日,成品库收到二车间完工的CHT计算机10台。

(5) 23日,收到财务部门提供的完工产品总成本为100 000元,当日进行成本分配,并记账生成凭证。

(6) 30日,本月26日从盛大公司购入100只键盘的发票仍未收到,暂估该批键盘的单价为100元,进行暂估记账处理。

(7) 30日,对原料库中的鼠标进行盘点,盘点结果是实存数为1 968只。经确认,该鼠标的单价为每只40元。

任务要求

(1) 进行业务1的相关处理(填制材料出库单,对出库材料记账并生成凭证)。

(2) 进行业务2的相关处理(操作项目同业务1)。

(3) 进行业务3的相关处理(填制、审核产成品入库单)。

(4) 进行业务4的相关处理(操作项目同业务3)。

(5) 进行业务5的相关处理(输入完工产品总成本,进行完工产品成本分配,对产成品入库单记账并生成凭证)。

(6) 进行业务6的相关处理(输入暂估入库成本,记账并生成凭证)。

(7) 进行业务7的相关处理(填制、审核盘点单,审核盘点生成的出库单,修改出库单单价后记账并生成凭证)。

操作指导

1. 业务1:材料出库

(1) 填制材料出库单。填制材料出库单可按以下操作步骤进行。

① 在企业应用平台中,打开"业务工作"选项卡,双击"供应链"—"库存管理"—"出库业务"—"材料出库单"列表项,进入"材料出库单"窗口。

② 单击"增加"图标,按照业务资料填写材料出库单的相关内容,直到应填写的项目全部填写完毕为止,如图3-92所示。

③ 单击"保存"图标,单击"审核"图标,在系统弹出"该单据审核成功!"信息提示对话框中,单击"确定"按钮,完成材料出库单审核任务。

④ 关闭"材料出库单"窗口。

(2) 对出库材料记账并生成凭证。填写材料出库单可按以下操作步骤进行。

① 在企业应用平台中,打开"业务工作"选项卡,双击"供应链"—"存货核算"—"业务核算"—"正常单据记账"列表项,打开"查询条件选择"对话框。

② 单击"确定"按钮,打开"正常单据记账列表"窗口。

③ 选择要记账的单据,如图3-93所示。

④ 单击"记账"图标,系统将弹出"记账成功。"信息提示对话框,单击"确定"按钮,关闭

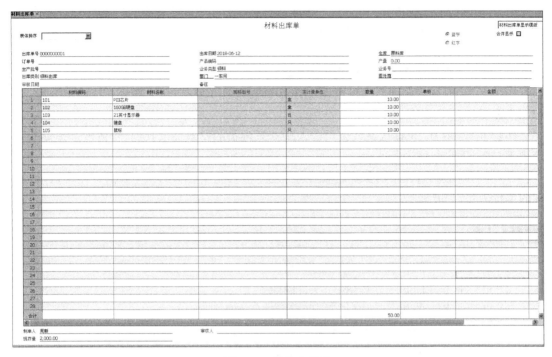

图 3-92 材料出库单

图 3-93 正常单据记账列表

"正常单据记账列表"窗口。

⑤ 双击"存货核算"—"财务核算"—"生成凭证"列表项,打开"生成凭证"窗口,单击"选择"图标,打开"查询条件"对话框,单击"全消"按钮,勾选"材料出库单"选项框。

⑥ 单击"确定"按钮,打开"未生成凭证单据一览表"窗口,选择要生成凭证的出库单。

⑦ 单击"确定"图标,打开"生成凭证"窗口。

⑧ 单击"合成"图标,单击"生成"图标,生成材料出库的记账凭证,添加"生产成本"科目的辅助项为"CHT计算机",单击"确定"按钮,单击"保存"图标,保存记账凭证,如图 3-94 所示。

⑨ 关闭"填制凭证"窗口,关闭"生成凭证"窗口。

2. 业务 2:材料出库

业务 2 的操作方法与业务 1 的操作方法类似,这里不再阐述。

3. 业务 3:填制产品完工入库

填制产品完工入库可按以下操作步骤进行。

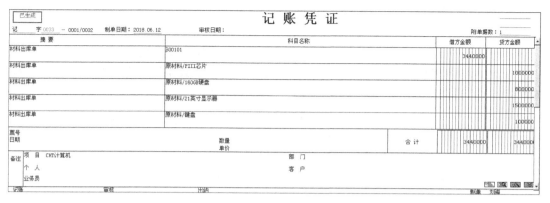

图 3-94 材料出库记账凭证

（1）在企业应用平台中，打开"业务工作"选项卡，双击"供应链"—"库存管理"—"入库业务"—"产成品入库单"列表项，进入"产成品入库单"窗口。

（2）单击"增加"图标，打开"产成品入库单"窗口。

（3）按背景资料输入相关内容，如图 3-95 所示。

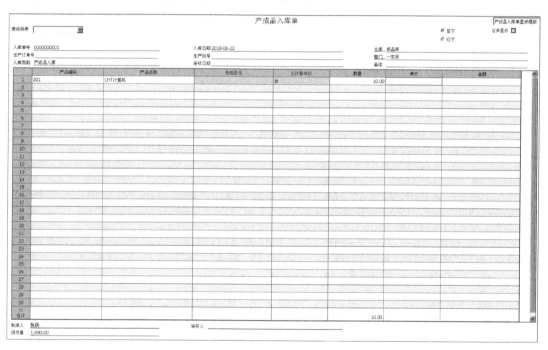

图 3-95 产成品入库单

（4）单击"保存"图标，单击"审核"图标，系统将弹出"该单据审核成功！"信息提示对话框，单击"确定"按钮，完成对该单据的审核。

（5）关闭"产成品入库单"窗口。

4. 业务 4：填制产品完工入库

业务 4 的操作方法与业务 3 的操作方法类似，这里不再阐述。

5. 业务 5：输入完工产品总成本并进行完工产品成本分配

输入完工产品总成本并进行完工产品成本分配可按以下操作步骤进行。

（1）完工产品成本分配。完工产品成本分配可按以下操作步骤进行。

① 在企业应用平台中，打开"业务工作"选项卡，双击"供应链"—"存货核算"—"业务核算"—"产成品成本分配"列表项，进入"产成品成本分配"窗口。

② 单击"查询"图标，打开"产成品成本分配表查询"对话框，勾选"成品库"选项框，单击"确定"按钮，系统将符合条件的记录代入"产成品成本分配表"。

③ 在"CHT 计算机"所在行的"金额"栏输入 100 000.00。

④ 单击"分配"图标，系统将弹出"分配操作顺利完成！"信息提示对话框，单击"确定"按钮，显示产成品成本结果，如图 3-96 所示。

存货/分类编码	存货/分类名称	存货代码	规格型号	计量单位	数量	金额	单价
	存货 合计				20.00	100,000.00	5000.00
2	产成品小计				20.00	100,000.00	5000.00
201	计算机小计				20.00	100,000.00	5000.00
201	CHT计算机			台	20.00	100,000.00	5000.00

图 3-96 产成品成本分配表

⑤ 关闭"产成品成本分配"窗口。

（2）产成品入库单记账并生成凭证。产成品入库单记账并生成凭证可按以下操作步骤进行。

① 在企业应用平台中，打开"业务工作"选项卡，双击"供应链"—"存货核算"—"业务核算"—"正常单据记账"列表项，打开"查询条件选择"对话框。

② 单击"确定"按钮，打开"正常单据记账列表"窗口。

③ 选择要记账的单据，单击"记账"图标，系统将弹出"记账成功。"信息提示对话框，单击"确定"按钮，关闭"正常单据记账列表"窗口。

④ 双击"存货核算"—"财务核算"—"生成凭证"列表项，进入"生成凭证"窗口，单击"选择"图标，打开"查询条件"对话框，单击"全消"按钮，勾选"产成品入库单"列表项。

⑤ 单击"确定"按钮，打开"未生成凭证单据一览表"窗口。

⑥ 选择要生成凭证的入库单，单击"确定"图标，打开"生成凭证"窗口。

⑦ 单击"合成"图标，单击"生成"图标，生成产成品入库的记账凭证，添加"生产成本"科目的辅助项为"CHT 计算机"，单击"确定"按钮，单击"保存"图标，保存记账凭证，如图 3-97 所示。

⑧ 关闭"填制凭证"窗口，关闭"生成凭证"窗口。

6. 业务 6 的相关处理

本笔业务就是要输入暂估入库成本并记账生成凭证。

输入暂估入库成本并记账生成凭证可按以下操作步骤进行。

① 在企业应用平台中，打开"业务工作"选项卡，双击"供应链"—"存货核算"—"业务核算"—"暂估成本输入"列表项，打开"查询条件选择"对话框。

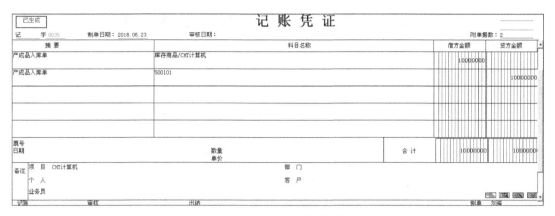

图 3-97 产成品入库记账凭证

② 单击"确定"按钮,打开"暂估成本输入"窗口,输入"单价"为 100.00,如图 3-98 所示。单击"保存"图标,系统将弹出"保存成功!"信息提示对话框,单击"确定"按钮,关闭"暂估成本输入"窗口。

单据日期	单据号	仓库	存货编码	存货代码	计量单位	存货名称	规格型号	业务类型	采购类型	供应商	入库类别	数量	单价	金额	批号
2018-02-26	0000000002	原料库	104		只	键盘		普通采购	普通采购	盛大公司	采购入库	100.00	100.00	10,000.00	
合计												100.00		10,000.00	

图 3-98 暂估成本输入

③ 双击"业务核算"—"正常单据记账"列表项,打开"查询条件选择"对话框,选择输入查询条件,单击"确定"按钮,打开"未生成凭证单据一览表"窗口,选择要记账的单据,单击"记账"图标,系统将弹出"记账成功。"信息提示对话框,单击"确定"按钮,关闭"未生成凭证单据一览表"窗口。

④ 双击"存货核算"—"财务核算"—"生成凭证"列表项,进入"生成凭证"窗口,单击"选择"图标,打开"查询条件"对话框,单击"全消"按钮,勾选"(01)采购入库单(暂估记账)"选项框,如图 3-99 所示。

⑤ 单击"确定"按钮,打开"未生成凭证单据一览表"窗口。

⑥ 选择要生成凭证的入库单,单击"确定"图标,打开"生成凭证"窗口。

⑦ 选择要记账的单据,补充对方科目为"在途物资(1402)",如图 3-100 所示。

⑧ 单击"生成"图标,生成材料暂估入库的记账凭证,如图 3-101 所示。

⑨ 单击"保存"图标,保存生成的记账凭证。

⑩ 关闭"填制凭证"窗口,关闭"生成凭证"窗口。

7. 业务 7 的相关处理

本笔业务属于盘点业务,分三步进行操作。

(1) 填制盘点单。填制盘点单可按以下操作步骤进行。

① 在企业应用平台中,打开"业务工作"选项卡,双击"供应链"—"库存管理"—"盘点业务"列表项,进入"盘点单"窗口。

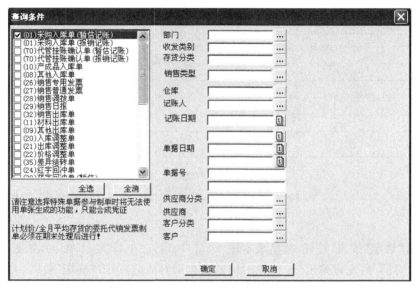

图 3-99　查询条件

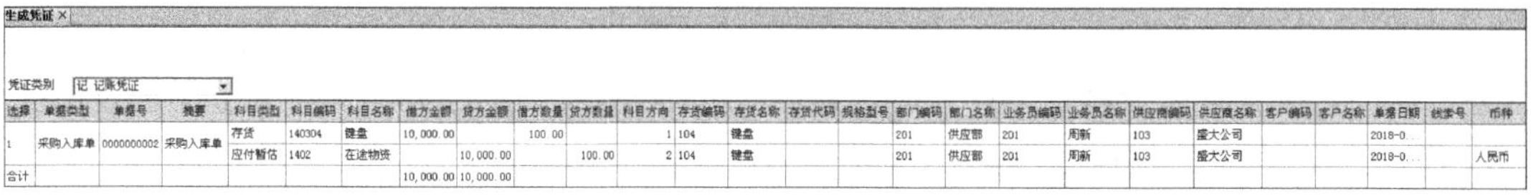

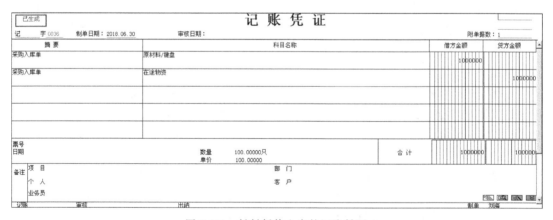

图 3-100　记账单据选择

图 3-101　材料暂估入库的记账凭证

② 单击"增加"图标,打开"盘点单"窗口。

③ 按背景资料输入相关内容,单击"保存"图标,如图 3-102 所示。

④ 单击"审核"图标,系统将弹出"该单据审核成功!"信息提示对话框,单击"确定"按钮,完成对该单据的审核。

⑤ 关闭"盘点单"窗口。

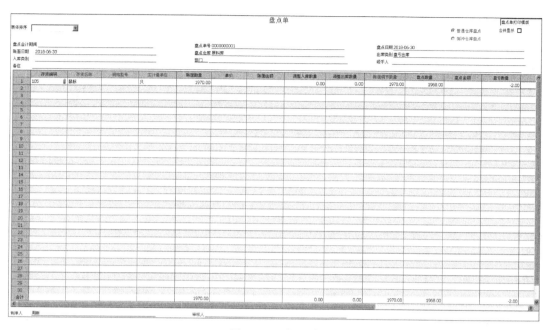

图 3-102 盘点单

> **温馨提示**
>
> (1) 盘点单审核后,系统自动生成相应的其它出库单。
> (2) 盘点单中输入的盘点数量是库存的实际数量。
> (3) 盘点单记账后不可取消记账。

(2) 审核盘点生成的出库单。审核盘点生成的出库单可按以下操作步骤进行。

① 在企业应用平台中,打开"业务工作"选项卡,双击"供应链"—"库存管理"—"出库业务"—"其它出库单"列表项,进入"其它出库单"窗口。

② 单击"末张"图标,找到要审核的"其它出库单"。

③ 单击"审核"图标,系统将弹出"该单据审核成功!"信息提示对话框,单击"确定"按钮,完成其它出库单审核任务,如图 3-103 所示。

④ 关闭"其它出库单"窗口。

(3) 修改出库单单价后记账并生成凭证。修改出库单单价后记账并生成凭证可按以下操作步骤进行。

① 在企业应用平台中,打开"业务工作"选项卡,双击"供应链"—"存货核算"—"日常业务"—"其它出库单"列表项,进入"其它出库单"窗口,找到盘亏出库生成的其它出库单。

② 单击"修改"图标,输入鼠标的单价,单击"保存"图标。

③ 关闭"其它出库单"窗口。

④ 双击"存货核算"—"业务核算"—"正常单据记账"列表项,打开"查询条件选择"对话框,选择输入查询条件,单击"确定"按钮,打开"正常单据记账列表"窗口,选择要记账的单据,单击"记账"图标,系统将弹出"记账成功。"信息提示对话框,单击"确定"按钮,

图 3-103 其它出库单

⑤ 关闭"正常单据记账列表"窗口。

⑥ 双击"存货核算"—"财务核算"—"生成凭证"列表项,进入"生成凭证"窗口,单击"选择"图标,打开"查询条件"对话框,单击"全消"按钮,勾选"其它出库单"列表项,单击"确定"按钮,打开"未生成凭证单据一览表"窗口。

⑦ 选择要生成凭证的出库单,单击"确定"图标,打开"生成凭证"窗口。

⑧ 选择要记账的单据,单击"生成"图标,生成材料盘亏出库的记账凭证,单击"保存"图标,保存记账凭证。

⑨ 关闭"填制凭证"窗口,关闭"生成凭证"窗口。

相 关 知 识

一、总账管理系统相关知识

1. 凭证管理

(1)凭证管理的内容。凭证管理主要完成对记账凭证的输入、修改、打印、汇总、出纳签字、审核和记账等工作。

(2)记账凭证的产生途径。记账凭证的产生有两种途径:一是在"凭证填制"窗口填制的记账凭证;二是由计算机自动生成的机制凭证(是指在应收款、应付款、固定资产管理、薪资管理、采购管理、销售管理、库存管理和存货核算)模块生成的凭证。

(3)凭证的输入方式。凭证输入采用键盘输入、软盘引入、网络传输和自动生成机制凭证四种方式,键盘输入是最常用的形式。

(4)凭证管理的操作流程。凭证管理的操作流程如图 3-104 所示。

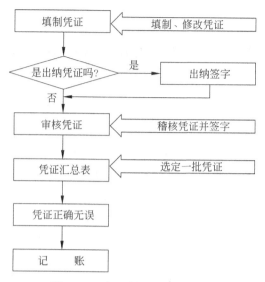

图 3-104　凭证管理的操作流程

2. 记账凭证的内容和填制要求

记账凭证的内容一般包括两大部分:一是凭证头,包括凭证类别、凭证编号、凭证日期和附单据数等;二是凭证正文,包括摘要、会计科目和金额等。如果输入的会计科目有辅助核算要求,则应输入辅助核算内容。

(1)凭证类别。选择系统初始化时设置的凭证类别或名称中适合本业务的凭证类别或名称。

(2)凭证编号。分别按凭证类别按月对凭证进行顺序编号,同一类别的凭证既不能重号也不允许漏号。编号由凭证类别编号(或类别名)和凭证顺序号组成,例如,记 0001、付款 0001、付款 0002 等。一般在总账管理系统中,凭证编号由系统自动产生,并对连续性进行控制。

(3)凭证日期。由于日期的正确性将影响经济业务在明细账和日记账中的顺序,所以,凭证日期应随凭证号递增而递增。采用序时控制时,凭证日期应大于或等于启用日期,但不能超过日历日期。

(4)附单据数。附单据数是指本张记账凭证所附原始凭证张数。

(5)凭证摘要。凭证摘要是凭证所反映经济业务内容的简要说明,每行都要有摘要内容,但不同行的摘要内容可以不同。每行的摘要将随该行会计科目在明细账、日记账中出现。

(6)科目。科目只需输入科目编码,计算机自动转换为科目名称。输入的科目编码必须在建立科目时已经定义,且是最末级的科目编码,系统未定义的科目属非法科目。

(7)金额。每一账户的发生额均有确定的方向,即借方或贷方,某账户的发生额是借方,在"借方"栏输入金额;某账户的发生额是贷方,在"贷方"栏输入金额。金额不能为"0",红字以"—"表示,借贷双方金额必须平衡。

（8）辅助核算的内容。如果在科目设置时定义了相应的"辅助账"，则在输入相应的会计科目后，要输入辅助核算的内容，例如，科目有部门核算要求时，要求输入对应的部门名称等。

（9）合计。系统自动计算借方和贷方金额的合计数。

（10）制单人签字。制单人签字由系统根据进入本功能时输入的操作员姓名自动输入。在总账管理系统中，可以在月末未结账的情况下，输入下一个月的凭证，即跨月输入凭证。

3．凭证审核的内容

审核凭证是指具有审核权限的操作员按照会计制度规定，对制单人填制的记账凭证进行合法性检查。主要审核记账凭证是否与原始凭证相符，会计分录是否正确等。凭证审核主要包括出纳签字、主管签字和审核员审核签字三项内容。

（1）出纳签字。出纳签字就是出纳人员对制单人填制的带有现金或银行存款科目的凭证进行检查核对，主要核对收付款凭证的科目金额是否正确。审核认为有错误或有异议的凭证，交予制单人员修改，而后进行再次审核。

（2）凭证审核。凭证审核是指由具有审核权限的操作员按照会计制度规定，对制单人填制的记账凭证进行的合法性检查。

审核方法有系统审核和静态审核（打印记账凭证然后进行审核），最常用的方法是系统审核。系统审核时，直接根据原始凭证，对屏幕上显示的记账凭证进行审核，对正确的记账凭证，发出签字指令，系统自动在凭证上填上审核人的名字。

4．凭证输出与管理

会计凭证的输出是指将未记账或已记账的凭证按标准格式输出到屏幕或打印机。会计凭证的管理要求将会计凭证以纸质形式保存。纸质形式的记账凭证可以由以下方式形成。

（1）直接输入记账凭证，由计算机打印输出的记账凭证。

（2）手工填好记账凭证后输入计算机的记账凭证，保存手工记账凭证或计算机打印的记账凭证都可以。

无论哪种形式生成的记账凭证都必须有必要的原始凭证，按顺序编号装订成册保存。

5．记账

记账是由有记账权限的操作员发出记账指令，由计算机按照预先设计的记账程序自动进行合法性检验、科目汇总、登记账簿等操作。记账凭证经审核签字后，即可用来登记总账、明细账、日记账、部门账、往来账、项目账以及备查账等。

6．记账过程及基本要求

（1）选择要记账的凭证。只有选择了要记账的凭证范围、月份、类别、凭证号等记账凭证，系统才能接受指令进行记账。因此，选择记账凭证的范围、月份、类别、凭证号等是系统记账的前提。

（2）记账前检验。记账前要对以下三个项目进行检验。

第一项，检验上月是否结账。上月未结账，本月不能记账。

第二项，检验凭证是否通过审核。若有未通过审核的凭证，不能记账。

第三项，检验凭证是否平衡。如果有不平衡凭证，不能记账。

（3）硬盘备份。记账前，系统将自动保存记账前的数据，进行硬盘备份。

（4）记账处理过程。登记账簿过程处于全自动状态，不需要人工输入操作。

7. 系统提供的部门管理方式

部门总账功能可根据指定的部门核算科目和会计期间,输出该部门核算科目下指定期间内各部门的期初余额、借贷方发生额及期末余额;也可根据指定的部门和会计期间,输出该部门下指定期间内对应各个部门核算科目的期初余额、借贷方发生额及期末余额。系统提供了三种部门管理方式,即部门科目总账、部门总账、部门三栏总账。部门科目总账功能用于查询某部门核算科目下各个部门的发生额及余额汇总情况;部门总账功能用于查询某部门的各费用、收入科目的发生额及余额汇总情况;部门三栏总账功能用于查询某部门下某科目各个月的发生额及余额汇总情况。

8. 部门明细账查询的方式

部门明细账查询功能可以查询各部门核算科目的明细账,也可以查询各部门明细账,还可以查询某一科目、某一部门的明细账以及部门多栏账。可以根据指定的部门核算科目和会计期间,输出该部门核算科目在指定期间内分部门的明细账;也可以根据指定的部门和会计期间,输出该部门在指定期间内对应各个部门核算科目的明细账;还可以通过指定部门核算科目及部门和会计期间,输出该科目该部门下指定期间内的明细账。部门明细账的具体格式有金额式、原币金额式、数量金额式和原币数量式四种。

部门明细账查询用于查询部门业务发生的明细情况,主要有四种查询方式:按科目查询部门的明细账;按部门查询科目的发生情况;查询某科目某部门各期的明细账;横向和纵向列示查询部门下各科目的发生情况。

9. 部门辅助管理的主要内容

部门辅助管理的主要内容包括部门辅助总账、明细账的查询,正式账簿的打印以及部门收支分析表的生成。

部门收支分析表是为了加强对各部门收支情况的管理,系统提供的部门收支分析功能,可以对所有部门核算科目的发生额及余额按部门进行统计分析,形成部门收支分析表。

部门收支分析表是对各个部门或部分部门指定期间内的收入情况或费用开支情况汇总分析的报表。统计分析数据可以是发生额、余额或同时有发生额和余额。

在对发生额及余额进行统计分析时,系统将科目、部门的期初、借方、贷方、余额一一列出,进行比较分析。

10. 账簿查询的内容

整个系统可以实现对总账、明细账、多栏账、余额表及凭证等的账、证、表资料的联查。

总账查询不但可以查询各总账科目的年初余额、各月发生额合计和月末余额,而且可以查询所有2~6级明细科目的年初余额、各月发生额合计和月末余额。

余额表查询可以统计各级科目的本期发生额、累计发生额和余额等。

查询明细账可以了解各账户的详细情况,用户可按任意条件组合查询明细账,并可查询包含未记账凭证的明细账。明细账可按三种内容格式进行查询,包括普通明细账、按科目排序明细账和月份综合明细账。普通明细账可按科目、按发生日期查询;按科目排序明细账是指按非末级科目查询,按其有发生额的末级科目排序的明细账;月份综合明细账是指按非末级科目查询,包含非末级科目总账数据及末级科目详细数据的综合明细账,能够清楚看到各级科目的数据关系。

序时账查询可以看到按时间顺序排列的每笔业务的明细数据。

对于多栏账查询,在用友财务软件系统中,普通多栏账由系统将要分析科目的下级科目自动生成"多栏账"。一般情况下,负债、收入类科目分析其下级科目的贷方发生额,资产、费用类科目分析其下级借方发生额,但允许随时调整。

为了便于核算管理,多栏账的栏目内容可自行定义,可以对科目的分析方向、分析内容、输出内容进行定义,也可以定义多栏账的格式,还可以将不同的科目及不同级次的科目形成新的多栏账,以满足多科目综合管理。

二、薪资管理系统相关知识

1. 工资变动功能的运用

每期工资数据发生增减变动,都要在"工资变动"处进行修改。特别是病、事假或旷工扣款,水电费扣款等,在期初是不确定的数额,只有到每期结算日才能清楚,因此,必须在此进行处理。但人员的调动、增减,则不能在此进行操作。进入"工资变动"进行数据处理,其前提是已设置了工资项目及其计算公式,否则,将无法在此进行工资数据调整。

2. 工资变动处理的内容

工资变动处理包括工资数据输入、修改和计算汇总三方面内容。

(1) 工资数据输入。对于第一次使用薪资管理账套的单位,工资数据输入,可以在人员档案模块进行,也可以在工资变动模块进行。但对于非第一次使用薪资管理账套的单位,工资初始数据输入在人员档案模块进行,工资数据变动则要在工资变动模块进行。

(2) 工资数据修改。在工资数据输入过程中,发现输入的工资数据有误,可以直接将原有的数据删除,重新输入正确数据;如果在工资数据输入完成以后,发现输入的工资数据有误,可通过页编辑进行修改。

(3) 工资数据计算汇总。在工资数据输入完成或工资数据修改完毕,或是重新设置了计算公式,都必须进行工资数据的"重新计算"和"汇总",以保证工资数据的正确性,系统根据输入的工资项目和所定义的计算公式,自动计算应发合计、扣款合计、实发合计等,并生成新的数据表。如果不进行重算、汇总工资操作,在退出工资变动时,系统会自动提示重新计算和汇总。

3. 个人所得税计算与申报功能的前提与局限性

个人所得税是根据《中华人民共和国个人所得税法》对个人的所得征收的一种税。手工情况下,每月月末财务部门都要对超过扣除的部分进行计算纳税申报。此功能发挥作用的前提是在建立工资账套时选择了"从工资中代扣个人所得税"选项。一旦选中此项,系统将根据内设的国家规定税率或用户自定义的税率进行扣税计算。

个人所得税计算与申报功能的局限性,在于系统提供申报仅对工资薪金所得征收个人所得税,其它不予考虑。

4. 工资分摊

(1) 工资分摊的含义。工资分摊是指对当月发生的工资费用进行分类,并按人员类别进行工资总额的计算,根据国家有关会计制度的要求以及企业的实际情况,指定费用分配及计提后应记入的科目与方向,并制作自动转账凭证,传递到总账管理系统的工作过程。

(2) 工资分摊的类型及比例。工资分摊要按类别进行,按会计制度要求,一般分为应付工资、应付福利费、住房公积金、医疗保险费、失业保险费、劳动保险费、生育保险费、养老保险费。应付工资的分摊计提比例是100%,应付福利费的分摊计提比例是14%,五险一金的分摊计提比例,各地区有所不同,需按当地政策确定。已设置的工资分摊计提类型可在"工资类型设置"窗口进行修改或删除。

(3) 工资分摊凭证的生成。在薪资管理系统设置完工资分摊的类型及比例后,系统即可自动生成工资分配的记账凭证。凭证生成可以一次生成一张,也可以通过批量制单,一次生成多张。

5. 银行代发

工资发放准备工作主要有以下两个方面:一是进行工资分钱清单设置;二是向银行提供代发工资的文件格式、类型及数据。

(1) 工资分钱清单设置

工资分钱清单是按单位计算的工资发放分钱票额清单,财务人员依此单记录从银行取款并发给部门。

采用现金发放工资的单位,为了在发放工资时更方便、快速、减少失误,可利用工资分钱清单功能,将每一个部门要发放工资的总额、不同面额的现钞数量统计清楚,财务人员根据统计情况从银行取款并发给部门,提高发放速度。本功能有部门分钱清单、人员分钱清单和工资发放取款单三部分。

工资分钱清单设置,就是要进行票面额设置,即发放工资所用面额种类的设置。可在"工资分钱清单"窗口中,通过单击"设置"图标打开"票面额设置"对话框进行选择确定。进行部门分钱清单设置,就是设定每个部门工资中各种票面额的数量。进行人员分钱清单设置,就是设定每个人工资中各种票面额的数量。进行工资发放取款单设置,就是设定每个工资类别人员工资所需各种票面额的数量。

只要设置了面额种类,系统将自动根据职工实际应发工资计算各种面额所需数量,不必人工计算。

执行工资分钱清单功能必须在个人数据输入调整完之后,如果个人数据在计算后又做了修改,须重新执行本功能,以保证数据正确。

采用银行代发工资的单位,无须进行工资分钱清单设置。

(2) 银行代发

简单地说,银行代发就是由银行代企业发放每月的工资。具体来讲,银行代发是指每个月月末单位向银行提供符合要求格式的工资数据,由银行直接将工资打入人员档案指定账号中的一种做法。

目前,有条件的单位都采用工资卡方式发放工资。这种发放工资的方式,大大地减轻了财务人员发放工资的工作强度,避免了单位在提款环节的风险,也起到了对员工个人工资信息保密的作用。工资实行银行代发,单位需做好以下准备工作:一是设置代发工资的文件格式;二是设置代发工资文件类型;三是数据输出。

6. 工资表的功能与内容

(1) 工资表的功能

工资表主要用于本月工资的发放和统计。薪资管理系统可实现各种工资表的查询和打印。工资表包括:工资发放签名表、工资发放条、工资卡、部门工资汇总表、人员类别工资汇总表、条件汇总表、条件明细表、条件统计表、工资变动明细表和工资变动汇总表等。

工资发放签名表即工资发放清单，记载着工资发放的对象和每个人的工资项目。查询时，可以查询当月工资发放签名表，也可以查询其它各月的工资发放签名表，既可查询全部部门的工资发放签名表，也可查询某一部门的工资发放签名表。

工资发放条是发放工资时交给职工的工资项目清单。打印时，可自定义打印格式。

工资卡即工资台账，按每人一张设立卡片，工资卡反映每个人、各月份工资项目情况、月平均工资及全年的工资合计。

部门工资汇总表提供的是按单位或部门汇总的工资情况。

人员类别工资汇总表提供的是按人员类别进行汇总的工资情况。可以查询当月人员类别工资汇总表，也可以查询其它各月的人员类别工资汇总表。

条件汇总表是由用户指定条件生成按部门汇总的工资汇总表。

条件明细表是按用户指定条件查询工资明细数据并输出的符合条件人员的工资明细情况。

条件统计表是按用户指定条件生成的工资统计表。

工资变动明细表是用于选定工资项目的本月与上月个人工资的数据对比。可通过"月份"下拉列表框选择要对比数据的终止月，系统自动将终止月与其上一月的数据比较显示出来，供用户进行比较。工资变动明细表的显示方式有比较式、差额式和比较差额式。

工资变动汇总表用于本月与上月工资汇总数据的对比。具体比较方法与工资变动明细表类似。

（2）工资表的内容

工资表是以工资数据为基础，对部门、各类人员的工资数据进行分析和比较所形成的各种分析表。工资表包括分部门各月工资构成分析表、分类统计表（按部门、按项目、按月）、工资项目分析（按部门）、工资增长情况、部门工资项目构成分析表、员工工资汇总表和员工工资项目统计表。

工资表的使用方法：在工资管理系统中，打开"工资分析表"对话框，选择相应的分析表后确认，输入条件后再确认，即可进入相应的界面。

对于工资项目分析，系统仅提供单一部门项目分析表。用户在分析界面可单击"部门"下拉列表框，选择已选中部门中的某一部门，查看该部门的工资项目分析表。对于员工工资汇总表，系统仅提供对单一工资项目和单一部门进行员工工资汇总分析的功能。对于分部门各月工资构成分析表，系统提供对单一工资项目进行工资构成分析的功能。

三、固定资产管理系统相关知识

1. 资产增加的输入条件

在系统日常使用过程中，企业可能会购进或通过其它方式增加企业资产，该部分资产通过"资产增加"操作输入系统。

当固定资产开始使用日期的会计期间与输入会计期间一致时，才能通过"资产增加"输入。例如，某单位2018年6月20日购入了一台电脑，当日投入使用，输入系统时间是2018年6月20日，则该卡片需通过资产增加输入。

2. 资产增加的操作方法

进行资产增加操作时，选择要输入的卡片所属的资产类别，以确定卡片的样式。如果在查看一张卡片或刚完成输入一张卡片的情况下,不提供选择资产类别,默认为该卡片的类别。确定后显示单张卡片编辑界面,资产增加输入不能修改。做过保存后,输入的卡片已经保存入系统。资产增加需要入账,所以,应该进行制单。单击"制单"图标可制作该资产的记账凭证。

3. 自动计提折旧

自动计提折旧是固定资产管理系统的主要功能之一。系统每期计提折旧一次,根据输入系统的资料自动计算每项资产的折旧,并自动生成折旧分配表,然后制作记账凭证,将本期的折旧费用自动登账。

执行此功能后,系统将自动计提各个资产当期的折旧额,并将当期的折旧额自动累加到累计折旧项目。如果自定义的折旧方法月折旧率或月折旧额出现负数,自动中止计提。

4. 折旧分配表的生成

什么时候生成折旧分配表根据在初始化或选项中选择的折旧分配汇总周期确定,如果选定的是 1 个月,则每期计提折旧后自动生成折旧分配表;如果选定的是 3 个月,则只有到 2 的倍数的期间,即第 2、4、6、8、10、12 期间计提折旧后才自动生成折旧分配凭证。制作记账凭证要在生成折旧分配表后进行。

5. 资产减少的原因

固定资产在使用过程中,总会由于各种原因,如毁损、出售、盘亏等,退出企业,该部分操作称为"资产减少"。本系统提供资产减少的批量操作,为同时清理一批资产提供方便。

6. 固定资产管理

固定资产对每一个单位来说都是重要资产,加强对固定资产的管理,不仅可以防止资产的毁损和丢失,还可以通过了解每一部门拥有固定资产的价值,来调节固定资产在各部门的分配情况,以便充分发挥固定资产的作用,提高资金的使用效率。可见,管理好固定资产具有十分重要的意义。

固定资产管理要随时掌握固定资产的增加、减少、保管和使用情况,这就需要及时统计资产的各类信息,固定资产管理系统能够满足管理需要,能够以报表的形式提供所需信息,且账表管理模块提供了强大的联查功能,将各类账表与部门、类别明细和原始卡片等有机地联系起来,实现方便、快捷的查询。

7. 固定资产管理系统提供报表的种类

固定资产管理系统提供的报表分六类:自定义报表、分析表、减值准备表、统计表、账簿、折旧表。

(1) 自定义报表。自定义报表是企业按照管理需要自行设计的报表。自定义报表可存放在自定义账夹中,以便日后使用。

(2) 分析表。分析表主要是对固定资产的总体情况进行分析的报表。系统提供了四种分析表,分别为部门构成分析表、价值结构分析表、类别构成分析表和使用状况分析表。管理者可以通过这些报表,了解本企业固定资产在各部门的分配情况、价值情况、类别构成情况和使用情况。

(3) 减值准备表。减值准备表主要包括减值准备明细账、减值准备余额表、减值准备总账。通过联合查看"减值准备表"和"固定资产账"可以了解固定资产的价值情况。

(4) 统计表。统计表是出于管理固定资产的目的,按管理需要进行数据统计的报表。

系统提供了八种统计表,分别为固定资产原值一览表、固定资产到期提示表、固定资产统计表、评估汇总表、评估变动表、盘盈盘亏报告表、逾龄资产统计表和役龄资产统计表。管理者可以通过这些报表,了解本企业固定资产的原始价值、现时价值、盘盈盘亏情况、尚可使用的时间、超龄使用情况和在用资产情况等信息。

（5）账簿。系统自动生成的账簿分别为(单个)固定资产明细账、(部门、类别)明细账、固定资产登记簿和固定资产总账。这些账簿以详略不同的方式,按总体和局部反映了资产变化的情况,管理者还可以通过联查方式,掌握每项资产的原始凭证,获取更加详细的信息资料。

（6）折旧表。系统提供了五种折旧表,分别为(部门)折旧计提汇总表、固定资产及累计折旧表(一)、固定资产及累计折旧表(二)、固定资产折旧计算明细表和固定资产折旧清单表。

① (部门)折旧计提汇总表反映本企业各使用部门折旧计提的情况,包括计提原值和折旧额信息。

② 固定资产及累计折旧表(一)是按期编制的、反映各类固定资产的原值、累计折旧(包括年初数和期末数)和本年折旧的报表。

③ 固定资产及累计折旧表(二)是固定资产及累计折旧表(一)的续表,反映本年截至查询期间固定资产增减情况的报表。

④ 固定资产折旧计算明细表是按类别设立的、反映资产按类别计算折旧的情况,提供上月计提情况、上月原值变动和本月计提情况等信息资料。

⑤ 固定资产折旧清单表反映本企业某一期的折旧额信息和截至本期的累计折旧额信息。该表可以按部门、资产类别查询这两个折旧额信息。

四、采购与应付款管理系统相关知识

1. 采购发票

采购发票是供应商开给买家的销售货物的凭证,系统根据采购发票确认采购成本,并据以登记应付账款。系统提供了蓝字发票和红字发票两种。

收到发票后,如果尚未收到供货单位的货物,可以先不做处理,待货物到达后,再输入系统,也可以先将发票输入系统。

2. 采购结算

采购结算也称采购报账,采购结算后,采购入库单传递到库存管理系统,形成库存采购成本资料;采购发票传递到应付款管理系统,形成采购应付款资料。采购结算分为自动结算和手工结算两种方式。自动结算是由计算机自动把采购入库单和采购发票相同、供货单位相同、存货相同且数量相等的单据进行结算。如果要结算的采购入库单和采购发票不符合自动结算的条件,则采取手工结算方式。

3. 付款单据处理

付款单据处理主要是对结算单据的处理,包括对付款单和收款单(红字付款单)的处理。主要有付款单和收款单输入、单张结算单的核销。

4. 核销处理

核销处理是指用户进行的付款核销应付款的工作,就是确定付款单与原始采购发票的

对应关系。及时进行核销处理,有利于加强对应付款的管理。

5. 应付款管理系统票据管理

应付款管理系统票据管理主要是对商业承兑汇票和银行承兑汇票进行业务处理,包括票据的开具、结算、转出、计息等的处理。

6. 应付款管理系统制单

制单就是生成凭证,并将凭证传递到总账管理系统。应付款管理系统在每一项业务处理时,都提供实时制单功能,同时,系统也提供了统一制单的平台,可以快速、成批生成凭证,并可进行合并制单等处理。

五、销售与应收款管理系统相关知识

1. 收款单据输入

收款单据输入是指把收到客户的款项和退给客户的款项输入应收款管理系统的过程。它包括收款单和付款单(红字收款单)的输入两个方面的内容。

2. 核销处理

核销处理是指用户进行的收款核销应收款的工作,就是确定收款单与原始销售发票等的对应关系。及时进行核销处理,有利于加强对应收款的管理。系统设置了手工核销和自动核销两种核销处理方式。

3. 票据结算

票据结算就是收回票款。但结算金额不一定是票据余额或票据面额。

4. 票据转出

票据到期,如果没能进行结算,应将应收票据转为应收账款,这个过程称为票据转出。

5. 票据背书

应收票据背书是指用应收票据冲抵自己的应付款的过程。

6. 应收款管理系统转账处理

应收款管理系统转账处理可实现应收冲应收、预收冲应收、应收冲应付和红票对冲四种功能。

(1)应收冲应收。应收冲应收是指将对某客户的应收账款转入对另一客户的应收账款。实质就是划账。这样做可以实现应收账款在客户之间的调整,可以减少错户情况的发生。

(2)预收冲应收。预收冲应收是指将预收客户的款项和应收该客户的款项对冲。

(3)应收冲应付。应收冲应付是指将应收客户的应收账款和应付供应商的应付账款进行对冲。这种处理可以实现应收款业务在客户和供应商之间的转账,减少资金结算次数。

(4)红票对冲。红票对冲是指将同一客户的红字发票和蓝字发票、红字应收单据和蓝字应收单据、收款单和付款单进行对冲。

在本书的操作演示中,只介绍了应收冲应收,应收款管理系统其它转账处理的方法与应收冲应收类似,本书中没做介绍,同学们可自行练习。

7. 计提坏账准备

计提坏账准备是系统按照预先设置的坏账处理方法和比例自动进行。

六、库存与存货管理系统相关知识

1. 销售出库单

销售出库单是指产成品或商品销售出库时所填制的单据。销售出库单是销售出库的主要凭证,在库存管理系统用于存货出库数量核算,在存货核算系统,如果销售成本的核算依据设置为销售出库单,销售出库单用于存货出库成本核算。

按进出仓库的方向划分,销售出库单分为蓝字销售出库单和红字销售出库单两种。

2. 单据记账

单据记账是登记存货明细账、差价明细账等。同时是对除全月平均法外的其它几种存货计价方法,对存货进行出库成本计算。

3. 存货核算

存货核算业务模块主要以单据为载体,进行成本核算。对入库单据进行入库成本核算。对出库单据进行出库成本核算。入库业务包括企业外部采购物资形成的采购入库单、生产车间加工产品形成的产成品入库单,以及盘点、调拨、调整、组装、拆卸等其它入库业务。出库业务包括销售出库形成的销售出库单、车间领用材料形成的材料出库单,以及盘点、调拨、调整、组装、拆卸等其它出库业务。

巩固与思考

1. 怎样修改错误凭证?
2. 怎样删除或冲销薪资管理系统生成的凭证?
3. 如何提高薪资管理系统工作效率?
4. 计提固定资产折旧应注意哪些问题?
5. 应付(收)款管理系统的账表如何管理?
6. 收发存货应在哪个系统输入单据?

同步训练

训练九 总账管理系统日常业务处理

一、实训目的

1. 熟悉日常业务处理的主要内容。
2. 掌握凭证的填制、审核、出纳签字和记账的操作方法。

二、实训资料

2018年6月,华丰机械设备有限责任公司发生以下经济业务。

5日，总经理办公室王义出差归来，报销差旅费1 580元，返还剩余借款420元。

8日，通过银行缴纳上年度应交各种税款69 500元，其中，未交增值税15 400元、应交城市维护建设税1 078元、应交教育费附加462元、应交企业所得税52 560元。

15日，总经理肖元帅预借差旅费1 000元，以现金支付。

18日，提取备用金10 000元，现金支票号为0001。

20日，收到转账支票一张，付赔偿款2 000元。

25日，用现金支付业务招待费500元。

25日，用转账支票支付广告费2 000元，支票号为0002。

26日，用转账支票支付产品展览费1 500元，支票号为0003。

30日，用现金购买价值200元的办公用品，直接投入使用。

31日，收到投资者转账支票一张，票号为0025，面值500 000元，企业尚未记账。

三、实训任务

1. 根据资料填制记账凭证。
2. 进行出纳签字、审核签字，并记账。

四、实训要求

1. 严格遵守实训时间和实训室管理规定。
2. 在2学时内完成任务。
3. 将任务成果备份到"111账套备份\训练九"的文件夹中。

训练十 薪资管理系统日常业务处理

一、实训目的

1. 熟悉薪资管理系统日常业务的内容。
2. 掌握薪资管理系统日常业务的处理方法。

二、实训资料

1. 本月工资资料及缺勤记录。

（1）正式人员的基本工资资料。正式人员的基本工资资料见人员档案表；职员的病事假情况如表3-4所示。

（2）临时人员的工时资料。临时工的相关信息如表3-5所示，临时工的工时统计如表3-6所示。

表3-4 职员的病事假情况统计表

人员编号	人员姓名	病事假/天	人员编号	人员姓名	病事假/天
103	尹 杰	1	302	吴 强	2
202	刘大海	2	402	朱 燕	1

表 3-5　临时工的相关信息

人员编号	人员姓名	性别	所属部门	职务	人员类别	工资类别	账号	是否计件
513	赵大辉	男	机械加工车间	工人	生产人员	临时工	20120000017	是
514	李双	男	机械加工车间	工人	生产人员	临时工	20120000018	是
515	宋健	男	组装车间	工人	生产人员	临时工	20120000021	是
516	高大治	男	组装车间	工人	生产人员	临时工	20120000022	是

表 3-6　临时工的工时统计表

人员编号	人员姓名	统计日期	工作时间/工时
513	赵大辉	2018-06-30	210
514	李双	2018-06-30	230
515	宋健	2018-06-30	190
516	高大治	2018-06-30	186

2. 个人所得税扣税基础。按照现行税法规定，个人所得税扣除额为 3 500 元，即扣税基础为 3 500 元。

3. 代发银行。代发工资的银行为中国工商银行丰北分行。

4. 工资分摊。公司按工资总额的 8%、2% 和 9% 分别计提养老保险、医疗保险和住房公积金。

三、实训任务

1. 输入本月全体人员的工资数据。
2. 进行扣税基数设置。
3. 设置代发工资的银行。
4. 进行工资分摊设置。
5. 生成分配工资的凭证。

四、实训要求

1. 严格遵守实训时间和实训室管理规定。
2. 在 2 学时内完成任务。
3. 将任务成果备份到 "111 账套备份\训练十" 的文件夹中。

训练十一　固定资产管理系统日常业务处理

一、实训目的

1. 熟悉固定资产管理系统日常业务内容。
2. 掌握固定资产管理系统增减以及计提折旧的操作方法。

二、实训资料

2018 年 6 月，华丰机械设备有限责任公司发生的有关固定资产的业务如下。

(1) 26 日,公司为开发部购买电脑一台,价税款共计 5 000 元,预计使用 5 年,净残值率为 1%,款项用转账支票付讫,票号为 0003。

(2) 26 日,公司为财务部购买一个档案柜,价税款共计 1 160 元,预计使用 10 年,净残值率为 2%,款项用转账支票付讫,票号为 0004。

(3) 31 日,计提本月折旧。

(4) 31 日,公司机械加工车间的 A 生产线因故报废。

三、实训任务

1. 进行固定资产管理增加的卡片输入。
2. 进行固定资产管理计提折旧和减少的操作。

四、实训要求

1. 严格遵守实训时间和实训室管理规定。
2. 在 2 学时内完成任务。
3. 将任务成果备份到"111 账套备份\训练十一"的文件夹中。

训练十二　采购与应付款管理系统日常业务处理

一、实训目的

1. 熟悉应付款与采购管理两模块之间的关系。
2. 熟练掌握采购发票的填制方法。
3. 熟练掌握应付单据和付款单据输入审核方法。
4. 熟练掌握采购管理系统和应付款管理系统的制单方法。

二、实训资料

2018 年 6 月,华丰机械设备有限责任公司发生的应付款与采购业务如下。

(1) 4 日,从天天机械采购中碳钢 2 吨,原币单价 2 000 元,增值税税率为 16%(采购专用发票号码为 001396),价税合计 4 640 元。材料尚未入库,货款暂欠。

(2) 8 日,从天天机械采购铸铁 2 吨,原币单价 2 500 元,原币价税合计 5 800 元。发票已到(采购专用发票号码为 001403)。材料尚未运到企业,货款暂欠。

(3) 23 日,将 2017 年 12 月 23 日向红达公司签发并承兑的商业汇票(票号为 000195)结算。

(4) 27 日,通过开出转账支票(票号为 0005),支付所欠天天机械货款 4 640 元,并办理核销。

(5) 29 日,经协商决定,将所欠天天机械的货款全部转到红达公司账上,随后进行了转账处理。

三、实训任务

1. 填制审核采购发票。

2. 输入并审核应付单据和付款单据。
3. 生成采购管理系统和应付款管理系统业务凭证。

四、实训要求

1. 严格遵守实训时间和实训室管理规定。
2. 在 2 学时内完成任务。
3. 将任务成果备份到"111 账套备份\训练十二"的文件夹中。

训练十三　销售与应收款管理系统日常业务处理

一、实训目的

1. 熟悉应收款与销售管理两模块之间的关系。
2. 熟练掌握销售发票的填制方法。
3. 熟练掌握应收单据和收款单据输入审核方法。
4. 熟练掌握销售管理系统和应收款管理系统的制单方法。

二、实训资料

2018 年 6 月,华丰机械设备有限责任公司发生的应收款与销售业务如下。

（1）15 日,销售给建科电子公司立式车床 1 台,无税单价是每台 90 000 元,价税合计 104 400 元,货款尚未收到,发票号为 001680。

（2）18 日,收到光大公司面值为 69 600 元的转账支票一张,用以偿还部分前欠货款,并做核销处理。

（3）20 日,销售给光大制药股份公司线式车床 2 台,无税单价是每台 60 000 元,价税合计 139 200 元。对方企业以转账支票支付货款,发票号为 001681。

（4）23 日,业务员吴强收到建科电子公司 3 个月期银行承兑汇票一张,票面金额 104 400 元,票据编号为 001459,抵付前欠货款。

（5）23 日,经三方协商,同意将建科电子公司所欠余款转为向光大公司的应收账款。

（6）25 日,2017 年 12 月 25 日建科电子公司签发并承兑的 000026 号银行承兑汇票到期,收到票款,进行结算处理。

（7）31 日,销售给新拓展的客户宏图机械制造股份有限公司线式车床 1 台,无税单价是每台 60 000 元,价税合计 69 600 元。通过汇兑结算方式,公司开户行收到此笔货款并记入本公司账户,但公司尚未入账,发票号为 001683。

三、实训任务

1. 填制审核销售发票。
2. 输入并审核应收单据和收款单据。
3. 生成销售管理系统和应收款管理系统业务凭证。

四、实训要求

1. 严格遵守实训时间和实训室管理规定。
2. 在2学时内完成任务。
3. 将任务成果备份到"111账套备份\训练十三"的文件夹中。

训练十四　库存与存货管理系统日常业务处理

一、实训目的

1. 熟悉库存与存货两模块之间的关系。
2. 熟练掌握采购入库单的填制与审核方法。
3. 熟练掌握销售出库单的填制与审核方法。
4. 熟练掌握库存与存货管理系统的制单方法。

二、实训资料

2018年6月，华丰机械设备有限责任公司发生的库存与存货业务如下。

(1) 5日，4日从天天机械购入，单价为2 000元的2吨中碳钢到货并验收入库。

(2) 6日，完工入库线式车床2台，每台成本为50 000元；完工入库立式车床1台，每台成本为79 600元。

(3) 9日，8日从天天机械购入，单价为2 500元的2吨铸铁到货并验收入库。

(4) 10日，为生产线式车床，生产车间从材料库领用中碳钢和铸铁各1吨。

(5) 15日，销售给建科电子公司1台立式车床，已发货。

(6) 20日，销售给光大制药股份公司2台线式车床，已发货。

(7) 31日，销售给新拓展客户宏图机械制造股份有限公司的1台线式车床，已发货。

三、实训任务

1. 填制审核采购入库单。
2. 输入并审核销售出库单。
3. 生成库存与存货管理系统业务凭证。

四、实训要求

1. 严格遵守实训时间和实训室管理规定。
2. 在2学时内完成任务。
3. 将任务成果备份到"111账套备份\训练十四"的文件夹中。

项目 4

期 末 处 理

学习目标

(1) 掌握薪资管理系统期末处理的方法。
(2) 掌握固定资产管理系统期末处理的方法。
(3) 掌握采购与应付款管理系统期末处理的方法。
(4) 掌握销售与应收款管理系统期末处理的方法。
(5) 掌握库存与存货管理系统期末处理的方法。
(6) 掌握总账管理系统期末处理的方法。

任务 4.1　薪资管理系统期末处理

背景资料

春天电子有限责任公司 2018 年 6 月工资业务已处理完毕,尚未进行月末处理。

任务要求

进行月末处理。

操作指导

进行月末处理可按以下操作步骤进行。
(1) 在薪资管理系统中,打开"正式工"工资类别。
(2) 双击"业务处理"—"月末处理"列表项,打开"月末处理"窗口。
(3) 单击"确定"按钮,系统将弹出"月末处理后,本月工资将不许变动,继续月末处理吗?"信息提示对话框。
(4) 单击"是"按钮,系统将弹出"是否选清零项?"信息提示对话框。
(5) 单击"是"按钮,打开"选择清零项目"对话框。
(6) 选择需要清零的项目后,如图 4-1 所示。

图 4-1　选择清零项目

(7) 单击"确定"按钮,系统将弹出"月末处理完毕!"信息提示对话框。
(8) 单击"确定"按钮,完成"正式工"月末处理。
用类似的方法,完成其它工资类别的月末处理。

温馨提示

(1) 月末结转必须在本月工资数据汇总后进行。
(2) 月末结转只能在会计年度的1月至11月进行。
(3) 若企业或单位工资类别有多个,在进行月末结转时应打开工资类别,分别进行各类别的月末结转。

常见问题处理

薪资管理系统结账后发现有未了业务或事项怎么办?

在薪资管理系统结账后,发现还有需要在已结账月进行账务处理的业务或事项,可以通过使用反结账功能,取消所做的结账处理后,再进行未了业务或事项的处理。

任务4.2 固定资产管理系统期末处理

背景资料

2018年6月30日,春天电子有限责任公司决定将总账管理系统与固定资产管理系统对账后结账。

任务要求

(1) 对账。
(2) 结账。

操作指导

1. 对账

对账可按以下操作步骤进行。
(1) 在固定资产管理系统中,双击"处理"—"对账"列表项,打开"与账务对账结果"对话框。
(2) 单击"确定"按钮,完成对账。

温馨提示

(1) 在系统初始化或选项中选择了与账务对账的情况下,才可以进行对账操作。
(2) 对账操作不限制执行的时间,任何时候均可进行对账。

(3)系统在执行月末结账时会自动对账一次,给出对账结果,并根据初始化或选项中的判断确定不平情况下是否允许结账。

(4)如果对账不平,则进行查账找出错账并更正,然后再进行对账,直到平衡为止。

2. 结账

结账可按以下操作步骤进行。

(1)在固定资产管理系统中,双击"处理"—"月末结账"列表项,打开"月末结账"对话框。

(2)单击"开始结账"按钮,系统将弹出"与财务对账结果"信息提示对话框。

(3)单击"确定"按钮,系统将弹出"月末结账成功完成!"信息提示对话框。

(4)单击"确定"按钮,系统将弹出"如果要进行下一会计期间的业务,请使用'系统→重注册'菜单重新登录"信息提示对话框。

(5)单击"确定"按钮。

温馨提示

(1)结账前一定要进行数据备份,以防数据丢失造成无法弥补的损失。

(2)结账后,用户不能再对此账套本月任何数据进行修改,为避免反结账的麻烦,结账前要仔细检查数据处理是否全面、正确。

(3)本期不结账,不能进行下期的数据处理。

(4)不能跨年度恢复数据,即本系统年末结转后,不能利用"反结账"功能恢复年末结转前状态。由于成本管理系统每月从本系统提取折旧费用数据,因此,一旦成本管理系统提取了某期的数据,该期不能反结账。

常见问题处理

结账后发现账务数据有误需要修改怎么办?

结账后不允许修改结账前的相关数据,若必须修改,可通过系统提供的"反结账"纠错功能,恢复到结账前状态进行数据修改。

任务4.3 采购与应付款管理系统期末处理

背景资料

春天电子有限责任公司2018年6月的采购与应付款业务均处理完毕,尚未结账。

任务要求

(1)进行采购管理系统月末结账。

(2)进行应付款管理系统月末结账。

操作指导

1. 进行采购管理系统月末结账

进行采购管理系统月末结账可按以下操作步骤进行。

(1) 在采购管理系统中,双击"月末结账"列表项,打开"结账"对话框,如图4-2所示。

(2) 选择结账月份。

(3) 单击"结账"按钮,系统将弹出"是否关闭订单?"信息提示对话框,单击"否"按钮,在已结账月份的"是否结账"栏显示"是"字样,如图4-3所示。

图4-2 结账

图4-3 显示结账标志

(4) 单击"退出"按钮。

温馨提示

(1) 未进行期初记账,不允许月末结账。

(2) 不允许跳月结账,即上月未结账,本月不能结账。

常见问题处理

结账后需要修改账簿内容怎么办?

结账后需要修改账簿内容,要取消结账才能进行。取消结账的方法:在打开的"结账"对话框中,选中已结账的最后月份,通过单击"取消结账"按钮,即可取消该月的月末结账。

2. 进行应付款管理系统月末结账

进行应付款管理系统月末结账可按以下操作步骤进行。

(1) 在应付款管理系统中,双击"期末处理"—"月末结账"列表项,打开"月末处理"对话框,如图4-4所示。

(2) 选择结账月份后,双击使"结账标志"栏打上Y标志。

(3)单击"下一步"按钮,系统列示各"处理类型"的"处理情况",如图4-5所示。

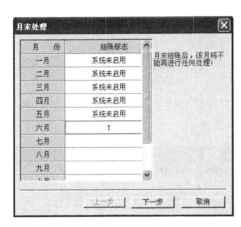

图4-4 月末处理

图4-5 处理情况

(4)若通过检查,即"处理情况"都显示"是"时,单击"完成"按钮,系统将弹出"6月份结账成功!"信息提示对话框。

(5)单击"确定"按钮。若未通过检查,不能结账。

温馨提示

(1)如果应付款管理系统与采购管理系统集成使用,应在采购管理系统结账后,才能进行应付款管理系统结账处理。

(2)如果总账管理系统已经结账,应付款管理系统则不能进行取消结账操作。

(3)本月的单据在结账前应该全部审核,本月的结算单据在结账前应该全部核销。

任务4.4 销售与应收款管理系统期末处理

背景资料

春天电子有限责任公司2018年6月的销售与应收款业务均处理完毕,尚未结账。

任务要求

(1)进行销售管理系统月末结账。
(2)进行应收款管理系统月末结账。

操作指导

1. 进行销售管理系统月末结账

进行销售管理系统月末结账可按以下操作步骤进行。

(1) 在销售管理系统中,双击"月末结账"列表项,打开"结账"对话框,如图4-6所示。

图 4-6　结账

(2) 选择结账月份。

(3) 单击"结账"按钮,系统将弹出"是否关闭订单?"信息提示对话框,单击"否"按钮,在已结账月份的"是否结账"栏打上"是"字标志。

(4) 单击"退出"按钮。

温馨提示

(1) 采购、应付款、销售、应收款等多模块集成使用时,采购管理系统和销售管理系统月末结账后,才能进行库存管理、存货核算、应付款管理、应收款管理等系统的月末结账。

(2) 如果应收款管理按照单据日期记账,销售管理本月有未复核的发票,月末结账后,这些未复核的发票在应收款管理系统就不能按照单据日期记账了,除非在应收款管理系统改成按照业务日期记账。

常见问题处理

结账后发现业务处理有错误怎么办?

当某月结账后发现业务处理时,可以通过取消结账,即恢复结账前状态,正确处理后再结账。

2. 进行应收款管理系统月末结账

进行应收款管理系统月末结账可按以下操作步骤进行。

(1) 在应收款管理系统中,双击"期末处理"—"月末结账"列表项,打开"月末处理"对话框。

(2) 选择结账月份后,双击使"结账标志"栏打上 Y 标志。

(3) 单击"下一步"按钮,系统列示各"处理类型"的"处理情况",如图4-7所示。

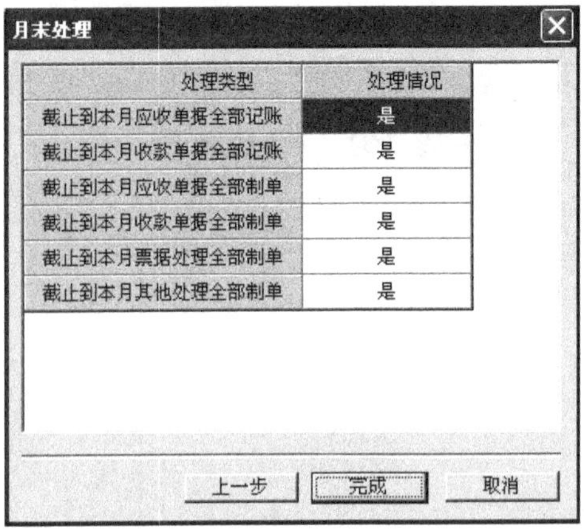

图 4-7　处理情况

(4) 若通过检查,即"处理情况"都显示"是"时,单击"完成"按钮,系统将弹出"6月份结账成功!"提示框。

(5) 单击"确定"按钮。若未通过检查,不能结账。

温馨提示

(1) 在应收款管理系统与销售管理系统集成使用时,销售管理系统完成结账,应收款管理系统才能作结账处理。

(2) 如果总账管理系统已经结账,应收款管理系统则不能进行取消结账操作。

常见问题处理

操作出现问题想要取消结账怎么办?

取消结账可按以下方法进行:单击"其它处理"—"期末处理"—"取消月结"列表项,打开"取消结账"对话框。选中已结账最后月份,单击"取消结账"按钮,即可取消该月的月末结账。

任务 4.5　库存与存货管理系统期末处理

背景资料

春天电子有限责任公司 2018 年 6 月的全部业务都处理完毕,尚未结账。

任务要求

(1) 进行库存管理系统期末处理。

(2) 进行存货核算系统期末处理。

操作指导

1. 进行库存管理系统期末处理

（1）库存管理系统对账。库存管理系统对账可按以下操作步骤进行。

① 在库存管理系统中,双击"对账"—"库存与存货对账"列表项,打开"库存与存货对账"对话框。

② 选择对账月份。

③ 单击"确定"按钮,系统将弹出"本次对账数据完全正确!"信息提示对话框。

④ 单击"确定"按钮。

（2）库存管理系统月末结账。库存管理系统月末结账可按以下操作步骤进行。

① 在库存管理系统中,双击"月末结账"列表项,打开"结账"对话框。

② 选择结账月份。

③ 单击"结账"按钮,系统将弹出"库存启用月份结账后将不能修改期初数据,是否继续结账?"信息提示对话框,单击"是"按钮。

④ 系统在已结账月份的"是否结账"栏打上"是"字标志。

⑤ 单击"退出"按钮。

温馨提示

（1）采购管理系统和销售管理系统没结账,本系统不能结账。

（2）期初未记账,不允许月末结账。

（3）本功能与系统中的其它功能操作互斥,即在其它功能未退出的情况下,不允许进行本操作。

2. 进行存货核算系统期末处理

进行存货核算系统期末处理需包括以下三方面。

（1）存货核算系统期末处理。存货核算系统期末处理可按以下操作步骤进行。

① 在存货核算系统中,双击"业务核算"—"期末处理"列表项,打开"期末处理-6月"对话框,如图4-8所示。

② 选择要进行期末处理的仓库,单击"处理"按钮,系统将弹出"期末处理完毕!"信息提示对话框,单击"确定"按钮。

③ 关闭"期末处理-6月"对话框。

（2）存货核算系统月末结账。存货核算系统月末结账可按以下操作步骤进行。

① 在存货核算系统中,双击"业务核算"—"月末结账"列表项,打开"结账"对话框。

② 选择"结账"月份,单击"结账"按钮,系统将弹出"月末结账完成!"信息提示对话框,单击"确定"按钮,完成存货核算系统月末结账工作。

（3）与总账管理系统对账。与总账管理系统对账可按以下操作步骤进行。

① 在存货核算系统中,双击"财务核算"—"与总账对账"列表项,打开"与总账对账"

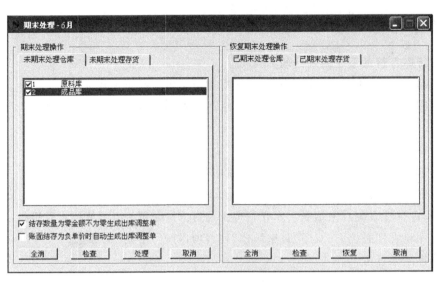

图 4-8　期末处理

窗口。

②选择要与总账对账的会计月份,即可看到存货核算系统与总账管理系统对账的结果。

③关闭"与总账对账"窗口,完成与总账管理系统的对账任务。

温馨提示

(1)采购管理系统、销售管理系统和库存管理系统没进行月末结账,本系统不能结账。

(2)进行期末处理前所有单据都应记账。

任务 4.6　总账管理系统期末处理

任务 4.6.1　银行对账业务处理

背景资料

春天电子有限责任公司 2018 年 6 月 30 日与工商银行进行对账,银行对账期初相关信息资料:公司银行对账功能的启用日期为 2018 年 6 月 1 日,工商银行存款单位日记账调整前余额为 2 911 058 元,账面余额为 4 118 212 元,银行对账单的调整前余额为 2 911 058 元,账面余额为 4 124 140 元。未达账项:6 月 30 日,财务部购入惠普打印机价税款 928 元以转账支票方式支付,企业已记账,银行尚未记账;6 月 30 日,办公室用工商银行存款支付汽车修理费 5 000 元,签发转账支票支付,企业已记账,银行尚未记账。

公司 2018 年 6 月银行对账单的数据资料和工行存款日记账资料如表 4-1 和图 4-9

所示。

表 4-1 银行对账单

日 期	结算方式	票 号	借方金额/元	贷方金额/元
2018.06.01	201	1354		6 000.00
2018.06.04	202		69 600.00	
2018.06.08	202	1224		92 800.00
2018.06.12	202	1225		3 000.00
2018.06.12	202		699 300.00	
2018.06.19	202	1238		5 000.00
2018.06.19	301	041025		87 000.00
2018.06.23	301	081555	34 800.00	
2018.06.23	301	079459	103 182.00	
2018.06.28	4		500 000.00	

开户行：工行丰北分行

2018年		凭证号数	摘要	结算号	对方科目	借方	贷方	方向	余额
月	日								
			月初余额					借	2,911,058.00
06	01	记-0001	提现_201_1354_2018.06.01	现金支票-1354	1001		6,000.00	借	2,905,058.00
06	01		本日合计				6,000.00	借	2,905,058.00
06	04	记-0023	收销货款_202_2018.06.04	转账支票	1122	69,600.00		借	2,974,658.00
06	04		本日合计			69,600.00		借	2,974,658.00
06	08	记-0016	支付货款_202_2018.06.08	转账支票	2202		92,800.00	借	2,881,858.00
06	08		本日合计				92,800.00	借	2,881,858.00
06	12	记-0004	财务部用存款支付办公费_202_1225_2018.06.12	转账支票-1225	660204		3,000.00	借	2,878,858.00
06	12	记-0026	收回货款_202_2018.06.12	转账支票	1122	699,300.00		借	3,578,158.00
06	12		本日合计			699,300.00	3,000.00	借	3,578,158.00
06	19	记-0005	用存款支付产品展览费_202_1238_2018.06.19	转账支票-1238	6601		5,000.00	借	3,573,158.00
06	19	记-0020	票据结算_301_041025_2018.06.19	银行承兑汇票-041025	2201		87,000.00	借	3,486,158.00
06	19		本日合计				92,000.00	借	3,486,158.00
06	23	记-0028	票据结算_301_081555_2018.06.23	银行承兑汇票-081555	1121	34,800.00		借	3,520,958.00
06	23	记-0029	票据贴现_079459_2018.06.23		1121	103,182.00		借	3,624,140.00
06	23		本日合计			137,982.00		借	3,624,140.00
06	28	记-0006	向工行借入2年期借款_4_2018.06.28	电汇	2501	500,000.00		借	4,124,140.00
06	28		本日合计			500,000.00		借	4,124,140.00
06	30	记-0007	用款支付汽车修理费_202_1269_2018.06.30	转账支票-1269	660209		5,000.00	借	4,119,140.00
06	30	记-0010	直接购入资产.		1601,22210101		928.00	借	4,118,212.00
06	30		本日合计				5,928.00	借	4,118,212.00
06			当前合计			1,406,882.00	199,728.00	借	4,118,212.00
06			当前累计			1,406,882.00	199,728.00	借	4,118,212.00
			结转下年					借	4,118,212.00

图 4-9 银行存款日记账

任务要求

（1）银行对账期初输入。
（2）输入银行对账单。
（3）银行对账。
（4）余额调节表查询。

操作指导

1. 银行对账期初输入

银行对账期初输入可按以下操作步骤进行。

（1）在总账管理系统中，双击"出纳"—"银行对账"—"银行对账期初输入"列表项，打开"银行科目选择"对话框。

（2）在"科目"下拉列表框中选择末级科目"工行存款（100201）"，如图 4-10 所示。

图 4-10　选择银行科目

（3）单击"确定"按钮，打开"银行对账期初"对话框，分别输入单位日记账和银行对账单"调整前余额"，如图 4-11 所示。

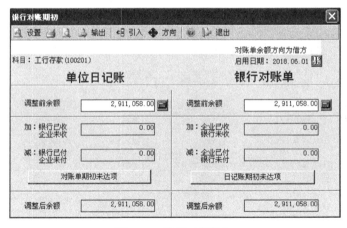

图 4-11　银行对账期初

（4）单击"退出"图标。

温馨提示

（1）如果有期初未达项，则需要通过单击"对账单期初未达项"和"日记账期初未达项"输入。

（2）不要随意调整启用日期，调整可能会造成启用日期后的期初数不能再参与对账。

（3）如果需要调整"银行对账单"余额方向，则在"银行对账期初"对话框中通过单击"方向"图标进行调整。

(4) 已进行过银行对账勾对的银行账户不能调整银行对账单余额方向。

2. 输入银行对账单

输入银行对账单可按以下操作步骤进行。

(1) 在总账管理系统中,双击“出纳”—“银行对账”—“银行对账单”列表项,打开“银行科目选择”对话框,选择银行科目为“工行存款(100201)”,选择“月份”为 2018.06—2018.06。

(2) 单击“确定”按钮,进入“银行对账单”窗口。

(3) 单击“增加”图标,输入第 1 笔银行对账单信息。

(4) 单击“增加”图标,输入第 2 笔银行对账单信息,直到录完所有对账单信息为止,如图 4-12 所示。

银行对账单

科目:工行存款(100201)

日期	结算方式	票号	借方金额	贷方金额	余额
2018.06.01	201	1354		6,000.00	2,905,058.00
2018.06.04	202		69,600.00		2,974,658.00
2018.06.08	202	1224		92,800.00	2,881,858.00
2018.06.12	202	1225		3,000.00	2,878,858.00
2018.06.12	202		699,300.00		3,578,158.00
2018.06.19	202	1238		5,000.00	3,573,158.00
2018.06.19	301	041025		87,000.00	3,486,158.00
2018.06.23	301	081555	34,800.00		3,520,958.00
2018.06.23	301	079459	103,182.00		3,624,140.00
2018.06.28	4		500,000.00		4,124,140.00

图 4-12 银行对账单

(5) 单击“保存”图标。

(6) 关闭“银行对账单”窗口。

3. 银行对账

银行对账可按以下操作步骤进行。

① 在总账管理系统中,双击“出纳”—“银行对账”—“银行对账”列表项,在“银行科目选择”对话框中选择银行科目和月份,单击“确定”按钮,进入“银行对账”窗口。

② 单击“对账”图标,默认系统提供的对账条件。

③ 单击“确定”按钮,显示自动对账结果,已两清的记录后面写上了“○”标志,对于一些应勾对而未勾对上的账项,可分别双击“单位日记账”和“银行对账单”的“两清”栏,进行手工勾对,显示两清标志“√”,如图 4-13 所示。

银行对账 ×

科目:100201(工行存款)

单位日记账

凭证日期	票据日期	结算方式	票号	方向	金额	两清	凭证号数	摘要	对账序号
2018.06.01	2018.06.01	201	1354	贷	6,000.00	○	记-0001	提现	2018063000008
2018.06.12	2018.06.12	202	1225	贷	3,000.00	○	记-0004	财务部用存款支付办公	2018063000006
2018.06.19	2018.06.19	202	1238	贷	5,000.00	○	记-0005	用存款支付产品展览费	2018063000007
2018.06.28	2018.06.28	4		借	500,000.00	○	记-0006	向工行借入2年期借款	2018063000002
2018.06.30	2018.06.30	202	1269	贷	5,000.00		记-0007	用存款支付汽车修理费	
2018.06.30				贷	928.00		记-0010	直接购入资产	
2018.06.08	2018.06.08	202		贷	92,800.00	√	记-0016	支付货款	2018063000009
2018.06.19	2018.06.19	301	041025	贷	87,000.00	○	记-0020	票据结算	2018063000004
2018.06.04	2018.06.04	202		借	69,600.00	○	记-0023	收销货款	2018063000001
2018.06.12	2018.06.12	202		借	699,300.00	○	记-0026	收回货款	2018063000003
2018.06.23	2018.06.23	301	081555	借	34,800.00	○	记-0028	票据结算	2018063000005
2018.06.23	2018.06.23		079459	借	103,182.00	√	记-0029	票据贴现	2018063000009

银行对账单

日期	结算方式	票号	方向	金额	两清	对账序号
2018.06.01	201	1354	贷	6,000.00	○	2018063000008
2018.06.04	202		借	69,600.00	○	2018063000001
2018.06.08	202	1224	贷	92,800.00	√	2018063000009
2018.06.12	202	1225	贷	3,000.00	○	2018063000006
2018.06.12	202		借	699,300.00	○	2018063000003
2018.06.19	202	1238	贷	5,000.00	○	2018063000007
2018.06.19	301	041025	贷	87,000.00	○	2018063000004
2018.06.23	301	081555	借	34,800.00	○	2018063000005
2018.06.23	301	079459	借	103,182.00	√	2018063000009
2018.06.28	4		借	500,000.00	○	2018063000002

图 4-13 银行对账

④ 关闭"银行对账"窗口。

> **温馨提示**
>
> 在自动对账不能完全对上的情况下,可采用手工对账。

4. 余额调节表查询

生成银行存款余额调节表可按以下操作步骤进行。

(1) 在总账管理系统中,双击"出纳"—"银行对账"—"余额调节表查询"列表项,进入"银行存款余额调节表"窗口。

(2) 将光标定在要查看的银行存款账户行上,单击"查看"图标或双击该行,即可显示该银行账户的银行存款余额调节表,如图 4-14 所示。

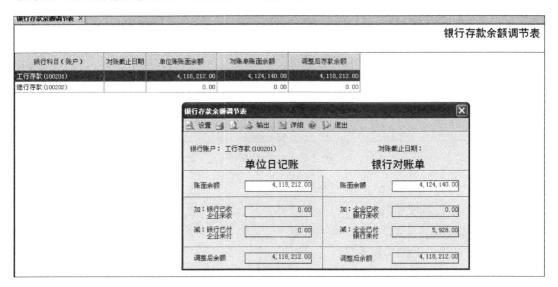

图 4-14 银行存款余额调节表

(3) 单击"退出"图标,退出银行存款余额调节表状态。

(4) 关闭"银行存款余额调节表"窗口。

> **温馨提示**
>
> (1) 已进行银行对账勾对的银行科目不能调整银行对账单余额。
>
> (2) 删除用于对账的银行日记账已达账项和银行对账单已达账项,一定要在确信银行对账正确后进行,否则,若对账不正确,将造成以后对账的错误。
>
> (3) 在显示"银行存款余额调节表"窗口,单击"详细"图标,可查看银行存款余额调节表的详细情况;单击"打印"图标,可打印银行存款余额调节表;单击"输出"图标,可输出指定格式的调节表文件。

常见问题处理

（1）如何查询对账勾对情况？

在"查询银行勾对情况"窗口，选择银行科目，单击"银行对账单"和"单位日记账"按钮，即可切换显示对账情况。

（2）怎样核销已达账？

在"核销银行账"窗口，选择核销银行科目后确定，即可实现核销已达账。

任务 4.6.2　转账定义与转账生成

背景资料

春天电子有限责任公司 2018 年 6 月发生的日常经济业务已全部进行了账务处理，该公司向中国建设银行借入的短期借款按年利率 3.6% 计息。

任务要求

（1）设置计提短期借款利息的转账凭证。

（2）设置结转期间损益的转账凭证。

（3）生成所设置的转账凭证。

操作指导

1. 设置计提短期借款利息的转账凭证

设置计提短期借款利息的转账凭证属于转账定义中的自定义转账设置。自定义转账设置可按以下操作步骤进行。

（1）在总账管理系统中，双击"期末"—"转账定义"—"自定义转账"列表项，进入"自定义转账设置"窗口，单击"增加"图标，打开"转账目录"对话框。

（2）输入"转账序号"为 0001，输入"转账说明"为"计提短期借款利息"，在"凭证类别"下拉列表框中选择"记 记账凭证"，单击"确定"按钮，如图 4-15 所示。

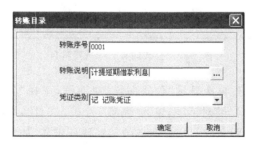

图 4-15　转账目录

（3）单击"增行"图标，输入或选入"科目编码"为 660301，选择"方向"为"借"。

(4) 在"函数名"栏输入或选入公式 JG( )，如图 4-16 所示。

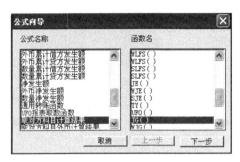

图 4-16　公式向导——选择函数

(5) 单击"增行"图标，输入或选入"科目编码"为 2231，选择"方向"为"贷"，双击"函数名"栏，单击"参照"按钮，打开"公式向导"对话框。

(6) 选择"公式名称"为"期末余额"，单击"下一步"按钮，打开"公式向导"对话框，选择"科目"为 200101，选择"期间"为"月"，选择"方向"为"贷"，选中"按默认值取数"单选项，勾选"继续输入公式"选项框，显示"运算符"选项区域，选择运算符"*（乘）"，如图 4-17 所示。

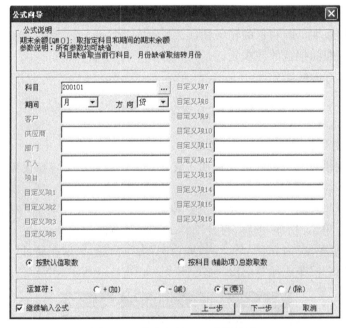

图 4-17　公式向导——选择科目

(7) 单击"下一步"按钮，再次显示"公式向导"对话框，选择"公式名称"为"常数"，单击"下一步"按钮，出现"公式向导"对话框，输入"常数"为 0.036/12，如图 4-18 所示。

(8) 单击"完成"按钮，即完成了这类业务的转账凭证定义，如图 4-19 所示。

(9) 单击"保存"图标，保存已设置的自定义转账凭证。

(10) 单击"退出"图标。

用类似的方法可定义多个转账公式，直到自定义转账凭证定义完毕为止。

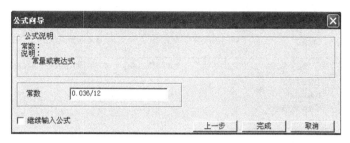

图 4-18　公式向导——输入常数

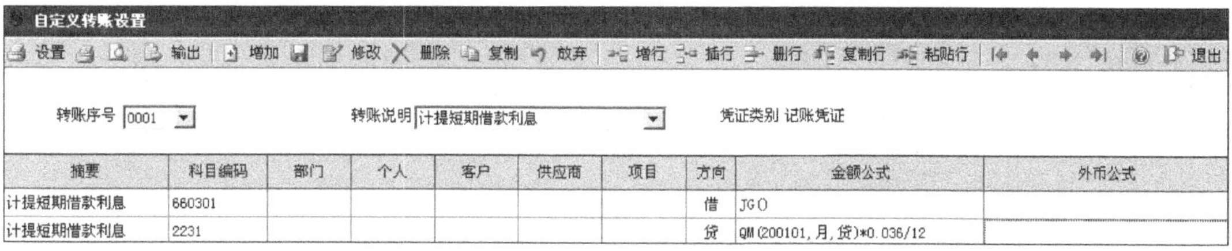

图 4-19　自定义转账设置——计提短期借款利息

> 温馨提示

(1) 转账科目可以是末级科目,也可以是非末级科目。
(2) 直接输入转账公式时,要在半角或英文状态下进行,否则,公式不合法。

2. 设置结转期间损益的转账凭证

设置结转期间损益的转账凭证属于期间损益结转设置,期间损益结转设置可按以下操作步骤进行。

(1) 在总账管理系统中,双击"期末"—"转账定义"—"期间损益"列表项,打开"期间损益结转设置"对话框。

(2) 选择"凭证类别"为"记 记账凭证"。

(3) 选择"本年利润科目"为 4103,如图 4-20 所示。

(4) 单击"确定"按钮,完成设置。

3. 生成所设置的转账凭证

(1) 自定义转账生成。自定义转账生成可按以下操作步骤进行。

① 在总账管理系统中,双击"期末"—"转账生成"列表项,打开"转账生成"窗口。

② 选择"结转月份",选择"自定义转账"单选项,选择需要结转的内容,即在要选择内容对应的"是否结转"栏处打上 Y 标志,表示该转账凭证将执行结转。可单击"全选"按钮,选择全部要结转的凭证,一次性生成所设置的全部转账凭证,如图 4-21 所示。

③ 单击"确定"按钮,系统开始进行结转计算,计算完毕进入"凭证生成"界面,如果凭证中有与实际情况不一致项目,可直接在当前凭证上进行修改。

④ 单击"保存"图标,即生成带有"已生成"标志的凭证,如图 4-22 所示。

⑤ 单击"退出"图标,返回"转账生成"窗口。

图 4-20 期间损益结转设置

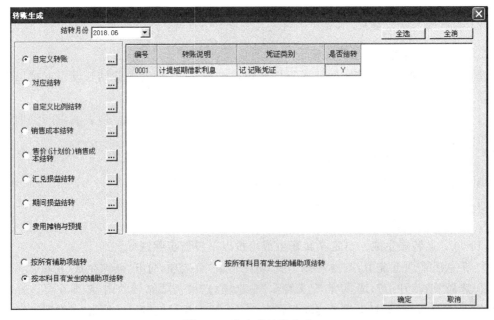

图 4-21 自定义转账生成

⑥ 关闭"转账生成"窗口。

(2) 期间损益结转生成。期间损益结转生成可按以下操作步骤进行。

① 在总账管理系统中,双击"期末"—"转账生成"列表项,打开"转账生成"窗口。

② 选择"结转月份"为 2018.06,选择"类型"为"全部",选择"期间损益结转"单选项。

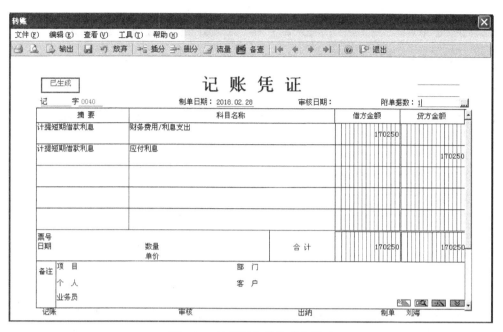

图 4-22 计提短期借款利息凭证

③ 单击"全选"按钮,在"是否结转"处打上 Y 标志,如图 4-23 所示。

图 4-23 期间损益转账生成

④ 单击"确定"按钮,系统开始进行结转,进入"凭证生成"界面,完善凭证。
⑤ 单击"保存"图标,即生成带有"已生成"标志的凭证,如图 4-24 所示。
⑥ 单击"退出"图标,返回"转账生成"窗口。
⑦ 关闭"转账生成"窗口。

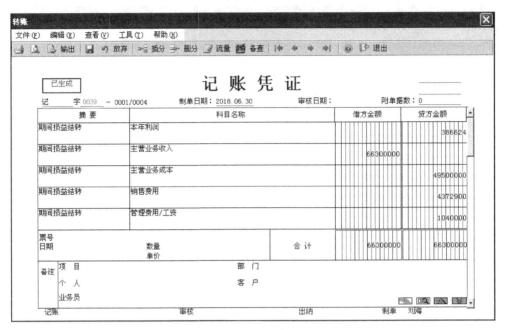

图 4-24　结转期间损益的记账凭证

温馨提示

（1）关于类型的选择，可以分别选择"收入"和"支出"，将"收入"和"支出"分别结转，但没有特殊需要不必分类结转。

（2）由于转账的数据是已记账数据，因此，在生成转账凭证时必须注意业务发生的先后次序，必须将以前的相关经济业务全部登记入账，否则，生成的转账凭证数据就会出现错误。

（3）进行期间损益结转前，要将影响损益的记账凭证全部登记入账。如果进行期间损益结转时，系统提示之前有未记账凭证是否继续结转，要根据未记账凭证所涉及的内容进行判断，如果未记账凭证不涉及损益，则可继续生成期间损益结转凭证；如果未记账凭证涉及损益，则要停止转账生成该凭证，待未记账凭证记账后再进行转账生成，否则，损益的计算就会出现错误。

任务 4.6.3　对账与结账

背景资料

春天电子有限责任公司 2018 年 6 月经济业务全部处理完毕，但尚未进行总账的对账和结账工作。

任务要求

（1）进行总账管理系统期末对账。

(2)进行总账管理系统结账。

操作指导

1. 对账

对账可按以下操作步骤进行。

(1)在总账管理系统中,双击"期末"—"对账"列表项,打开"对账"对话框。

(2)选择要对账的月份,将光标置于要对账的月份,单击"选择"图标,或双击要进行对账月份的"是否对账"栏,此时"是否对账"栏显示 Y 标志。

(3)选择核对内容后单击"对账"图标,系统开始自动对账。若对账结果为账账相符,则在"对账结果"栏中显示"正确",如图 4-25 所示。若对账结果为账账不符,则对账月份的对账结果处显示"错误",单击"错误"图标显示对账错误,可查看引起账账不符的原因。

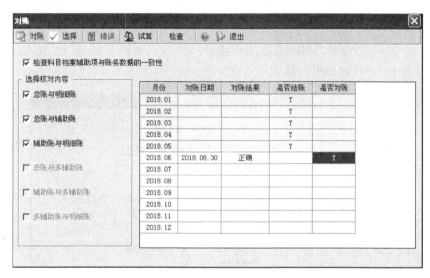

图 4-25 对账结果

(4)单击"退出"图标。

温馨提示

如果在账簿"选项"中将"往来控制方式"选为"客户往来业务由应收系统核算"或"供应商往来业务由应付系统核算",则在总账管理系统中,不能对客户往来、供应商往来账进行核对,只能在应收款管理、应付款管理系统中进行核对。

2. 结账

结账可按以下操作步骤进行。

(1)在总账管理系统中,双击"期末"—"结账"列表项,打开"结账"对话框,选中要结账的月份。

(2)单击"下一步"按钮,显示"核对账簿"对话框,单击"对账"按钮,系统对要结账的月份进行账账核对,在对账过程中,对账完成后,在提示框中显示"对账完毕"的信息,如图 4-26

所示。

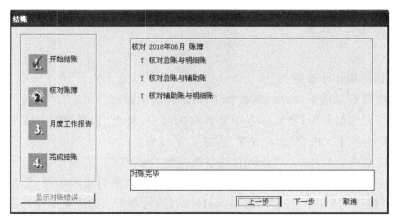

图 4-26　结账前核对账簿

（3）单击"下一步"按钮，显示"月度工作报告"对话框，如图 4-27 所示。若需打印，单击"打印月度工作报告"按钮即可打印。

图 4-27　月度工作报告

（4）单击"下一步"按钮，显示"工作检查完成，可以结账"信息提示对话框。单击"结账"按钮，系统进行结账后返回。

温馨提示

（1）本月还有未记账凭证时，不能结账。
（2）结账前要进行数据备份。
（3）在其它系统尚未结账的情况下，总账管理系统不能结账。
（4）已结账月份不能再填制凭证，要特别注意结账前的工作检查。

常见问题处理

结账后发现还有尚未处理的会计事项怎么办？

结账后发现还有尚未处理的会计事项,可通过取消结账,恢复到记账前状态,待所有未尽会计事项处理完毕再进行结账。其方法:在结账初始界面中,选择要取消结账的月份,按 Ctrl+Shift+F6 组合键即可。

相 关 知 识

一、薪资管理系统月末处理

1. 月末处理的内涵

月末处理是将当月数据经过处理后结转至下月的工作。在会计年度的 1 月至 11 月所进行的月末处理称为月末结转,12 月所进行的月末处理称为年末结转。年末结转就是在新年度到来时,将工资数据经过处理后结转到新年度。

2. 月末处理的前提和注意事项

每月工资数据处理完毕后均可进行月末结转,但如果本月工资数据未汇总,系统将不允许进行月末结转。即月末结转要以本月工资数据已汇总为前提。月末处理必须由主管人员执行。

由于在工资项目中,有的项目是变动的,对每个月的数据有所不相同的项目,在进行月末处理时,需将其数据清为零,这类项目被称为清零项目。如果不进行清零处理,则系统将当月数据默认为是下月各项目数据。

结账后,本月工资将处于不可修改状态,并自动生成下月工资数据。因此,结账前一定要核对正确。

3. 年末结转方法

年末结转就是在新年度到来时,将工资数据经过处理后结转到新年度。年末结转必须由主管人员在"系统管理"中执行操作。其方法是首先建立新年度账;其次,在系统管理中选择"年度账",结转上年数据。

4. 不可以反结账的几种情形

以下几种情形不可以反结账。

(1) 总账管理系统已结账。

(2) 成本管理系统上月已结账。

(3) 汇总工资类别的会计月份等于反结账会计月,且包括需反结账的工资类别。

5. 需处理后才可以反结账的几种情形

以下几种情形需要处理后才能反结账。

(1) 本月工资分摊、计提凭证传输到总账管理系统,且总账管理系统已制单并记账,需做红字冲销凭证后,才能反结账。

(2) 本月工资分摊、计提凭证传输到总账管理系统,且凭证已由出纳签字/主管签字,需取消出纳签字/主管签字,并删除该张凭证后方可反结账。

(3) 本月工资分摊、计提凭证传输到总账管理系统,但总账系统未做任何操作,只需删除此凭证即可反结账。

二、销售与应收款管理系统月末处理

1. 销售管理系统月末结账

销售管理系统月末结账就是结清本月销售管理系统的账目,并将当月的单据数据封存,不允许再对该会计期间的销售单据进行处理。

销售管理系统月末结账后虽不能进行本系统的业务处理,但可以进行账表查询和销售分析等工作。

(1) 账表查询。账表查询主要包括各种统计表和明细账查询。统计表包括销售统计表、发货统计表、发货单开票收款勾对表、销售综合统计表、发票日报、发票使用明细表、信用余额表等。明细账主要有销售收入明细账、销售成本明细账、销售明细账、发货明细表、销售明细表和发货结算勾对表。

(2) 销售分析。销售分析是对各种销售数据进行的分析。销售分析通常包括销售增长分析、销售结构分析、销售毛利分析、货物流向分析、市场分析和货龄分析等。

2. 应收款管理系统月末结账

应收款管理系统月末结账就是结清本月应收款管理系统的账目,并将当月的单据数据封存,不允许再对该会计期的应收单据进行处理。

月末结账,每次只能进行一个月的结账,且前一个月没有结账,本月不能结账。进行月末结账后,该月将不可进行任何处理。年度末结账前,应该对所有核销、转账等处理全部制单。月末结账后,也可以进行报表查询和统计分析等工作。

账表查询主要包括业务账表查询和科目账查询。

业务账表查询包括业务总账、业务余额表、业务明细表、对账单以及与总账对账的查询。查询时,可按照客户、客户分类、地区分类、部门、业务员、存货分类、存货、客户总公司、主管业务员、主管部门等进行查询。对那些既是客户,又是供应商的单位,可以把应收、应付信息在同一张表中列示。

科目账查询主要是看总账管理系统中的客户往来账与应收款管理系统是否一致。如果没有以下两种情况,二者应该是一致的:第一种情况是总账期初明细与应收期初明细不一致;第二种情况是在其它系统使用了应收受控科目进行制单。

统计分析主要是进行一定期间内应收账龄分析、收款账龄分析、收款预测和欠款分析等,了解各个账龄区间内应收款、收款及往来情况,掌握各个客户应收款的周转天数和周转率,及时发现问题,为制定往来款项的管理政策提供依据。

三、库存与存货管理系统期末处理

1. 库存管理系统期末对账

库存管理系统期末对账包括库存管理系统内部对账、库存管理系统与存货核算系统对账。

库存管理系统内部对账包括明细数与汇总数、汇总数与现存量核对。

库存管理系统最先进行的对账是明细数与汇总数的核对,如果核对正确,则进行下一步的对账工作;否则,系统将把未对上的数据显示在对账报告中。

库存管理系统与存货核算系统对账就是把某月份各仓库存货的收发存数量进行核对。

如果核对正确,则系统提示对账工作全部完成,并退出对账功能;如果核对未对上,则系统将把未对上的数据显示在对账报告中。

2. 库存管理系统月末结账

月末结账就是将本月的出入库单据全部记入有关账表中,并将当月的出入库单据数据封存,不允许再对该会计期的出入库单据进行处理。

3. 存货核算系统账表管理

在存货核算系统中,账表管理主要包括账表查询、统计分析和月末结账三个方面内容。

账表查询包括账簿查询和汇总表查询两方面内容的查询。账簿查询主要是指对明细账、总账、出入库流水账、发出商品明细账、个别计价明细账和计价辅助数据的查询。汇总表查询主要是指对入库汇总表、出库汇总表、差异分摊表、收发存汇总表和暂估材料(商品)余额表的查询。

统计分析包括存货周转率分析、ABC 成本分析、库存资金占用分析、库存资金占用规划和入库成本分析等内容。

4. 存货核算系统期末处理

存货核算系统期末处理包括三方面,需要分三步进行:一是要进行存货核算系统期末处理;二是要进行存货核算系统月末结账;三是要进行存货核算系统与总账管理系统对账。

月末结账就是结清本月存货核算系统的账目,并将当月的数据封存,不允许再对该会计期的各种单据进行处理。

四、银行对账相关知识

1. 银行对账的重要性

银行对账是货币资金管理的主要内容,是出纳员的最基本工作之一。企业大部分结算业务都由银行进行,但由于企业与银行的账务处理时间不一致,往往会出现双方账面余额不一致的情况,也就是存在通常所说的"未达账项"。为了能够准确掌握银行存款的实际余额,企业必须定期将银行存款日记账与银行对账单进行核对,并编制银行存款余额调节表。在手工方式下,银行对账由出纳员逐笔勾对进行对账。在计算机方式下,银行对账是输入银行对账单后由计算机自动勾对进行。

2. 银行对账的内容

银行对账包括期初对账和本期对账两大部分。期初对账通过输入企业及银行期初"未达账项"进行,本期对账通过输入企业及银行本期"未达账项"进行。

3. 银行对账的方式

银行对账采用自动对账与手工对账相结合的方式。自动对账是计算机根据对账依据自动进行核对、勾销,对账条件根据需要选择,方向、金额相同是必选条件,其它可选条件有票号、结算方式、日期等。对账的依据通常是"结算方式+结算号+方向+金额"或"方向+金额"。核对一致的银行业务,系统自动在银行存款日记账和银行对账单双方"两清"标志栏写上"○"符号。

在系统中,银行未达账项是在凭证处理过程中自动形成的,期间有人工输入过程,可能存在不规范输入的情况,造成自动对账无法勾销,这种情况可以通过手工对账来完成。

手工对账是对自动对账的补充。采用自动对账后,可能还有一些特殊的已达账项尚未勾对出来而被视作未达账项。为了保证对账更彻底准确,可通过手工对账进行调整勾销。

4. 银行对账单余额方向

系统默认银行对账单余额方向为借方。银行对账单余额方向为借方时,借方发生表示银行存款的增加,贷方发生表示银行存款的减少;反之,借方发生表示银行存款的减少,贷方发生表示银行存款的增加。银行对账单余额方向可调整。

5. 对账单期初未达项

系统将根据调整前余额及企业期初未达项自动计算单位银行存款调后余额,单位日记账的"调整前余额"应为启用日期时该银行账户的账户余额,"对账单期初未达项"(企业未达项)是上次手工勾对截止日期到启用日期前的银行未达账项;"调整后余额"是上次手工勾对截止日期的该银行科目的银行存款余额。若输入正确,单位日记账与银行对账单的调整后余额应平衡。具体操作过程:在单位日记账调整前"余额"栏中输入调整前余额,单击"对账单期初未达项"按钮后,输入企业未达账项。

6. 日记账期初未达项

系统将根据调整前余额及银行期初未达项,自动计算出银行存款调整后余额。银行对账单的"调整前余额"应为启用日期时该银行对账单余额;"单位日记账期初未达项"(银行未达账)是上次手工勾对截止日期到启用日期前的银行未达账项;"调整后余额"是上次手工勾对截止日期的该银行科目的银行存款余额。若输入正确,单位日记账与银行对账单的调整后余额应平衡。具体操作过程:在银行对账单调整前"余额"栏中输入调整前余额,单击"日记账期初未达项"按钮后,输入银行未达账项。

五、转账定义

转账定义主要包括六个部分,即自定义转账设置、对应结转设置、销售成本结转设置、售价(计划价)销售成本结转、汇兑损益结转设置和期间损益结转设置。

第一次使用本系统的用户,进入系统后,应先进行"转账定义",用户在定义完转账凭证后,在转账凭证的转账公式没有变化的情况下,以后各月只需进行"转账凭证生成"即可。若转账凭证的转账公式有变化,则需重新进行转账定义,修改转账凭证内容,然后再转账。

(一)函数

1. 函数的基本格式

函数的基本格式:函数名(科目代码,会计期间,方向,辅助项1,辅助项2),例如,QM(1001,月)的执行结果为取1001账户结转月份的期末余额,QC(2001,月)的执行结果为取2001账户结转月份的期初余额,结转月份可在生成转账凭证时选择。

2. 常用函数定义说明

期初余额:QC(科目代码,会计期间,方向,辅助项1,辅助项2)。

外币期初余额:WQC(科目代码,会计期间,方向,辅助项1,辅助项2)。

数量期初余额:SQC(科目代码,会计期间,方向,辅助项1,辅助项2)。

期末余额:QM(科目代码,会计期间,方向,辅助项1,辅助项2)。

数量期末余额:SQM(科目代码,会计期间,方向,辅助项1,辅助项2)。

净发生额:JE(科目代码,会计期间,方向,辅助项1,辅助项2)。

数量净发生额:SJE(科目代码,会计期间,方向,辅助项1,辅助项2)。
发生额:FS(科目代码,会计期间,方向,辅助项1,辅助项2)。
数量发生额:SFS(科目代码,会计期间,方向,辅助项1,辅助项2)。
累计发生额:LFS(科目代码,会计期间,方向,辅助项1,辅助项2)。
数量累计发生额:SLFS(科目代码,会计期间,方向,辅助项1,辅助项2)。
对方科目数值:JG(科目)或JG()。
常数:直接输入数值。
UFO报表函数:UFO(UFO报表文件名,表页号,行号,列号)。

(二)各转账定义说明

1. 自定义转账

自定义转账功能主要可以进行的转账业务是费用分摊、分配的结转,如工资分配、材料费分摊、计提利息等各项费用。自定义转账功能的运用可以极大地提高总账管理系统的使用效率,但是,由于其规则复杂,函数多样,不便于理解和掌握,因此,如果对应用不够熟练,可不使用或少使用自定义转账功能,待系统应用熟练后再使用自定义转账功能。

2. 对应结转

对应结转不仅可进行两个科目一对一结转,还可进行科目的一对多结转。对应结转的科目可为上级科目,但其下级科目的结构必须一致,即具有相同的明细科目,如果结转科目设置了辅助核算,则对应科目的辅助账类型也必须一致。对应结转一般针对资产、成本或费用类科目,且只结转期末余额,结转时转出科目方向根据其余额方向确定,即如果余额方向为"借",则从贷方转出,否则,从借方转出;转入科目方向与转出科目方向相反。

3. 销售成本结转

销售成本结转是月末将各类商品销售数量乘以相应商品的平均单价计算出各类商品的销售成本并进行结转。在总账管理系统建立会计科目时,要将库存商品、主营业务收入和主营业务成本科目均设为数量核算辅助项,只有库存商品、主营业务收入和主营业务成本科目下的所有明细科目都有数量核算,且这三个科目的下级科目结构均一一对应,输入完成后,系统才会自动计算出所有商品的销售成本。

4. 售价(计划价)销售成本结转

售价(计划价)销售成本结转功能提供按售价(计划价)结转销售成本或月末调整成本。

差异额计算方法分为售价法和计划价法。售价法下,差异额=收入余额×差异率;计划价法下,差异额=成本余额×差异率。

月末结转方法系统提供了两种:一种是月末结转成本方式;另一种是月末调整成本方式。

差异率计算方法系统提供了两种:一种是综合差异率;另一种是个别差异率。其计算公式均表示为:差异率=(差异科目期初余额+差异科目本期净额)÷(库存科目期初余额+库存科目本期净额);但综合差异率是按当前结转科目的上一级科目取数所计算出当前科目的差异率,个别差异率是按当前结转科目取数计算差异率。

5. 汇兑损益结转

汇兑损益结转功能用于期末自动计算外币账户的汇兑损益,并在转账生成中自动生成汇兑损益转账凭证。系统只提供外币存款户、外币现金、外币结算的各项债权、债务账户的处理，不进行所有者权益类账户、成本类账户和损益类账户的处理。

6. 期间损益结转

期间损益结转是在一个会计期间终了，将损益类账户的余额结转到本年利润账户中，以计算企业的盈亏情况。主要是对管理费用、销售费用、财务费用、主营业务收入、主营业务成本、营业外收入、营业外支出等损益类账户的结转。

7. 转账生成

转账定义完成后，每月月末只需执行转账生成功能，生成转账凭证，并将生成的转账凭证自动追加到未记账凭证中。在此生成的转账凭证，需经审核、记账后才能真正完成结转工作。

如果转账定义内容需要修改，可通过单击转账功能选项右侧的查看按钮（放大镜），调出相应的转账定义功能后进行修改。

期间损益结转既可以按科目分别结转，也可以按损益类型结转，还可以按全部结转，结转方式应视实际情况而定。

选项说明：按所有辅助项结转是指按转账科目的每一个辅助项生成一笔分录，即有多少个部门就生成几笔分录，每个部门生成一笔转账分录；按科目有发生额的辅助项结转是指按转账科目下每一个有发生额的辅助项生成一笔分录，即无论多少个部门，转账科目下有几个部门有发生额，则生成几笔分录，每个有发生额的部门生成一笔转账分录。

六、对账与结账

1. 对账

对账是对账簿数据进行核对，以检查记账是否正确，以及账簿是否平衡。它主要是通过核对总账与明细账、总账与辅助账数据来完成账账核对。一般来说，实行计算机记账后，只要记账凭证输入正确，计算机自动记账后各种账簿都应正确且平衡，但由于非法操作或计算机病毒或其它原因有时可能会造成某些数据被破坏，因而引起账账不符，为了保证账证相符、账账相符，用户应经常使用本功能进行对账，一般可在月末结账前进行。

2. 结账

与手工会计处理一样，采用软件方式每月月底也需要进行结账处理，结账实际上就是计算和结转各账簿的本期发生额和期末余额，并终止本期的账务处理工作。

结账只能每月进行一次。结账的顺序是首先选择结账月份；其次是进行账簿核对；最后是进行数据备份。若结账错误，可取消结账。

在结账过程中，可以随时取消正在进行的结账操作。

巩固与思考

1. 薪资管理系统期末处理包括哪些内容？
2. 固定资产管理系统期末处理包括哪些内容？
3. 应付（收）款管理系统应怎样进行期末处理？
4. 采购与销售两个管理系统的期末处理是否要区分先后顺序？

5. 应收款管理系统和销售管理系统能查询到哪些信息?能进行哪些分析?
6. 对账有哪几种方法?
7. 结账应注意哪些问题?

同 步 训 练

训练十五　薪资管理系统期末处理

一、实训目的

1. 熟悉薪资管理系统期末处理的内容。
2. 掌握薪资管理系统期末处理的操作方法。

二、实训资料

以薪资管理系统前面的资料为基础。

三、实训任务

1. 进行月末结账。
2. 进行统计分析。

四、实训要求

1. 严格遵守实训时间和实训室管理规定。
2. 在1学时内完成任务。
3. 将任务成果备份到"111账套备份\训练十五"的文件夹中。

训练十六　固定资产管理系统对账与结账

一、实训目的

1. 熟悉固定资产管理系统对账的内容。
2. 掌握固定资产管理系统对账与结账的操作方法。

二、实训资料

2018年6月30日,华丰机械设备有限责任公司决定将总账管理系统与固定资产管理系统对账后结账。

三、实训任务

1. 进行固定资产管理系统与总账管理系统对账。
2. 进行固定资产管理系统期末结账。

四、实训要求

1. 严格遵守实训时间和实训室管理规定。
2. 在 0.5 学时内完成任务。
3. 将任务成果备份到"111 账套备份\训练十六"的文件夹中。

训练十七　采购与应付管理系统期末处理

一、实训目的

1. 熟悉采购与应付款管理两模块期末处理的关系。
2. 掌握采购与应付款管理系统期末处理的方法。

二、实训资料

以华丰机械设备有限责任公司 2018 年 6 月已处理完毕尚未结账的采购与应付款业务为基础。

三、实训任务

1. 进行采购管理系统期末处理。
2. 进行应付款管理系统期末处理。

四、实训要求

1. 严格遵守实训时间和实训室管理规定。
2. 在 1 学时内完成任务。
3. 将任务成果备份到"111 账套备份\训练十七"的文件夹中。

训练十八　销售与应收款管理系统期末处理

一、实训目的

1. 熟悉销售与应收款管理两模块期末处理的关系。
2. 掌握销售与应收款管理系统期末处理的方法。

二、实训资料

以华丰机械设备有限责任公司 2018 年 6 月已处理完毕尚未结账的销售与应收款业务为基础。

三、实训任务

1. 进行销售管理系统期末处理。
2. 进行应收款管理系统期末处理。

四、实训要求

1. 严格遵守实训时间和实训室管理规定。
2. 在1学时内完成任务。
3. 将任务成果备份到"111账套备份\训练十八"的文件夹中。

训练十九　库存与存货管理系统期末处理

一、实训目的

1. 熟悉库存与存货管理系统两模块期末处理的关系。
2. 掌握库存与存货管理系统期末处理的方法。

二、实训资料

以华丰机械设备有限责任公司2018年6月已处理完毕尚未结账的库存与存货业务为基础。

三、实训任务

1. 进行库存管理系统期末处理。
2. 进行存货核算系统期末处理。

四、实训要求

1. 严格遵守实训时间和实训室管理规定。
2. 在1学时内完成任务。
3. 将任务成果备份到"111账套备份\训练十九"的文件夹中。

训练二十　银行对账

一、实训目的

1. 熟悉银行对账的基本内容。
2. 掌握银行对账的操作方法。

二、实训资料

1. 银行对账期初资料。

华丰机械设备有限责任公司银行存款情况：2018年6月，工行存款账户企业日记账期初余额为16 276 098.89元，银行对账单期初余额也为16 276 098.89元，期初没有未达账项。对账时，工行存款账户企业日记账账面余额为16 195 098.89元；工行存款账户银行对账单账面余额为16 696 598.89元。6月有以下未达账项：6月26日企业支付的展览费1 500元已经记账，银行尚未收到相关凭证没有记账；6月30日投资者对企业的投资

500 000 元,银行已经记账,企业没收到相关凭证尚未记账。

2. 2018 年 6 月工商银行对账单资料。

工行丰北分行 6 月对账单如表 4-2 所示。

表 4-2 工行丰北分行 6 月对账单

日期	结算方式及票号	借方/元	贷方/元	余额/元
1				16 276 098.89
8	委托收款 0001		69 500.00	16 206 598.89
18	现金支票 0001		10 000.00	16 196 598.89
20	转账支票 0022	2 000.00		16 198 598.89
25	转账支票 0001		2 000.00	16 196 598.89
31	转账支票 0025	500 000.00		16 696 598.89

三、实训任务

1. 进行本期银行对账。
2. 生成银行存款余额调节表。

四、实训要求

1. 严格遵守实训时间和实训室管理规定。
2. 在 1 学时内完成任务。
3. 将任务成果备份到"111 账套备份\训练二十"的文件夹中。

训练二十一 转账定义及生成

一、实训目的

1. 熟悉转账定义的内容。
2. 掌握自定义转账和期间损益结转的定义方法。
3. 掌握转账定义凭证的生成方法。

二、实训资料

1. 2018 年 6 月 30 日,按 1‰计提本月应付短期借款利息。
2. 2018 年 6 月 30 日,结转期间损益。

三、实训任务

1. 进行计提短期借款利息和结转期间损益的转账设置。
2. 生成计提短期借款利息和结转期间损益的凭证。

四、实训要求

1. 严格遵守实训时间和实训室管理规定。

2. 在 1 学时内完成任务。

3. 将任务成果备份到"111 账套备份\训练二十一"的文件夹中。

训练二十二 期末对账与结账

一、实训目的

1. 熟悉期末对账的内容。
2. 掌握期末结账的操作方法。

二、实训资料

华丰机械设备有限责任公司 2018 年 6 月经济业务全部处理完毕,但尚未进行对账和结账工作。

三、实训任务

1. 进行期末对账。
2. 在其它模块结账后进行总账管理系统期末结账。

四、实训要求

1. 严格遵守实训时间和实训室管理规定。
2. 在 0.5 学时内完成任务。
3. 将任务成果备份到"111 账套备份\训练二十二"的文件夹中。

项目 5 UFO 报表管理

学习目标

(1) 了解报表相关知识。
(2) 掌握报表格式设计方法。
(3) 掌握报表公式设置方法。
(4) 掌握报表数据处理和表页管理方法。

任务 5.1 报表格式设计

背景资料

春天电子有限责任公司的货币资金表格式如表 5-1 所示。货币资金表的报表格式要求如下。

(1) 表头。标题设置为黑体、14 号、居中,单位名称和年、月、日设置为关键字。
(2) 表体。表体中文字设置为楷体、12 号,除第三、四栏中的数字右对齐外,其它均居中。
(3) 表尾。制表人设置为楷体、10 号。
(4) 行高均为 8,列宽:A、C、D 三列为 40,B 列为 12。

表 5-1 货币资金表

单位名称:		年 月 日	单位:元
项 目	行次	期 初 数	期 末 数
库存现金	1		
银行存款	2		
其它货币资金	3		
合 计			

制表人:

任务要求

(1) 自定义货币资金表格式。
(2) 利用报表模板设计报表格式。

操作指导

1. 自定义货币资金表格式

自定义报表格式可按以下操作步骤进行。

（1）建立空白报表

① 在企业应用平台中，打开"业务工作"选项卡，双击"财务会计"—"UFO 报表"列表项，进入"UFO 报表"系统（若是第一次进入 UFO 报表系统，系统出现"日积月累"向导窗口，关闭该窗口）。

② 在屏幕左上角，单击"文件"—"新建"菜单项，建立空白报表，名称默认为 report1。

（2）设置表尺寸

① 使当前状态为"格式"状态。屏幕左下角如果不是"格式"状态，需单击"数据"按钮，使之变为"格式"状态。

② 单击"格式"—"表尺寸"菜单项，打开"表尺寸"对话框。

③ 按要求输入要设定的行数和列数，或调整默认的行数和列数，如图 5-1 所示。

④ 单击"确认"按钮，显示符合行数和列数要求的表格。

温馨提示

（1）设置报表的行数应包括报表的表头、表体和表尾所占用的行数。

（2）设置表尺寸后，若发现所设的表尺寸与要求不符，可通过编辑菜单下的"插入/追加"菜单项，增加行数/列数，或通过编辑菜单下的"删除"菜单项减少行数/列数。

（3）定义组合单元

① 选择要合并的区域"A1:D1"。

② 单击"格式"—"组合单元"菜单项，打开"组合单元"对话框。

选择组合方式为"按行组合"或"整体组合"，单击选择"按行组合"或"整体组合"按钮，完成单元组合，如图 5-2 所示。

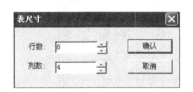

图 5-1 设置表尺寸

图 5-2 选择单元组合方式

常见问题处理

在定义组合单元时选错了单元怎么办？

选中要取消组合的组合单元，在"组合单元"对话框中即可实现取消组合单元。

(4) 画表格线

① 选中要画线的区域"A3:D7"。

② 单击"格式"—"区域画线"菜单项,打开"区域画线"对话框。

③ 选择要设定的画线类型和样式分别为"网线"和"细实线",如图 5-3 所示。

④ 单击"确认"按钮,所选区域被画上表格线。

图 5-3 区域画线

温馨提示

设置表尺寸后,看似有表格线,但打印出来却没有任何表格线,为了阅读报表方便,应根据需要画适当的表格线,包括画线类型和样式。

常见问题处理

(1) 要删除某区域中的表格线怎么办?

选中要删除画线的区域,单击"格式"—"区域画线"菜单项,在弹出的"区域画线"对话框中选择要删除画线的类型后,在画线类型样式处选择"空线",单击"确认"按钮。

(2) 要取消区域画线怎么办?

在区域画线后,感觉边框线不满意或不符合要求,可取消区域画线后再重新画线。其方法:在单元属性对话框中打开"边框"选项卡,单击"无边框"按钮。

(5) 输入报表项目

① 将光标放在要输入内容的单元或组合单元。

② 按资料输入项目内容。例如,在 A1 组合单元中输入"货币资金表"等,如图 5-4 所示。

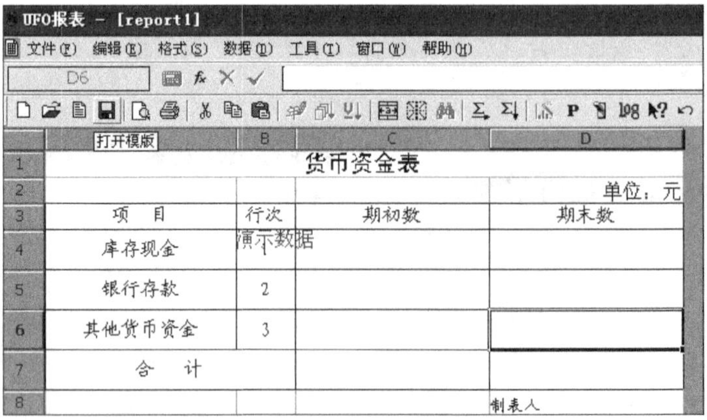

图 5-4 货币资金表

温馨提示

(1) 报表项目是指报表的固定文字内容,主要包括表头、表体项目、表尾项目等。

(2)在输入报表项目时,编制单位、日期一般不需要输入,UFO表一般将其设置为关键字。

(6)定义行高和列宽
① 选中要调整的单元所在行(列)。
② 单击"格式"—"行高(列宽)"菜单项,打开"行高(列宽)"对话框。
③ 按要求输入要设定的行高(列宽)数值,单击"确认"按钮。

温馨提示

(1)行高(列宽)的单位为毫米,单位较小,设置时要以够用、美观为原则。
(2)设置列宽应以能够放下本栏最宽数据为原则,否则,生成报表时将会产生数据溢出情况。

工作指导

怎样快速设置行高和列宽?
实际工作中,如果对行高、列宽没有固定尺寸的要求,可以用以下方法设置行高或列宽:把鼠标放在两个行(列)标之间,在鼠标显示为类似十字形状时,拖曳鼠标直到满意的行高(列宽),松开鼠标。单击多个行(列)标,选中一个多行(列)区域,将鼠标放在任意两个行(列)标之间,拖曳鼠标直到满意的行高(列宽),松开鼠标,所选区域中的所有行(列)都将被调整为新行高(列宽)。

(7)设置单元属性
设置单元属性主要是设置单元类型及数据格式、对齐方式、字型、字体、字号及颜色、边框样式等,其方法如下。
① 在格式状态下,选中要设置单元属性的组合单元。
② 单击"格式"—"单元属性"菜单项,打开"单元格属性"对话框。
③ 单击"单元类型"选项卡中的表样、数值或字符,单击"确定"按钮。
④ 单击"字体图案"选项卡,选择"字体""字号"等,单击"确定"按钮,如图5-5所示。

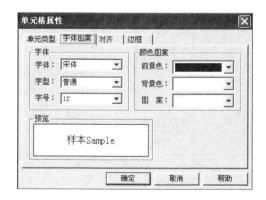

图 5-5 单元格属性

⑤ 单击"对齐"选项卡,选择"水平方向""垂直方向",以及是否"文字在单元内折行显示",单击"确定"按钮。

⑥ 单击"边框"选项卡,选择"边框类型""线型",单击"确定"按钮。

温馨提示

(1) 新建的报表,所有单元的单元类型均默认为数值型;格式状态下输入的内容均默认为表样单元。

(2) 字符单元和数值单元输入后只对本表页有效,表样单元输入后对所有的表页有效。

(8) 设置关键字

① 在格式状态下,选中要输入关键字的单元。

② 单击"数据"—"关键字"—"设置"菜单项,打开"设置关键字"对话框,选择要设置的关键字,如"单位名称",如图5-6所示。

③ 单击"确定"按钮。

用类似的方法,设置"年""月""日"等关键字,直到所有关键字设完为止。

温馨提示

(1) 每个报表可以设置多个关键字,关键字一次只能设置一个。

(2) 设置关键字一定要选好设置关键字的位置,即先将光标置于要设置关键字的组合单元。

(3) 如果报表的编制单位是固定的,可以在格式状态下直接输入具体的编制单位,不必设为关键字。

(9) 调整关键字位置

① 在格式状态下,选中要输入关键字的单元。

② 单击"数据"—"关键字"—"关键字偏移设置"菜单项,打开"定义关键字偏移"对话框,在需要调整位置的关键字后面输入偏移量,如图5-7所示。

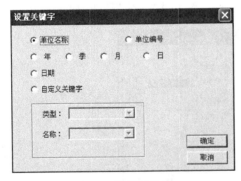

图5-6 设置关键字

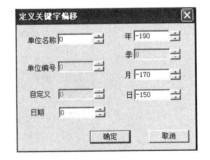

图5-7 定义关键字偏移

③ 单击"确定"按钮。

温馨提示

一次可同时取消已设置的多个关键字,也可一次同时对多个关键字进行偏移量设置。

常见问题处理

(1) 关键字设置出现错误,怎样取消已设置的关键字?

要取消关键字,可通过单击"数据"—"关键字"—"取消"菜单项,在系统弹出的"取消关键字"对话框中,选择要取消的关键字后确定,即可取消所选关键字。

(2) 怎样防止报表格式被修改?

为防止所设置的格式被修改,可通过加锁的方式进行格式保护。其方法:在打开某报表格式的情况下,单击"格式"—"保护"—"格式加锁"菜单项,在"格式加锁"对话框中,输入"新口令"和"确认口令",单击"确认"按钮即可实现格式保护。

(10) 设置报表公式

第一类公式:设置单元公式。设置单元公式可以直接输入公式,也可以利用函数向导进行设置。

方法1:直接输入公式。

直接输入公式可按以下操作步骤进行。

① 打开要设置单元公式的报表。

② 单击"格式/数据"按钮,进入格式状态。

③ 选定设置公式的单元,单击"数据"—"编辑公式"—"单元公式"菜单项,打开"定义公式"对话框,直接输入公式,如图5-8所示。

图5-8 定义公式——直接法

④ 单击"确认"按钮。

用类似的方法,定义其它单元公式,直到所有的单元公式定义完毕为止。

方法2:利用函数向导设置单元公式。

利用函数向导设置单元公式可按以下操作步骤进行。

① 打开要设置单元公式的报表。

② 单击"格式/数据"按钮,进入格式状态。

③ 选定设置公式的单元格C4,即"库存现金"期初数。

④ 单击"数据"—"编辑公式"—"单元公式"菜单项,或单击编辑框中的fx按钮,打开"定义公式"对话框。

⑤ 单击"函数向导"按钮,打开"函数向导"对话框,在"函数分类"列表框中选择"用友账务函数",在"函数名"列表框中选择"期初(QC)",如图5-9所示。

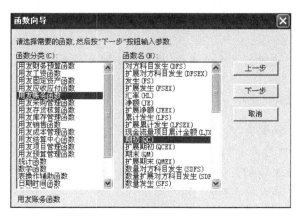

图 5-9　函数向导

⑥ 单击"下一步"按钮,打开"用友账务函数"对话框,单击"参照"按钮,打开"账务函数"对话框。

⑦ 选择"科目"为 1001,其它各项采用系统默认,如图 5-10 所示。

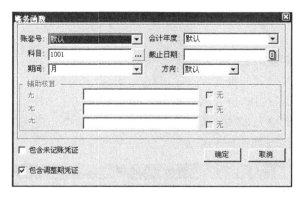

图 5-10　账务函数

⑧ 单击"确定"按钮,返回"用友账务函数"对话框。

⑨ 单击"确定"按钮,返回"定义公式"对话框,如图 5-11 所示。

图 5-11　定义公式

⑩ 单击"确认"按钮。

用类似的方法输入其它公式,直到所有单元公式均定义完毕为止。

温馨提示

(1) 在输入单元公式时,凡是涉及数学符号的均须在英文或半角状态下输入字符。

(2)定义的单元公式对表中的所有表页均有效。

(3)在报表软件从账簿的某个科目取数时,如果表处理系统设为取某个科目期末借方余额,而实际余额在贷方时,则公式的值为零,而不是贷方金额的负值。

第二类公式:设置审核公式。

设置审核公式可按以下操作步骤进行。

① 打开要设置单元公式的报表。

② 单击"格式/数据"按钮,进入格式状态。

③ 单击"数据"—"编辑公式"—"审核公式"菜单项。

④ 在"审核公式"对话框中,逐一输入审核公式即可。

⑤ 审核公式编辑完毕,检查无误后单击"确定"按钮。

第三类公式:设置舍位平衡公式。

设置舍位平衡公式可按以下操作步骤进行。

① 打开要设置单元公式的报表。

② 单击"格式/数据"按钮,进入格式状态。

③ 单击"数据"—"编辑公式"—"舍位公式"菜单项,打开"舍位平衡公式"对话框。

④ 在"舍位表名"编辑框里输入报表名称,如输入"货币资金表";在"舍位范围"编辑框里输入参加舍位的区域范围,如"C4:D7";在"舍位位数"编辑框里输入具体数字,如果将元进位为百元,则输入数字2,如图5-12所示。

图5-12 设置舍位平衡公式

⑤ 在"平衡公式"编辑框里输入舍位公式,如 C7=C4+C5+C6 或 C7=PTOTAL(C4:C6)。

⑥ 单击"完成"按钮。

(11)保存报表格式

报表格式设置完毕,单击"保存"图标,保存报表格式。如果是第一次保存,系统打开"另存为"对话框,选择保存文件夹的目录,输入报表文件名称为"货币资金表",选择"保存类型"为.REP,单击"另存为"按钮保存文件。保存时,可以直接将其命名为"货币资金表"模板,以方便以后调用。

温馨提示

(1)每个公式占一行,各公式之间用逗号隔开,最后一个公式不用写符号。

(2)关于舍位位数的含义,舍位位数为1,舍位后区域中的数据除以10;舍位位数为2,

舍位后区域中的数据除以100,依此类推。

(3) 舍位公式中只能使用"＋""－"符号,不能使用其它运算符及函数。

2. 利用报表模板设计报表格式

(1) 调用资产负债表模板

利用报表模板设计资产负债表格式可按以下操作步骤进行。

① 在 UFO 报表窗口,单击"文件"—"新建"菜单项。

② 单击"格式"—"报表模板"菜单项,在弹出的"报表模板"对话框中选择"您所在的行业"为"2007年新会计制度科目",选择"财务报表"为"资产负债表",如图 5-13 所示。

③ 单击"确认"按钮,系统将弹出"模板格式将覆盖本表格式！是否继续？"信息提示对话框,单击"确定"按钮,打开"2007年新会计制度科目"设置的"资产负债表"模板。

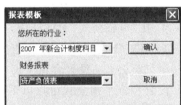

图 5-13 报表模板选择

(2) 修改报表模板

如果生成的报表不符合现行报表的报送要求、报表项目的现行计算公式与系统中原设计的计算公式不一致,都需要对报表模板进行修改。修改报表模板可按以下操作步骤进行。

① 单击屏幕左下角的"数据/格式"按钮,使报表进入格式状态。

② 选择报表中需要修改的项目直接修改为所需项目,也可以通过单击编辑菜单中的删除项,选择删除行或列,或通过单击编辑菜单中的插入项,插入行或列后增加新报表项目。

③ 修改报表单元公式,方法与自定义报表公式设置类似,可以直接输入公式,也可以利用函数向导进行设置。

采用直接输入公式法修改报表单元公式,可按以下操作步骤进行。

① 双击要修改报表单元公式的单元,如双击 C7 单元,打开"定义公式"对话框,直接修改公式,或将原有单元公式删除,重新输入单元公式,如图 5-14 所示。

图 5-14 定义公式——直接法

② 单元公式修改完毕,单击"确认"按钮。

用类似的方法修改其它需要修改的单元公式,直到所有需要修改的单元公式均修改完毕为止。

利用函数向导修改报表单元公式可按以下操作步骤进行。

① 双击要修改报表单元公式的单元,如双击 C7 单元格,即"货币资金"期末余额。打开"定义公式"对话框,将原有单元公式删除。

② 单击"函数向导"按钮,打开"函数向导"对话框,在"函数分类"列表框中选择"用友账

务函数",在"函数名"列表框中选择"期末(QM)",如图5-15所示。

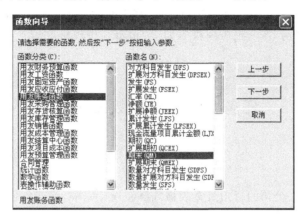

图5-15 函数向导

③ 单击"下一步"按钮,打开"用友账务函数"对话框,单击"参照"按钮,打开"账务函数"对话框,选择"科目"为1001(库存现金),其它各项采用系统默认,如图5-16所示。

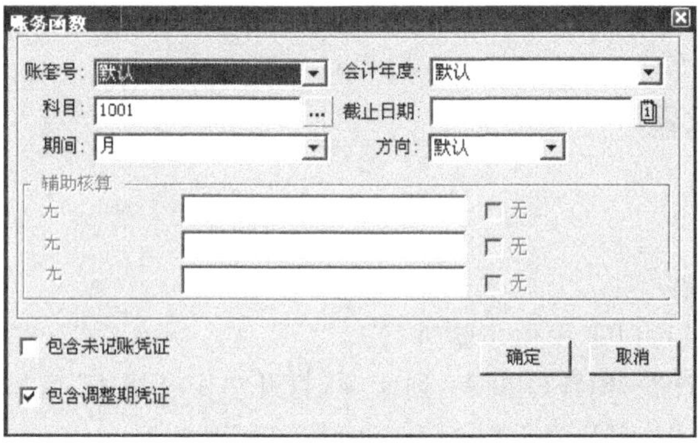

图5-16 账务函数

④ 单击"确定"按钮,返回"用友账务函数"对话框,单击"确定"按钮,返回"定义公式"对话框,将光标移至公式最后,输入"+"。

⑤ 单击"函数向导"按钮,打开"函数向导"对话框,在"函数分类"列表框中选择"用友账务函数",在"函数名"列表框中选择"期末(QM)"。

⑥ 单击"下一步"按钮,打开"用友账务函数"对话框,单击"参照"按钮,打开"账务函数"对话框,选择"科目"为1002(银行存款),其它各项采用系统默认。

⑦ 单击"确定"按钮,返回"用友账务函数"对话框,单击"确定"按钮,返回"定义公式"对话框。

⑧ 将光标移至公式最后,再输入"+"。

⑨ 重复操作步骤⑤~步骤⑦,完成添加1012(其它货币资金)的期末项。

⑩ 单击"确认"按钮。

用类似的方法修改其它需要修改的单元公式,直到所有需要修改的单元公式均修改完毕为止。

(3) 保存报表格式

报表格式设置完毕或利用报表模板修改完毕，单击"保存"图标，保存报表格式。保存时，可以直接将其命名为"××报表模板"，如"货币资金表模板""资产负债表模板"等，以方便以后调用。

任务 5.2　报表数据生成

背景资料

春天电子有限责任公司的货币资金表格式已经设计完毕，资产负债表、利润表和现金流量表主表模板中的单元公式也修改完毕。

任务要求

(1) 生成货币资金表。
(2) 生成资产负债表。
(3) 生成利润表。
(4) 生成现金流量表。

操作指导

1. 生成货币资金表

生成货币资金表可按以下操作步骤进行。

(1) 双击"财务会计"—"UFO 报表"列表项，打开"UFO 报表"窗口。
(2) 单击"文件"—"打开"菜单项，打开"文件选择"对话框。
(3) 选择存放报表格式的文件夹中的报表文件名为"货币资金表模板"。
(4) 单击"打开"按钮，打开"货币资金表"，将空白报表底部左下角的状态调整为"数据"状态。
(5) 单击"数据"—"关键字"—"输入"菜单项，打开"输入关键字"对话框，输入关键字值"单位名称"为"春天电子有限责任公司"，"年"为 2018，"月"为 6，"日"为 30。
(6) 单击"确认"按钮，系统将弹出"是否重算第 1 页？"信息提示对话框，单击"是"按钮，系统自动根据已有信息和单元公式计算 6 月数据，生成 6 月货币资金表报表数据，如图 5-17 所示。
(7) 单击"文件"—"另存为"菜单项，打开"另存为"对话框，输入"文件名"为"201806 货币资金表"。
(8) 单击"另存为"按钮，保存生成的货币资金表报表数据。

2. 生成资产负债表

生成资产负债表的操作方法与生成货币资金表类似，这里不再阐述。

3. 生成利润表

生成利润表的操作方法与生成货币资金表类似，这里也不再阐述。

货币资金表

单位名称：春天电子有限责任公司		2018 年 6 月30 日	单位：元
项　目	行次	期初数	期末数
库存现金	1	102835.00	111835.00
银行存款	2	3911058.00	5118212.00
其他货币资金	3	演示数据	
合　计		4013893.00	5230047.00
			制表人

图 5-17　货币资金表

4. 生成现金流量表

生成现金流量表有两种方法：一种是利用现金流量表模块；另一种是利用总账的项目管理功能和UFO报表。这里阐述第二种方法。

利用总账的项目管理功能和UFO报表生成现金流量表，应具备以下三个前提条件：一是在进行会计科目设置时指定现金流量科目；二是在进行"项目目录"设置时建立了"现金流量项目"大类；三是在进行凭证填制时，涉及现金流量的科目均已指定发生现金流量的所属项目，或虽在进行凭证填制时，没有对涉及现金流量科目指定发生现金流量的所属项目，但通过以下操作补录了现金流量项目。

(1) 单击"总账"—"现金流量表"—"现金流量凭证查询"列表项，打开"现金流量凭证查询"对话框。

(2) 单击"确定"按钮，进入"现金流量查询及修改"窗口。

(3) 对现金流量凭证补录现金流量项目，如图5-18所示。

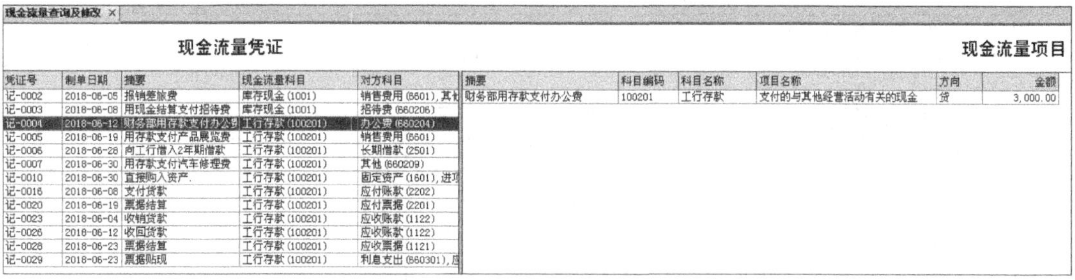
现金流量查询及修改

现金流量凭证

凭证号	制单日期	摘要	现金流量科目	对方科目
记-0002	2018-06-05	报销差旅费	库存现金 (1001)	销售费用 (6601), 其他
记-0003	2018-06-08	用现金结算支付招待费	库存现金 (1001)	招待费 (660206)
记-0004	2018-06-12	财务部用存款支付办公费	工行存款 (100201)	办公费 (660204)
记-0005	2018-06-19	用存款支付产品展览费	工行存款 (100201)	销售费用 (6601)
记-0006	2018-06-28	向工行借入2年期借款	工行存款 (100201)	长期借款 (2501)
记-0007	2018-06-30	用存款支付汽车修理费	工行存款 (100201)	其他 (660209)
记-0010	2018-06-30	直接购入资产.	工行存款 (100201)	固定资产 (1601), 进项
记-0016	2018-06-08	支付货款	工行存款 (100201)	应付账款 (2202)
记-0020	2018-06-19	票据结算	工行存款 (100201)	应付票据 (2201)
记-0023	2018-06-04	收销货款	工行存款 (100201)	应收账款 (1122)
记-0026	2018-06-12	收回货款	工行存款 (100201)	应收账款 (1122)
记-0028	2018-06-23	票据结算	工行存款 (100201)	应收票据 (1121)
记-0029	2018-06-23	票据贴现	工行存款 (100201)	利息支出 (660301), 应

现金流量项目

摘要	科目编码	科目名称	项目名称	方向	金额
财务部用存款支付办公费	100201	工行存款	支付的与其他经营活动有关的现金	贷	3,000.00

图 5-18　现金流量查询及修改

接下来，按以下步骤操作，即可生成现金流量表。

(1) 双击"财务会计"—"UFO报表"列表项，进入"UFO报表"窗口。

(2) 单击"文件"—"打开"菜单项，打开"文件选择"对话框。

(3) 选择存放报表格式的文件夹中的报表文件名为"现金流量表模板"。

(4) 单击"打开"按钮，打开"现金流量表"，将空白报表底部左下角的状态调整为"数据"

状态。

(5) 单击"数据"—"关键字"—"输入"菜单项,打开"输入关键字"对话框,输入关键字值"编制单位"为"春天电子有限责任公司","年"为 2018,"月"为 6。

(6) 单击"确认"按钮,系统将弹出"是否重算第 1 页?"信息提示对话框,单击"是"按钮,系统自动根据已有信息和单元公式计算 6 月数据,生成 6 月现金流量表报表数据,如图 5-19 所示。

现金流量表

会企03表

编制单位:春天电子有限责任公司　　2018 年　6 月　30 日　　单位:元

项目	行次	本期金额	上期金额
一、经营活动产生的现金流量:			
销售商品、提供劳务收到的现金	1	803700.00	
收到的税费返还	2		
收到其他与经营活动有关的现金	3	3500.00	
经营活动现金流入小计	4	807,200.00	
购买商品、接受劳务支付的现金	5	179800.00	
支付给职工以及为职工支付的现金	6	13500.00	
支付的各项税费	7	演示数据	
支付其他与经营活动有关的现金	8	13500.00	
经营活动现金流出小计	9	206,800.00	
经营活动产生的现金流量净额	10	600,400.00	
二、投资活动产生的现金流量:			
收回投资收到的现金	11		
取得投资收益收到的现金	12	演示数据	
处置固定资产、无形资产和其他长期资产收回的现金净额	13		
处置子公司及其他营业单位收到的现金净额	14		
收到其他与投资活动有关的现金	15		
投资活动现金流入小计	16		
购建固定资产、无形资产和其他长期资产支付的现金	17	928.00	
投资支付的现金	18		
取得子公司及其他营业单位支付的现金净额	19		
支付其他与投资活动有关的现金	20		
投资活动现金流出小计	21	928.00	
投资活动产生的现金流量净额	22	-928.00	
三、筹资活动产生的现金流量:			
吸收投资收到的现金	23	演示数据	
取得借款收到的现金	24	500000.00	
收到其他与筹资活动有关的现金	25		
筹资活动现金流入小计	26	500,000.00	
偿还债务支付的现金	27	演示数据	
分配股利、利润或偿付利息支付的现金	28		
支付其他与筹资活动有关的现金	29		

图 5-19　现金流量表

(7) 单击"文件"—"另存为"菜单项,打开"另存为"对话框,输入"文件名"为"201806 现金流量表"。

(8) 单击"另存为"按钮,保存生成的现金流量表报表数据。

工作指导

图表管理：实际工作中有时需要制作图表。制作图表需要做三项工作：一是追加图表显示区；二是插入图表对象；三是编辑图表对象。这里以货币资金表中追加图表为例介绍图表管理。

(1) 追加图表显示区。追加图表显示区可按以下操作步骤进行。

① 打开"货币资金表模板"。

② 在格式状态下，单击"编辑"—"追加"—"行"菜单项，打开"追加行"对话框，输入"追加行数"为12。

③ 单击"确认"按钮。

(2) 插入图表对象。插入图表对象可按以下操作步骤进行。

① 打开"货币资金表模板"，将报表调整为数据状态。

② 选取"数据区域"为"A3：D6"。

③ 单击"工具"—"插入图表对象"菜单项，打开"区域作图"对话框，选择"数据组"为"行"，"操作范围"为"当前表页"。

④ 输入"图表名称"为"资金分析图"，"图表标题"为"资金对比"，"X轴标题"为"期间"，"Y轴标题"为"金额"。

⑤ 选择"图表格式"为"成组直方图"。

⑥ 单击"确认"按钮。

⑦ 调整图表对象的位置，以合适为宜。

(3) 编辑图表对象。编辑图表对象可按以下操作步骤进行。

第一步，编辑图表主标题。

① 选中要编辑主标题的图表。

② 单击"编辑"—"主标题"菜单项，打开"编辑标题"对话框。

③ 输入"标题"为"资金对比分析"，选取"数据区域"为"A3：D6"。

④ 单击"确认"按钮。

第二步，编辑图表主标题字样。

① 选中主标题。

② 单击"编辑"—"标题字体"菜单项，打开"标题字体"对话框。

③ 选择"字体"为"黑体"，"字型"为"粗体"，"字号"为14，"效果"为"加下划线"。

④ 单击"确认"按钮。

相 关 知 识

1. UFO报表管理系统功能

UFO报表管理系统是报表处理的工具，利用UFO报表管理系统可以编制各种报表，包括对外报表和内部报表。它的主要功能是设计报表格式和编制公式，能够从总账管理系统或从其它业务系统中取得有关会计信息自动编制各种会计报表,对报表进行审核、汇总、生成各种分析图,按预定格式输出各种会计报表。具体功能如下。

(1) 模板管理。UFO报表管理系统提供了多个行业的标准财务报表模板,用户可以根据需要自定义报表模板,以便随时调用。

(2) 格式管理。UFO报表管理系统提供了丰富的格式设计功能,如定义组合单元、画表格线及调整行高和列宽等,可制作各种要求的报表。

(3) 数据处理。UFO报表管理系统具有较强的数据处理功能,可以将99 999张相同格式的表页统一在一个报表文件中管理,并在每张表页之间建立有机联系;可以对数据进行排序、审核、舍位平衡及汇总;还可以通过系统提供的绝对单元公式和相对单元公式,自定义计算公式;提供了多种函数,可以从用友财务系统和其它业务系统提取数据,生成财务报表。

(4) 图表管理。UFO报表管理系统具有将数据表以图形表示的功能,可以很方便地进行图形数据组织,制作直方图、立体图、折线图等十种图式的分析图表;可以编制图表的位置、大小及标题等内容;可以打印输出图表。

(5) 文件管理。UFO报表管理系统能够对报表文件的创建、读取、保存和备份进行管理;能够进行不同文件格式的转换;能够在打开多个窗口时进行处理,最多可以同时打开近40个文件和图形窗口;可以进行标准财务数据的"导入"和"导出";还能与其它财务软件交换数据。

2. UFO报表管理系统与其它系统的关系

编制会计报表是每个会计期末最重要的工作内容之一,从一定意义上说,编制会计报表是一个会计期间工作完成的标志。在报表管理系统中,会计报表的数据来源一般有总账管理系统的账簿和会计凭证、其它报表、人工直接输入信息等,还可以从应收款管理、应付款管理、薪资管理、固定资产管理、采购管理、销售管理、库存管理和存货核算等系统中提取。

3. UFO报表的基本概念

(1) 单元。单元是组成报表的最小单位。报表中由表行和表列确定的方格称为单元。

(2) 单元名。单元名用所在行和列的坐标表示,行号用数字表示,其数字范围是1~9 999,列标用字母A~IU表示,其字母范围是A~IU。如A1表示由第1行和A列所组成的单元。

(3) 组合单元。组合单元由相邻的两个或两个以上单元组成,这些单元必须是同一种单元类型,即表样、数值、字符都相同的单元。组合单元的名称可以用区域的名称或区域中的单元名称来表示。例如,把B2~B3定义为一个组合单元,这个组合单元可以用"B2""B3"或"B2:B3"表示。

(4) 区域。区域由一个表页上的一组单元组成,自起点单元至终点单元是一个完整的矩形块。在描述一个区域时,开始单元(左上角单元)与结束单元(右下角单元)之间用冒号":"连接。如C3:F6。

(5) 关键字。关键字是游离于单元之外的特殊数据单元,可以唯一标识一个表页,用于在大量表页中快速选择表页。关键字要先设置,才能输入相应的数值。关键字在格式状态下设置,关键字的值需在数据状态下输入。每个报表可以定义多个关键字,UFO报表管理系统提供了六种关键字。

单位名称：字符（最大 28 个字符），为该报表表页的编制单位的名称。
单位编号：字符型（最大 10 个字符），为该报表表页的编制单位的编号。
年：数字型（1980～2099），该报表表页反映的年度。
季：数字型（1～4），该报表表页反映的季度。
月：数字型（1～12），该报表表页反映的月份。
日：数字型（1～31），该报表表页反映的日期。
系统还提供了自定义关键字的功能，即用户可根据需要自定义关键字。

4．UFO 报表中的两种状态

UFO 将含有数据的报表分为两大部分来处理，即报表格式设计与报表数据处理。报表格式设计和报表数据处理要在不同的状态下进行。

（1）格式状态。在格式状态下设计报表的格式，如表尺寸、行高列宽、单元属性、报表公式等。在格式状态下所做的操作对本报表所有的表页都产生作用。在格式状态下不能进行数据的输入、计算等操作。

（2）数据状态。在数据状态下管理报表的数据，如输入数据、增加或删除表页、审核、舍位平衡、做图形、汇总、合并报表等。在数据状态下不能修改报表的格式。在数据状态时所看到的是报表的全部内容，包括格式和数据。

5．UFO 报表制作的基本流程

制作 UFO 报表的基本流程有以下七步：①启动 UFO 报表管理系统，建立空白报表；②设计报表格式；③定义报表公式；④报表数据处理；⑤报表图形处理；⑥报表输出；⑦退出。要完成一般的报表处理，一定要有启动系统建立空白报表、设计格式、定义公式、数据处理、保存报表、退出系统这些基本过程。应用时，具体做哪些内容应视情况而定。其中以下几步是关键。

（1）报表格式设计

建立新表后应进行报表的格式设计，因为报表格式决定了整张报表的外观和结构。报表格式设计主要内容有设置报表大小、画表格线、标题、表日期、表头、表尾和表体固定栏目的内容、设置单元属性等。

进行报表格式设计，可自定义报表格式，也可利用报表模板进行修改而成。利用报表模板设计报表格式就是从系统提供的报表选择所需报表，或从系统提供的报表选择与所需报表相近的报表，通过修改完成报表格式设计的方法。

（2）设置表尺寸

设置表尺寸就是确定表格的大小，即设置报表的行数和列数。设置前要根据所要定义的报表大小计算该表所需的行和列，计算时要包括表头、表体和表尾所占行数。

（3）定义组合单元

定义组合单元就是把几个单元作为一个单元来使用，组合单元实际上就是一个大的单元。有些数据如标题、编制单位等数据在一个单元中容纳不下或放在某个单元中看着不好看，为了解决这些问题，需要定义组合单元。

(4) 设置关键字

设置关键字主要包括设置关键字和调整关键字在表页上的位置两方面内容。关键字主要有以下内容：单位名称、年、季、月、日，以及一个自定义关键字。

一个关键字在该表中只能定义一次，即同一张表中不能有重复的关键字。关键字在格式状态下设置，关键字的值则在数据状态下输入。

报表公式是指报表或报表数据单元的计算规则，主要包括单元公式、审核公式和舍位平衡公式。公式定义均需在格式状态下进行。

(5) 报表公式

单元公式是指为报表数据单元进行赋值的公式，单元公式的作用是从账簿、凭证、本表或其它报表等处调用、运算所需要的数据，并填入相应的报表单元中。

单元公式一般由目标单元、运算符、函数和运算符序列组成。设置报表单元公式有两种方法：直接输入式和函数向导式。直接输入式就是按照公式的格式直接输入公式。函数向导式是按照系统提示，系统根据用户对提出问题的回答自动生成需要的公式。例如：

$$C6=C3+C4+C5$$

再如：

$$C3=期初余额("1001",月)+期初余额("1002",月)+期初余额("1009",月)$$

审核公式是用以检查报表数据间钩稽关系的公式，由验证公式和提示信息组成。审核公式是把报表中某一单元或某一区域与另外某一单元或某一区域或其它字符之间用逻辑运算符连接起来。报表中各数据之间，有的存在某种钩稽关系，利用这种关系定义审核公式，可以进一步检验报表编制的结果是否正确。定义审核公式时要分析报表中各单元之间关系，来确定审核关系，根据确定的审核关系定义审核公式，如果审核关系不正确，审核公式会产生相反的效果。

舍位平衡公式是对报表数据舍位及重新调整报表舍位后平衡关系的公式。在报表汇总时，各个报表的数据计量单位可能不统一，这时，需要将报表的数据进行位数转换，将报表的数据单位由个位转换为百位、千位或万位，如将"元"转换为"千位"或"万元"单位，这种操作称为进位操作。进位操作后，原来的平衡关系可能因小数位的四舍五入而被破坏，因此，还需对进位后的数据平衡关系进行重新调整，使舍位后的数据仍符合原来指定的平衡关系，这就需要设置舍位平衡公式。

设置舍位平衡公式需要指明要舍位的表名、舍位范围及舍位位数，且输入平衡公式。

(6) 报表数据

报表数据包括报表单元的数值和字符，以及游离于单元之外的关键字。数值单元只能接收数字；而字符单元既能接收数字，又能接收字符。数值单元和字符单元可以由公式生成，也可以由键盘输入。

生成报表也称编制报表，是制作报表中的重要环节。生成报表的过程是由人工操作，计算机完成的一项工作。利用已经设置好的报表结构文件，运用其中的运算公式从相应的数据源中采集数据，填入相应的单元中，从而得到报表数据。

生成的报表必须填写日期，因为除特殊情况外，不同时间的报表数据不一样。

报表公式使用具有重复性：已经定义的报表公式可以在编制报表时反复使用，并且在不同的会计期间可以生成不同结果的报表。如果在报表生成时系统提示公式有误，则必须修改后重新进行报表计算，否则，就会生成错误报表。

另外，生成报表时，为了检验报表数据间钩稽关系的准确性，在录完报表数据后，应对报表进行审核。

巩固与思考

1. UFO 报表主要有哪些功能？UFO 报表与其它哪些系统有关系？
2. 报表制作主要包括哪些内容？
3. 报表公式设计包括哪些内容？报表单元公式设置有哪几种方法？
4. 报表数据生成要注意什么问题？

同步训练

训练二十三　UFO 报表管理

一、实训目的

1. 了解报表编制的理论依据和基本流程。
2. 掌握报表格式设计、单元公式定义、关键字设置和输入的方法。
3. 能够运用报表模板生成报表。
4. 掌握报表数据处理和表页管理方法。

二、实训资料

1. 货币资金表的样表如表 5-2 所示。

表 5-2　货币资金表

年　月

项　目	行次	年　初　数	期　末　数
库存现金	1		
银行存款	2		
其它货币资金	3		
合计	4		

2. 华丰机械设备有限责任公司 2018 年 6 月的业务数据。

三、实训任务

1. 自定义货币资金表，并生成报表模板。

2. 利用报表模板生成 2018 年 6 月的资产负债表和利润表。

四、实训要求

1. 严格遵守实训时间和实训室管理规定。
2. 在 2 学时内完成任务。
3. 将任务成果备份到"111 账套备份\训练二十三"的文件夹中。

参 考 文 献

[1] 沈清文,吕玉林.会计电算化(财务链·供应链)[M].北京:人民邮电出版社,2014.
[2] 王新玲,汪刚.会计信息系统实验教程[M].北京:清华大学出版社,2017.
[3] 武迎春.新编会计电算化与实训[M].北京:北京邮电大学出版社,2012.
[4] 刘伟军,关进波.新编会计电算化实用教程[M].北京:北京交通大学出版社,2011.
[5] 张洪波.会计信息化[M].北京:高等教育出版社,2011.